Karl Ipser

Der Staufer
Friedrich II.
Heimlicher Kaiser
der Deutschen

Karl Ipser

Der Staufer Friedrich II.

Heimlicher Kaiser der Deutschen

Lizenzausgabe für
Manfred Pawlak Verlagsgesellschaft mbH,
Herrsching
© Türmer-Verlag, Berg
Alle Rechte vorbehalten
Umschlaggestaltung: Bine Cordes, Weyarn
Umschlagmotiv: Archiv für Kunst und Geschichte, Berlin
Printed in Hungary
ISBN: 3-88199-471-8

Inhaltsverzeichnis

I. Gründer unserer Welt

Karl — von allen Völkern der Große genannt

Ein Mann aus der Vorzeit, früh von Mythen und Legenden umhüllt, Reitergeneral, Kriegsheld und Stratege, unermüdlich bis in die entlegensten Gebiete unterwegs und nach 30 Jahren ein weiser Monarch, Friedensbringer, Staatsmann, Staaten- und Städtegründer, Kolonisator, der Baumeister Deutschlands und Europas! Diese Wandlung des Frankenführers Karl hatte die Verwandlung der germanischen Völker des Kontinents und der damaligen bekannten Welt zur Folge. An seinem Hof in Aachen wirkten die besten Köpfe der Zeit und schufen nach seinem Willen eine neue, religiöse, geistige, künstlerische und soziale Kultur, bis heute wirksam.

Die Voraussetzungen und Gegebenheiten von damals sind mit den Begriffen und Vorstellungen von heute kaum anschaulich zu machen: Länder ohne feste Grenzen, ohne geschriebene Gesetze, ohne gemeinsame Sprache — Latein war seit dem 7. Jahrhundert „tot" —, ohne gemeinsame Weltanschauung oder Religion, ohne allgemeingültiges Zahlungsmittel, ohne Nachrichtenverbreitung und Verkehrsmittel in unserem Sinn. Entfernungen von 100 km, das hieß Tagesreisen in eine andere, ja feindliche Welt mit fremden Sitten, Göttern, Lebensformen.

Karl, Anfang April 742 als Sohn König Pippins geboren — die Ehre seines Geburtsorts wird von vielen beansprucht —, 1,92 m groß, ausdauernd, kräftig, ein Natur- und Universalgenie wie nach ihm nur der Staufer Friedrich II. Neben seiner Vater-Muttersprache, das Altfränkisch, hat er geläufig Latein, Griechisch und sicher auch das Altfranzösisch gesprochen. Er haßte Fremdworte, gab deshalb z. B. den Winden und Monaten deutsche Namen, versuchte sich selber an der Abfassung einer deutschen Grammatik. Karl war 9, als sich sein Vater zum König ernannte, 12, als er zusammen mit Vater und Bruder vom Papst die Salbung empfing, mit 26 Nachfolger, mit 29 Alleinherrscher im Frankenreich. Keiner hat ihm je die Krone streitig gemacht, von Jugend auf war er zum Herrschen bestimmt. Daraus erklärt sich seine innere Sicherheit und Selbstverständlichkeit.

Als Papst Leo III. 799 nach Paderborn kam, empfing ihn Karl hoch zu Roß, mit einem Goldhelm auf dem Haupt, inmitten seiner im Kreis aufgestellten Edelinge, staatssymbolisch als „caput orbis" — Herr der westlichen Welt. König — auch wenn der Papst sich nahte, um seiner Würde und des Ansehens des Reiches willen. Respekt und Gehorsam erwartete Karl als selbstverständlich. Mit seinen Gelehrten, Künstlern, Theologen verkehrte er wie ein primus inter pares, freundlich und gütig. Widmete ihm einer ein launiges Gedicht, so antwortete er auf gleiche Weise. Das war Entspannung für einen immerfort intensiv tätigen Herrscher. Schon beim Ankleiden entschied er Gerichtsfälle, die der Pfalzgraf nicht allein zu beurteilen wagte; daraus entwickelte sich später das „Lever". Bei Schlaflosigkeit im Alter machte er auf einer unter dem Kopfkissen liegenden Wachsschreibtafel Eintragungen mit dem Griffel. Zum Ausgleich für die ungeheuren Anstrengungen des Amtes ging Karl auf die Jagd und betrieb Sport! Er war der beste Schwimmer und Reiter am Hof, ausdauernd beim Jagen, von gewaltiger Körperkraft; mit einer Hand vermochte er einen Krieger in vollem Harnisch hochzuheben, ein Hufeisen zu zerdrücken. Alkohol hat er gemieden.

Karl hatte fünf Frauen, die erste, Himmeltrude, soll 2,02 m gemessen haben, die zweite, Hildegardis (seit 771) schenkte ihm die Nachfolger; ferner fünf Nebenfrauen, insgesamt — soweit bekannt — 23 Kinder. Die Kirche sah es mißbilligend. Karl war fromm und tief gläubig. Vor dem Angriff auf die barbarisch-heidnischen Avaren 791 ließ er Gebete sprechen und nach dem Sieg Gott dem Herrn danken. Seine Frömmigkeit erschöpfte sich nicht darin, daß er alles Gott anheimstellte, sondern weil er Gott vertraute, „handle ich, König und Kaiser von Gottes Gnaden". Sein Tag begann mit dem Morgengebet in der Hauskapelle, die er noch im Schlafrock aufsuchte. Aber weder mit der Aussicht auf die ewige Seligkeit noch mit Androhung von Höllenstrafen konnten bei ihm kirchliche Forderungen — wie bei seinem Sohn Ludwig — durchgesetzt werden. Von Angst war Karl frei.

Er besaß eine durchdringende Geistigkeit, wache Intelligenz, Phantasie und Logik und vermochte die großen Zusammenhänge zu sehen und in Harmonie einzuordnen. Auch seine geballten Machteinsätze dienten einer Idee. Die kirchlichen Interessen spannte er für den Staat ein, aber die Staatsidee ist das Christentum. Er hatte Freude am Philosophieren, „dem leicht und sicher die Rede vom Munde floß, der alles klar ausdrücken konnte, was er dachte" (Alkuin); eine ungewöhnliche juristische Begabung und Fähigkeit zur Analyse, mit der er bis in die Sphäre des Transzendenten vorstößt: Theologisch heikle Fragen wie über das Abendmahl, die Bilderverehrung, die Dreieinigkeit will er nüchtern und klar beantwortet wissen, ohne Deuteleien oder symbolische Redensarten, und führt darüber lange Diskussionen und Korrespondenzen. Der Reliquiensucht seiner Zeit steht er kritisch gegenüber, obwohl er selber ein Reliquiar an einer Kette um den Hals trägt, das ihm ins Grab mitgegeben wurde. Als in Mantua angeblich das Blut Christi gefunden wird, muß Papst Leo III. den Fall untersuchen und ihm berichten.

Karl der Große war ein Volkskönig, einfach, unbeirrbar gerecht, der immer im rechten Augenblick am rechten Ort erschien, eines der Geheimnisse seiner Erfolge; kein blinder Eroberer. Niemals kämpfte er um mehr Besitz und Macht. Ihm ging es um die Ehre seines Geschlechts, um die große Form, die er aus seinem eigenen Wesen und aus der Überlieferung seines Volkes geschaffen hat: Das Abendland — im Gleichgewicht nach innen, mit sicheren Grenzen nach außen. Die geistig-politische Hereinnahme Roms macht ihn zum Vater Europas. Es wäre auch eine angelsächsische Entwicklung möglich gewesen, wohl christlich, jedoch nicht auf Rom konzentriert. Karls ganzes Leben und Regieren kennzeichnet das Streben, Gerechtigkeit zu üben, das Recht zu wahren, wo es nicht aufgezeichnet ist, den authentischen Text in einem Gesetzbuch festzuhalten. 798 ließ er die Lex Salica sprachlich neu fassen, so daß in der Auslegung kein Zweifel auftauchen konnte, 802/3 neuerlich überholen, um fränkisches und salisches Recht zu vereinheitlichen.

Der Kaisertitel besagte ihm wenig, schon vorher fühlte er sich als Rechtsnachfolger der Kaiser des römischen christlichen Reiches. Sein Beiname in der Akademie war David, so sah er sich in der Reihe der Herrscher: die alttestamentarischen Könige beginnend mit David, Konstantin d. Gr., Theoderich, Chlodwig, Chlotar, Karl Martell und Pippin, wie im Bildzyklus der Ingelheimer Pfalz. Hierher gehört, daß Karl 802 durch seine Königsboten — Missi — das Treuegelöbnis seiner Untertanen wiederholen ließ, eine Nachwahl Karls zum Kaiser durch sein eigenes fränkisches Volk[1].

Karl beendete eine Epoche und eröffnete eine neue wie nach ihm Kaiser Friedrich der Zweite. Er ließ während der Sachsenkriege 772 das germanische Heiligtum Irminsul bei der Eresburg, zugleich Symbol sächsischer Stammesherrschaft, zerstören und erbrachte in den folgenden 40 Jahren den Beweis, daß deshalb der Himmel über Sachsen nicht einstürzte, sondern dies eine Zeitenwende bedeutete.

Der weise Walter seines schicksalhaften Amtes, zu einem Kenner und Deuter der Dämonie seines eigenen Wesens wie der seiner Völker herangewachsen, formte aus Antike, Christentum und Germanentum die neue Gesittung, die vom germanisch-keltischen Schwertadel und seinen adligen Klerikern getragen wird. Das Germanisch-Keltisch-Romanische ins Christliche vergeistigt, und wo der König Mittler des Volkes zu Gott ist, ohne Hohenpriester neben sich. Karl war von der heilsgeschichtlichen Aufgabe seines Herrschertums tief durchdrungen. Im Mittelpunkt auch des politischen Geschehens steht der Dienst an Gott. Die Königsherrschaft wird vom Herrschertum Gottes abgeleitet.

Volkwerdung der Deutschen

32 Jahre, von 772 bis 804, dauern die Sachsenkriege, eine Fortsetzung deren jahrhundertelanger Grenzkämpfe mit den Franken. 782 werden die Sachsen dem fränkischen Staatsverband einverleibt; im gleichen Jahr fallen sie unter Widukind und mit normannischer Unterstützung einem fränkischen Heer, das einen Einfall slavischer Sorben in Sachsen (!) abwehrte, in den Rücken und vernichten es am Süntelgebirge. Karl d. Gr. erscheint, vertreibt die Sorben, besiegt die Aufständischen und ihre normannischen Helfer und hält Gericht: zu Verden an der Aller werden die Anführer als Verräter hingerichtet. Widukind war zu den Normannen nach Dänemark geflüchtet, die von ihm (und den Normannen) zur Erhebung Verführten mußten wortwörtlich für ihn den Kopf hinhalten. In der immer wieder zitierten Zahl von 4500 sind nicht nur die Enthaupteten, sondern auch die in andere Gegenden Deportierten inbegriffen: Delocare = umsiedeln wurde mit decollare = enthaupten in den Fränkischen Reichsannalen verwechselt.

Das Strafgericht zeitigte eine durchschlagende Wirkung. Widukind bietet 785 seine Unterwerfung an und läßt sich taufen, mit ihm der sächsische Adel. Jedoch erst 804 endet der letzte Feldzug gegen aufständische Sachsen mit ihrer Umsiedlung in fränkische Stammländer.

Das Sachsenland wäre ohne die harte Gleichschaltung durch Karl d. Gr. kaum zu einer Gemeinschaft mit den übrigen Stämmen gelangt, ja es drohte eine Absonderung und Anschluß ans Skandinavische. Die sächsische Unabhängigkeit mußte aufgegeben werden, um ein Höheres, die deutsche Einheit, zu erringen. Aus der Vereinigung von Sachsen und Bayern (788) mit Franken, Schwaben und Thüringern unter Karl entsteht das deutsche Volk und schließlich Deutschland. In Sachsen werden die Bistümer Münster, Minden, Paderborn, Osnabrück, Hildesheim, Bremen, Verden, Halberstadt errichtet und den Erzbistümern Köln und Mainz unterstellt. Bayern erhielt 798 mit dem Erzbistum Salzburg eine eigene Kirchenprovinz (Passau, Regensburg, Freising und Seeben/Tirol). Diese Bistumsorganisation hat zum ersten Mal und bis in unsere Zeit alle deutschen Länder umfaßt; an die drei rheinischen Erzbistümer Köln, Mainz, Trier schlossen sich nach Osten, Norden und Westen die jeweils zugehörigen Bistümer an. 845 kam das Erzbistum Hamburg, später mit Bremen vereinigt, dazu. Otto d. Gr. gründet 968 das Erzbistum Magdeburg mit seinen Bistümern im ostelbischen und wendischen Gebiet — zur Missionierung der Slaven.

Ungefähr 20 Jahre nach den Sachsenkriegen gibt es einen „Heliand", eine altsächsische Evangeliendichtung in 6000 Stabreimen, 100 Jahre später stellen die Sachsen die Könige und Kaiser des deutschen Volkes!

Nach der Krönung in Rom und der Niederwerfung der Avaren und Sorben wendet sich Karl dem Aufbau der inneren Ordnung und der Sicherung der Grenzen zu durch Errichtung von Marken: die spanische Mark mit Hauptsitz Barcelona gegen die Mauren und Basken, die dänische zwischen Eider und Schlei gegen die Wikinger, die sächsische zwischen Elbe und Kiel gegen die Slaven, die thüringische oder sorbische an der Saale gegen die Sorben, die fränkische gegen die Tschechen, die Ostmark zwischen Wienerwald und Enns gegen Ungarn und Avaren. Zum Schutz der Küsten gegen die Raubzüge der Dänen (Normannen) läßt Karl in seinen letzten Lebensjahren eine starke Flotte bauen — schwieriges Unterfangen bei einem Binnenvolk wie den Franken — stirbt aber vor Vollendung des kühnen Vorhabens. Den Nachfolgern fehlt die schöpferische Tatkraft, das Begonnene weiterzuführen. So werden die deutschen Küsten eines Tages eine sichere Beute der Normannen: 845 wird Hamburg von ihnen zerstört, ebenso Köln und Paris, Lissabon und Cadix; und die südlichen (Süditalien) der Sarazenen, die bis Rom vordringen, plündern es (846) und verwüsten weite Gebiete Italiens.

Am 28. Januar 814 verschied Karl d. Gr., 72 J. alt, in seiner Aachener Residenz und wird noch am selben Tag in der Pfalzkapelle beigesetzt. Die Grabinschrift lautet: „Unter diesem Grabmal liegt der Körper Karls, des großen und rechtgläubigen Kaisers, der das Reich der Franken, Ehre bringend, vergrößerte, und vom Glück begünstigt, siebenundvierzig Jahre lang herrschte." Ein Großer, ein lebenerweckender Herr, gütig zu den Seinen, streng und gerecht, bis zuletzt tätig an seinem Werk: Reich und Europa vom Ebro bis zur Elbe und vom Tiber bis zur Eider, dessen widerstrebende Teile nur von einer solchen säkularen Persönlichkeit zusammengehalten werden konnten; ein Staatswesen, in dem Recht und Kontrolle geübt wird bis in die kleinsten Grafschaften, Mißbräuche beseitigt werden und der König alles Wichtige zu hören und sehen bekommt. Ein verantwortungsbewußter Beschützer der Kirche und ein zutiefst gläubiger Mensch, weder Sachsenschlächter noch Heiliger, aber der schöpferische, glückliche Herrscher, wie ihn die Deutschen und die anderen Völker seines Reiches bloß dieses eine Mal hatten.

In der Sage und in Dichtungen der Deutschen, Franzosen, Italiener, Slaven lebt er fort als gerecht waltender König und Kaiser, in den Untersberg bei Salzburg entrückt, um in der Stunde der höchsten Not des Reiches bei der Schlacht auf dem Walserfeld einzugreifen. Karls Administration auf der Basis von Grafschaften, die er auch in Italien, d. h. in seinem langobardischen Reich einführte, bewährte sich viele Jahrhunderte. Die karolingische Grafschaft ist zum Vorbild der heute noch bestehenden „counties" in Großbritannien und Amerika geworden. Ebenso hat seine Gesetzgebung der Vasallenbindung und des Lehenswesens das Sozialgefüge in West- und Mitteleuropa über Jahrhunderte hin bestimmt wie auch seine Reform des Gerichtswesens. Das von ihm geschaffene Kollegium der Schöffen existiert immer noch. Das Ermittlungsverfahren zur Urteilsfindung und zur Erlangung eidlicher Aussagen hat sich in zeitgemäßen Formen ebenso bis heute in Großbritannien und den USA erhalten wie die Prozeßreform, die wir heute bei Zivil- oder Strafsachen kennen.

Karl d. Gr. war von der Würde und Hoheit seines Amtes durchdrungen, nicht nur dem Kaiser von Byzanz oder dem Papst gegenüber, und fühlte sich verantwortlich für Tun und Lassen seiner Beamten, um Besitz und Rechte seiner Untertanen vor Betrug und Übergriffen zu bewahren. Jedem sollte in Anerkennung seines Stammesrechts sein Recht werden. Als er bei den Sachsen den Glauben an Hexen und den Brauch, diese zu verbrennen, antraf, gebot er im Gesetzeswerk für die sächsischen Lande, der „Capitulatio de partibus Saxoniae", „wenn jemand vom Teufel getäuscht nach heidnischer Auffassung glauben sollte, daß ein Mann oder eine Frau hexen könne und Menschen fresse, und er deshalb diese Leute verbrenne und ihr Fleisch anderen zu essen gebe oder selbst verzehre, der soll mit dem Tode bestraft werden".

Geldverleih gegen Zinsen, Wucher, Eidbruch, Frauenraub, Vergewaltigung, Brandstiftung, Raub und Totschlag (meist aus Blutrache) werden mit den härtesten Strafen belegt.

Die „Kapitularien" und alle bislang mündlich überlieferten Gesetze ließ Karl aufzeichnen. Der selber erst spät schreiben gelernt, hatte in seiner ganzen Reichsverwaltung den Gebrauch der Schrift eingeführt und ist der erste mittelalterliche Herrscher, der konsequent „schriftlich" regierte. Aus den vielen leistungsfähigen Schreibstuben in seinem Kernland zwischen Seine und Rhein-Main kam das Personal für die weitgespannte Reichsorganisation und für die Bistums- und Klostergründungen in den neuen Provinzen. Dieser fränkische Reichsbeamten- und Schwertadel garantierte die Reichseinheit auch in den neu angegliederten Gebieten und bewährte sich weiter in der Zeit der Auflösung unter Karls Nachfolgern.

Das Werden des Deutschen Reiches

Gefürchtet von den Römern, erobern die Franken im 4. Jahrhundert das linksrheinische Gebiet, Flandern, Holland und Nordfrankreich, ohne ihre Sitze rechts des Rheins aufzugeben. Köln war um 400 widerstandslos geräumt worden. Das hart umkämpfte Trier fiel erst 464. Um die Römerherrschaft in Gallien halten zu können, zerstörte der römische Statthalter Aetius mit Hilfe hunnischer Scharen 437 das ostgermanisch-burgundische Reich mit Worms und Mainz; die Burgunder waren seit 417 Christen. König Gunter fällt mit 20 000 Mann, die große Masse des Volkes wird von den Hunnen niedergemetzelt. Der Untergang der Burgunder wird das Vorbild zur Nibelungensage. — 14 Jahre später kann Aetius in der Schlacht auf den katalaunischen Feldern den Hunnensturm Attilas nur mit Hilfe der Westgoten und der überlebenden Burgunder abwehren. Gallien wird 496 fränkisch.

Wie alle Germanen waren die Franken Bauern und siedelten in Dörfern, der Adelige wie der einfache Bauer dem König zu Dienst verpflichtet; dieser wurde mit Land (aus Staatsdomänen und den herrenlosen Gütern umgekommener oder geflüchteter Besitzer) belohnt. Die Natural-Wirtschaft bestimmte die fränkische Volks- und Staatsordnung. Sitz der Regierung war jeweils der königliche Gutshof, auf dem sich der König aufhielt. Städte gab es kaum im Frankenreich. — Der persönliche Charakter der Herrschaft wie das persönliche Treueverhältnis zwischen König und Aufgebot entsprach germanischem Denken und Fühlen. Der König besaß aufgrund seines Geblüts das „Heil"; die spätere kirchliche Salbung als Symbol der Beauftragung durch Gott bekräftigte diese Auffassung.

Unter Chlodwig begann das abendländische Werk der Franken. In der Schlacht bei Soissons 486 besiegte er die Römer endgültig. In den folgenden Jahren beseitigte er die fränkischen Teilfürstentümer und schuf zwischen Cambrai, Tondern, Köln und Trier ein Großkönigreich. Um es regieren zu können, wozu die bisherigen Maßnahmen und Mittel eines germanischen Stammeskönigtums nicht ausreichten, spannte Chlodwig Autorität und Organisation der katholischen Kirche im unterworfenen Gallien in seine Verwaltung ein. 496 trat er selbst zum Christentum, zum „stärkeren Gott" über. Adel und Freie folgten seinem Beispiel.

Nach Chlodwigs Tod 511 setzen seine Söhne das Einigungswerk fort und erobern 531 Thüringen und Burgund. Der Schwerpunkt des nun überwiegend christlichen Reiches blieb in Gallien und am Rhein. Das Fränkisch verdrängt allmählich das Latein, das nach 100 Jahren als Umgangssprache ganz aufhört. Die Bistümer und Bischofssitze aus der römischen Ära bestehen in der fränkischen fort. In die Gebiete der von Chlodwig unterworfenen Alemannen ziehen fränkische Bauern und Missionare; auf letztere folgen die Iro-Schotten. Dasselbe geschah in Thüringen und in der Provinz Rhätien, der heutigen Schweiz, die 536 unter fränkische Oberhoheit kam. Unter den späteren Merowingern gliederte sich das fränkische Reich in drei Teile: Neustrien (mit Paris), Burgund und Austrasien (mit Hauptsitz Metz) einschließlich der germanischen Länder Bayern, Alemannien und Thüringen.

Der vom Adel vorgeschlagene höchste Beamte, der Majordomus oder Hausmeier, übte ab dem 7. Jh. die eigentliche Regierungsgewalt aus. Unter ihnen zeichnete sich das Geschlecht des Pippin von Heristal aus, dessen Sohn Karl Martell 732 die Araber bei Poitiers schlug und dadurch den Kontinent vor der Islamisierung bewahrte. Drei Jahre später verjagte er sie aus Septimanien, dem Gebiet zwischen Rhone und Pyrenäen. Damals schrieb ein spanischer Bischof, die „Europenses" hätten gesiegt. Karls Sohn Pippin, 751/52 von einer Reichsversammlung in Soissons zum König erhoben und vom päpstlichen Legaten gesalbt, verbannte den abgesetzten Merowingerkönig Childerich in ein Kloster. Da der Papst die Hilfe Pippins gegen die Langobarden brauchte, hatte er diesem Staatsstreich zugestimmt. Damit wurde Pippin Gründer der deutschen Monarchie, nach Karl Martell die Karolinger, nach dem Urahn Arnulf von Metz, † 640, auch die Arnulfinger genannt.

Pippins Sohn, Karl der Große, schloß als erster die westlichen Völker zu einer Einheit: Europa, zusammen. Nach ihm versuchte es einzig noch der Stauferkaiser Friedrich II.

754 zog Papst Stephan III. über die Alpen, um persönlich des Frankenkönigs Beistand im Streit mit den Langobarden zu erbitten. Er erschien im Bußgewand und mit Asche bestreut, weil er vorher gemeinsame Sache mit ihnen gegen Pippin gemacht hatte. Als die Langobarden gegen die Franken eindeutig unterlagen, wechselte der Papst die Seite und lief zum Stärkeren über. In St. Denis salbte er Pippin III. (sowie seine beiden Söhne Karl und Karlmann) und übertrug ihm die Würde eines Patricius Romanorum, d. h. Schutzherrn der Kirche und Stadt Rom, ein Titel, der bis dahin dem Exarch von Ravenna als Repräsentant des Kaisers von Byzanz zustand. — Nach dem Zusammenbruch des weströmischen Reiches und der Absetzung des letzten römischen Kaisers Romulus Augustulus durch Odoaker hatte der Kaiser von Ostrom (Byzanz) die Herrschaft über Rom (Italien) übernommen. Sein Statthalter saß nicht in Rom, sondern in Ravenna. Damit war das Papsttum formal vom oströmischen Kaiser abhängig. Durch die Übertragung der Schutzherrschaft an die Franken hatte sich die römische Kirche mit dem nördlichen Italien von Byzanz gelöst und instinktiv die Verbindung mit dem starken, unverbrauchten Germanentum gesucht.

Der Kirchenstaat — keine Pippinsche Schenkung

Um 756 fabrizierten römische Kleriker die sog. Konstantinsche Schenkung, derzufolge Kaiser Konstantin dem Papst Silvester I. (314—335) zum Dank für die angebliche Heilung von Aussatz kaiserliche Macht und Ehre verliehen, ihm die vier orientalischen Patriarchate, alle Bischofsstühle, dazu die Stadt Rom sowie das ganze Abendland zur Verfügung für sich und alle Nachfolger überlassen! Und weil es nicht recht sei, daß der irdische Kaiser Macht dort ausübe, wo vom himmlischen Kaiser der Prinzipat der Priester und das Zentrum der christlichen Religion begründet worden sei, habe er sein eigenes Imperium nach Osten verlegt und sich in Konstantinopel eine neue Hauptstadt erbaut. Der Zweck des Machwerks: die Päpste sind die rechtmäßigen Herren Roms und des Abendlandes, den Königen und Kaisern übergeordnet.

Als Papst Stephan II. 754 hilfeflehend zu Pippin nach Ponthion (Frankreich) pilgerte, habe — so heißt es später in einer neuen Fälschung — der fränkische König die Konstantinische Schenkung im Eid von Ponthion erneuert. Der Betrug muß durch immer neue Lügen gestützt werden. Auch von diesem Eid, d. h. der nunmehr genannten Pippinschen Schenkung, gibt es keine Urkunden — wird jedoch zur Grundlage der sog. Promissio Karls d. Gr. von 774, als Erneuerung der Schenkungen seines Vaters. Die in die Pseudo-Isidorischen Dekretalen aufgenommene Fälschung — einer Sammlung aller neuen Fälschungen — aus dem 9. Jh., um die erste zu begründen, bedeutete das Ende der urchristlichen-benediktinischen Kirche und den Beginn des italienischen Cäsaro-Papismus, nach Dante die Wurzel allen Übels der damaligen Welt.

Tatsächlich hat Pippin weder ein Bündnis geschlossen noch Schenkungen ausgesprochen, sondern lediglich Schutz gegen die Langobarden zugesagt. Die päpstliche Gegenleistung war die Salbung des Hausmeiers Pippin zum König. Karl d. Gr. hat gutgläubig die angeblichen Versprechen seines Vaters erneuert, denn — so behaupteten die klugen Fälscher — dieser habe bei seinem Eid auch seine Söhne Karlmann und Karl miteinbezogen! In Papstbriefen wird ab nun immer wieder auf diese angebliche Pippinsche und karolingische Schenkung hingewiesen, Ersatz für das Fehlen betreffender Urkunden. Die römische Rechnung ging auf: gutgläubig erneuerten die deutschen Könige und Kaiser die angeblich von Pippin und Karl d. Gr. bestätigten Schenkungen, das Recht des Papstes auf einen eigenen Staat von Rom bis Ravenna, erließ Otto d. Gr. den sog. pactum Ottonianum am 13. 2. 955.

Sein Enkel entlarvte die Konstantinsche-Pippinsche Schenkung als Betrug: Im Januar 1001 läßt Otto III. in einem Dokument aus der Feder des Bischofs Leo von Vercelli verkünden: Die Päpste wollten ihre alten Fehler auf Kosten des Imperiums ungeschehen machen, und zwar aufgrund gefälschter Urkunden!

Es hat nie eine Konstantinische Schenkung, nie eine Pippinsche Schenkung bzw. den diese beinhaltenden Eid von Ponthion von 754 gegeben. Erst Ende des 15. Jh. bequemte sich Rom, die Fälschung als Fälschung zuzugeben.

Trotzdem erklärt 75 Jahre später, 1076, Gregor VII. den deutschen König in Acht und Bann und entbindet die Fürsten, Bischöfe, Geistlichen, das Staatsvolk ihrer Verpflichtungen und des Treueeids gegenüber ihrem gewählten König. Der Papst berief sich dabei ausdrücklich auf die Pseudo-Isidorischen Dekretalen. Die Hauptfrage war, ob der Papst das Recht habe, den Kaiser zu exkommunizieren, da die deutschen Fürsten dies nicht anerkennen wollten; so schrieb der Papst eine Menge Briefe, worin er sich auf die falschen Dekretalen stützte, und schickte eigene Legaten nach Tribur, welche mit den deutschen Bischöfen lange Konferenzen hielten. Die Folge davon war, daß, weil niemand an der Echtheit jener Dekretalen zweifelte, die deutschen Bischöfe und Fürsten das Recht des Papstes anerkannten, den Kaiser und seine Ratgeber zu exkommunizieren, besonders wenn ein Kaiser es wage, sich dem Papst zu widersetzen.

Die meisten Fürsten und Bischöfe fielen tatsächlich von dem unter Kirchenbann stehenden König ab, so wirkte dieser schamlose Gewissenszwang. Der Bischof von Rom setzt die gewählte Regierung eines souveränen Staates jenseits der Alpen ab und entbindet das Volk aller Verpflichtungen gegenüber dem gewählten Staatsoberhaupt. Die Folge waren jahrhundertelange Kriege in Europa. Erst den Humanisten Lorenzo Valla und Nikolaus von Kues glückte die endgültige Entlarvung des Betruges.

Nach dem Tode Pippins 768 und Karlmanns 771 wird Karl d. Gr. Alleinherrscher. 773 richtet Papst Hadrian I., bedrängt von Langobarden und Römern, einen Hilferuf an den Frankenkönig. Karl zieht zum ersten Mal über die Alpen. Im April 774 festigt er kraft seiner Autorität die Stellung des Papstes, erneuert das Schutzversprechen seines Vaters als protector ac defensor ecclesiae, setzt sich in Pavia die eiserne Krone des Langobardenreichs aufs Haupt und vereinigt das langobardische mit dem fränkischen Reich in Personalunion als rex francorum et langobardorum. Damit beginnt das Zusammengehen der Karolinger mit der römischen Kirche, eine Verbindung, die das Mittelalter geprägt hat und die politische Form Italiens für ein Jahrtausend bestimmt: „Reichsitalien", d. h. das Langobardenreich mit der Toscana, bis ins 19. Jh. habsburgisch; der Kirchenstaat: ein Landstreifen von der Adria bis zum Tyrrhenischen Meer mit Umbrien, Emilia, Teilen Latiums, bis 1870 vegetierend.

Der dritte Raum, Unteritalien, blieb außerhalb des Einfluß- und Ordnungsbereiches Karls d. Gr. und seiner Nachfolger und daher griechischen sarazenischen, normannischen Eroberern preisgegeben, bis Heinrich VI. es dem Reich einfügte. Das Königreich Neapel war bis 1860 spanisch.

23 Jahre regierte Papst Hadrian I. unter dem Schutz des fränkischen Königs. Deshalb zeigte Leo III. (795—816) seine Wahl zum Papst Karl d. Gr. an, übersandte ihm den Schlüssel zum Petrusgrab und ein Banner der Stadt Rom. Als er auf der Straße angefallen, zu Boden geschlagen und ihm ein Stück der Zunge abgeschnitten wird, flüchtet er in das Hoflager Karls nach Paderborn, wo auch seine Ankläger erscheinen. Auf dem Reichstag in Paderborn 799, noch vor der Kaiserkrönung, ist Karl der anerkannte Herr des Abendlandes. Der Kalifen Harun al Raschid im fernen Bagdad hatte eine Gesandtschaft geschickt, um ihm die Schutzgewalt über die Heiligen Stätten in Palästina zu übertragen.

Karl beauftragt seinen Vertrauten, den Erzbischof Hildebold von Köln, den Papst im Juli 799 nach Rom zurückzubegleiten und die Vorfälle zu untersuchen. Im November 800 kommt Karl selbst nach Rom, läßt den Papst den sog. Reinigungseid schwören, daß die gegen ihn erhobenen Anklagen falsch seien, und verfügt seine Wiedereinsetzung.

Die Kaiserkrönung

Während des Weihnachtsgottesdienstes in der Peterskirche setzte der Papst dem betenden Karl heimlich die Krone auf, worauf ihn die Geistlichen und die anwesenden Gläubigen mit einer Huldigungslitanei als Kaiser und Augustus feiern. Der Papst huldigt Karl auf den Knien; ein wohlvorbereiteter päpstlicher Akt. „Er hätte an jenem Tage trotz des hohen Festes nicht die Kirke betreten, wenn ihm die Absicht des Papstes bekannt gewesen wäre", schreibt Karls Biograph Einhard, der in Rom dabei war.

Für Karl als Herr und Schützers Roms wie des Papstes war das Kaisertum nicht eine Gabe oder Geschenk des Oberhaupts der Kirche, was eine Umkehr der tatsächlichen Verhältnisse bedeutete, hatte er doch die Vertreibung Leo III. durch dessen eigene Landsleute nicht anerkannt und ihn wieder eingesetzt. Vermutlich hatte der Papst von Karls Absicht, sich selbst die Kaiserkrone aufzusetzen, Kenntnis erhalten und verwandelte mit seiner List das Geschehen nach außen hin in einen Triumph des Papsttums.

Die Kaiserkrönung hatte nur einen längst bestehenden Zustand bestätigt:

den Übergang der antiken Weltherrschaft auf die Franken als Abschluß eines historischen Vorganges: König Chlodwig setzte der brutalen römischen Fremdherrschaft ein Ende, Karl Martell schützte die errungene Ordnung des Frankenreiches gegen den Einfall der Araber im Südwesten, seinem Enkel Karl d. Gr. gelingt die Vereinigung der germanischen Stämme des Kontinents. Der oberste Bischofsstuhl, Rom, gehörte seitdem zum fränkisch-germanischen Reich.

Die neue Großmacht des Westens stand nun gleichberechtigt neben den byzantinischen Nachfolgern des römischen Imperiums. Erst 812 fand sich Ostrom mit der Tatsache eines zweiten Imperiums und Karl d. Gr. als Kaiser des Westens ab.

Karl d. Gr. besaß nicht nur die Macht, sondern auch das moralische Recht, Einfluß auf die Geschicke Roms und der Kirche auszuüben. Jahrhundertelang haben die deutschen Könige und Kaiser die römische Kirche immer wieder aus einem Sumpf von Intrigen, Korruption und Verbrechen gerettet. Karl d. Gr. war der einzige Herrscher der Geschichte bis heute, der das Papsttum als römisch-italienische Institution hätte vernichten und die Deutschen endgültig von Rom trennen können. Er tat es nicht, er hat im Gegenteil das Papsttum für tausend Jahre inthronisiert und wie seine Nachfolger — die Päpste gegen ihre eigenen Landsleute geschützt, die Religion verteidigt, die Kirche beschenkt. Da in Rom noch zu seiner Zeit Laien zum Papst gewählt wurden, kümmerte sich Karl um die Reinigung der Kirche. Die Bibelkenntnis — von Rom verpönt — wurde verbindlich wenigstens für Priester und Bischöfe; die Predigt wird wieder eingeführt in einer dem Volk verständlichen Form und Sprache; systematisch läßt der Kaiser in Rom nach den alten Texten suchen, um eine authentische Grundlage für die Messe zu erhalten; den Priestern wird der Verkauf des geweihten Öls als Zauberöl verboten; allen Klöstern wird die strikte Beachtung der Benedikt-Regel vorgeschrieben und deren genaue Anwendung kontrolliert! Karl leitete Würde und Auftrag seines Königtums unmittelbar von Gott her! Das hieß: Verkündigung der christlichen Religion in den barbarisch-heidnischen Gebieten der Slaven, Verbreitung der christlichen und heimischen Kultur, Erziehung des Volkes, Fürsorge für die Armen und Schwachen, Pflege von Recht und Gerechtigkeit. Dazu brauchte Karl eine tüchtige Geistlichkeit, deshalb gab er den Klöstern und Pfarreien eine wirtschaftliche Grundlage durch Landschenkungen und Zehntpflicht. Die Priester sollten zugleich Volkserzieher sein und auch im Lesen und Singen unterrichten. Die von ihm ernannten Bischöfe wurden gruppenweise Erzbischöfen unterstellt, Metropoliten; dem Mainzer waren alle Bistümer des östlichen Teils vom Reich zugeordnet. Geistliche Metropole des Südostens wurde Salzburg, das bis Kärnten und Italien reichte. Grenznachbarn im Osten wie im Norden waren die heidnischen Slaven. Auf zahlreichen Synoden, die Karl meist selber leitete, legten die Bischöfe Rechenschaft über ihre Tätigkeit ab. In Kloster- und Domschulen lernten die künftigen Theologen und Beamten Lesen, Schreiben, Gesang und Latein. In der Hofschule von Tours und später von Aachen erfolgte die wissenschaftliche Ausbildung. Das Ziel war die Wiedererweckung der antiken Bildung. Karl blieb dabei bewußt Franke. Schon zu Zeiten Karl Martells bezeichnete das Wort „theodiscus" die Sprache der nichtromanisierten Franken und wurde später auf alle Germanen übertragen.

Grafen vertraten den König in allen Gauen. Die Hofkanzlei war mit weltlichen und geistlichen Beamten besetzt. Für ihre Dienste erhielten die Amtsträger Land, das bald zu erblichem Eigentum wurde. So entstand ein neuer Dienstadel, der mit dem Grund- und Schwertadel verschmolz. Gleichgestellt waren Bischöfe und Äbte der großen Klöster als Eigentümer und Nutznießer kirchlichen Grundbesitzes. Später wurde das Land nicht mehr zum Eigentum, sondern zum Lehen gegeben. Mit diesem Rechtsverhältnis (der Vasallität) verband Karl das persönliche Treueverhältnis der germanischen Gefolgschaft zu einem neuen, für das gesamte Reich gültigen Recht. Der Vasall konnte Teile seines Lehens weiterverleihen. Grundlage des Lehensverhältnisses bildeten die gegenseitigen Pflichten. Untreue des Mannes hatte den Verlust des Lehens zur Folge, Untreue des Herrn begründete ein Widerstandsrecht. Die oberste Berufungsinstanz gegen Grafen- und Beamtenwillkür war das Königsgericht in Aachen, vor dem jeder, der Recht verletzt hatte, erscheinen mußte.

Die fränkische Staatsverwaltung wurde im Sinne einer christlich-sittlichen Ordnung des öffentlichen Lebens ausgebaut. Ihre Repräsentanten, die Grafen, wurden durch die Königsboten, einen geistlichen und einen weltlichen, regelmäßig kontrolliert. Während im östlichen Imperium von Byzanz Absolutismus und Bürokratie, der allmächtige Staat das Leben der Völker bestimmte, war im karolingischen Reich die geistige Freiheit gewährleistet durch die germanische Regierungsform und durch die geistliche Macht der Kirche als gestaltende Kraft der Kultur und Hüterin der Religion. Im Verband des karolingischen Staates hatte sich die römische Kirche endgültig aus der Theokratie Ostroms gelöst.

Dem Kaiser das Regieren, Kirche und Papst Predigt, Gebet, Seelsorge

Nach Darlegung des Hoftheologen Karls war der Kaiser als Herrscher des Weltreiches der sichtbare Repräsentant Gottes; der ideelle König des Abendlandes ist Christus, sein Stellvertreter auf Erden der Kaiser. Die Kirche verrichtet den Dienst des Betens und der Heiligung der Seelen, der Kaiser als defensor et protector ecclesiae regiert mit einem Reichsklerus, Reichsmönchen und Reichsklöstern. Der Papst, so Karls Hoftheologen, habe nicht Fürsten, Könige, Herrscher, Regierungen ein- oder abzusetzen — einen solchen Auftrag hat der Nachfolger Petri nie und nimmer von Christus erhalten —, sondern Gottes Segen auf sie und ihr Wirken herabzuflehen.

Karl faßte die ethnisch, politisch, gesellschaftlich und kulturell verschiedenen Länder und Völker seines Reiches zusammen; in einem fruchtbaren Ausgleichs- und Verschmelzungsprozeß entstand die Basis der europäischen Einheit, die der persönlichen Schöpfung eines großen Mannes Dauer verlieh. In den fränkischen Kernlanden zwischen Seine, Maas, Rhein und Main bildete sich ein fränkischer Reichs- und Beamtenadel, der die karolingischen Interessen wahrnahm und die Reichseinheit auch nach dem Tode Karls garantierte. Weder vor- noch nachher hat ein europäischer Herrscher ein solch ungeheures Werk vollbracht wie Karl d. Gr.: Italien, Frankreich, Germanien gleichmäßig regiert, obwohl von seinen Feinden unaufhörlich bald an diese, bald an jene äußerste Grenze des Reiches gerufen, und dabei sein hohes Ziel der Verbreitung der Kultur doch nicht aus dem Auge verlierend. Diese drei Nationen verdanken das Bewußtwerden ihrer Nationalität Karl d. Gr. Für Italien beendete Karl den ständigen Kampf zwischen Byzanz-Griechen, Langobarden und Papst. Die Griechen wurden ausgeschaltet und nach Süden abgedrängt, das Langobardenreich dem fränkischen eingegliedert und das Papsttum in „Schutzhaft" genommen. Deutschland als Einheit existierte vor Karl d. Gr. nicht, erst durch ihn lernten die alten Stämme sich als Ganzes kennen; ebenso in Frankreich. Diese drei Länder wurden nicht nur nationalisiert, sondern zwischen ihnen eine übernationale Verbindung hergestellt, auf der bis heute das westeuropäische Leben beruht.

Bei seinem zweiten Zug über die Pyrenäen nach Aquitanien gründete Karl die spanische Mark, aus der einmal die Königreiche Katalonien, Valencia, Murcia hervorgingen. Danach unterwarf er die mit dem Bayernherzog Tassilo verbündeten heidnischen Avaren, die in zahllosen Raubzügen Gebiete und Völker des Reiches terrorisiert hatten. Dadurch wurde Pannonien, ehemals römische Donauprovinz, für das Christentum gewonnen und die von den Avaren beherrschten slavischen, ebenfalls heidnischen Stämme befreit und mit germanischer Hilfe zivilisiert. Mit der Beseitigung der Avarengefahr und der Ausschaltung der Langobarden hatte Karl d. Gr. das drohende Bündnis von Byzanz, Langobarden (Herzogtum Benevent) und Avaren mit slavischen Stämmen gebannt und damit auch das Papsttum vor äußerer Bedrohung bewahrt. Nunmehr konnten den Avaren und Slaven nicht nur die christliche Religion, sondern auch die lateinische Zivilisation und Kultur gebracht werden. Deshalb nannten die Slaven ihre Fürsten als Abbilder Karls „Kral" (eine Entstellung von Karl).

Karls Kaisertum wurde zum Inbegriff des Abendlandes. Staunend erlebten die Völker sein universales Wirken, und jedes nahm ihn für sich in Anspruch: „Er wurde von allen Völkern der große Kaiser genannt — ganz Europa ließ er mit allen Gütern angefüllt zurück — allen Bewohnern der Erde schien er ehrfurchtsgebietend, liebenswert und in gleicher Weise bewundernswürdig"[2].

Europa — die unsterbliche Idee Karls d. Gr.

Karl d. Gr. gehört zu den wenigen Gestalten der Weltgeschichte, die lebendig geblieben sind im Bewußtsein der Völker. Was er begonnen, gedacht, getan, ist bedeutungsvoll geworden für Europa.

Seit 1945, nach dem verlorenen Krieg, wird versucht, die Deutschen von ihrer geschichtlichen Vergangenheit zu trennen und zu verdrängen. Das scheitert an dem Europäer Karl, der ein Deutscher war und unserer Geschichte von der Vorzeit bis in die Gegenwart und Zukunft Sinn und Ziel gab.

Der Übermensch Karl d. Gr. ist den Zeitgenossen des ausgehenden 20. Jahrhunderts weit voraus. Wenn wir wieder erringen, was er verwirklichte, werden wir als Europäer überleben. Er lebt weiter als Monarch und Gesetzgeber, auf den zahlreiche europäische Gerichtshöfe ihre Rechtsbücher zurückführen. 801, auf dem Rückweg von Rom, nimmt Karl aus Ravenna das bronzene Standbild Theoderichs d. Gr. vom Palatium mit und läßt es im Innenhof seiner Pfalz zu Aachen, mit dem Gesicht zur Königshalle gewandt, aufstellen. Der Bezwinger und Bekehrer heidnischer Germanen wählt sich den mythischen Helden der Vorzeit zum Vorbild, der auf feuersprühendem Roß in die Hölle jagt, um dort bis an den Jüngsten Tag gegen die Chaoten zu kämpfen. In der Sage seiner Völker wird Karl zum Weißen Reiter, der Himmelswagen ist der Karlswagen, und er thront nach der Schlacht im Berg, von wo er als germanisch-lichter Himmelskönig immer wiederkehrt.

Der eine eigene Hochkultur begründete und das Staatsdenken bis heute beschäftigt, lebt auch fort in der Phantasie der Völker. Die National-hymne von Andorra ist ein Karlslied. Nach seiner Heiligsprechung 1165 wurde für das Karlsfest ein Offizium verfaßt und komponiert (von Rom nur für Aachen und Osnabrück anerkannt), „Regalis natus", zum letzten Mal 1778 in Aachen für den gottesdienstlichen Gebrauch abgeschrieben. Das liturgische Karlsfest wird ferner begangen in Andernach, Basel, Brünn, Brüssel, Charleville, Einsiedeln, Frankfurt, Gerona, Halle, Köln, Lübeck, Maastricht, Metten, Minden, Münster, Passau, Plaß, Sitten, Zürich und seit dem 15. Jh. in Frankreich. Es gibt keine europäische Chronik, in der Karl d. Gr. nicht seinen Platz hätte. Besonders das französische Epos und die bildende Kunst verewigten ihn in den Sagen um das Rolandslied und in zahllosen Darstellungen, angefangen von der bronzenen Reiterstatue im Louvre, dem großen Karlfenster in der Kathedrale von Chartres (um 1200), dem Kaiserporträt im Fenster des Straßburger Westwerks, in vielen Wand-teppichen bis zu dem Reiterdenkmal vor Notre Dame in Paris. In der Vorhalle von St. Peter zu Rom steht eine Reiterstatue Karls, im Triklinium beim Lateran ein Mosaik von „König Karl", in den Vatikanischen Museen ein abgelöstes zeitgenössisches Mosaik von ihm vor der Kaiserkrönung, unmittelbar daneben ein eindrucksvolles Kaiserbild aus dem 14. Jh. Raffael malte Karl d. Gr. zweimal, in der Krönung und im Reinigungseid Leos III. vor Karl d. Gr. (Stanza dell'incendio), Dürer 1510 ein Tafelbild in Nürn-berg, die bedeutendste künstlerische Darstellung Karls d. Gr., im Krö-nungsornat zwischen dem Reichsadler und den französischen Lilien! Ro-mantisch verklärt sind die Bilder Karls aus dem 19. Jh.

Die Bestrebungen unserer Epoche: politisch, wirtschaftlich, kulturell — der Sechser-Gemeinschaft — zielen auf eine Völkergemeinschaft, wie sie in Karls Reich vor 1200 Jahren bestanden hat.

Das Werden der deutschen Sprache und Dichtung

Um 600 teilt sich das Deutsch in Niederdeutsch und Hochdeutsch. Das Hochdeutsch — die Zusammenfassung von Ober- und Mitteldeutsch — wird die Sprache der Dichtung. Vom 8. Jh. an bis um 1100 sind die erhaltenen Handschriften in Althochdeutsch geschrieben, zu dem Fränkisch und Ober-deutsch (Alemannisch und Bayrisch) gehören; die Ausnahme: Der Heliand in Altsächsisch. (Von 1100—1500: Mittelhochdeutsch)

Seit dem Ende des 7. Jh. bezeichnete das Wort „theodiscus" die Sprache der nichtromanisierten Franken und später der Germanen. Von 786 an erscheint in lateinischen Quellen die Bezeichnung „theodisca lingua" für die Volkssprache im Unterschied zur Gelehrtensprache Lingua latina. Theodiscus stammt vom althochdeutschen diot = Volk. „Deutsch" heißt also volkstümlich, althochdeutsch diutisc, mitteldeutsch diutsch. Die Bezeichnung „Deutsche" als Volksname kam erst nach 1000 auf.

Die lateinische Sprache wird gelehrt und gelernt, aber auch die Entwicklung der deutschen Sprache. Karl gibt z. B. den Winden und Monaten deutsche Namen — Wintarmânôt, Hornunc, Lenzimânôt —, läßt die alten Heldenlieder, Sagen, Zaubersprüche sammeln, eine deutsche Grammatik aufstellen, Übersetzungen anfertigen, hielt die Geistlichen zu Predigten in der Muttersprache an. Lateinische Hymnen, Psalmen und Teile der Evangelien werden verdeutscht, das Glaubensbekenntnis und kirchliche Formeln deutsch gesprochen und erklärt. Einhart überliefert in seiner Karlsbiographie: „Inchohavit et grammaticum patrii sermonis" = Er führte auch die Beschäftigung mit der Grammatik der Vätersprache ein. Die damals entstandenen Prosaübersetzungen in althochdeutscher Sprache mit festen orthographischen Regeln entsprechen den Übersetzungen in dem südrheinfränkischen Dialekt Lothringens.

Das Althochdeutsch war nicht eine bloße Mönchs- und Klostersprache, sondern eine echte Volkssprache, die alle Bereiche des vielfältig sachbezogenen wie halb- und hochliterarischen Sprachlebens einfängt. Der Ordinarius für germanische Philologie an der Universität Zürich hat in einer kurz gefaßten Grammatik des Althochdeutschen Wortschatz, Laut-, Formenlehre, Wortbildung, Syntax und Typologie aufgezeigt[3].

Als unmittelbare Folge der Förderung des heimischen Sprachgutes entstehen noch zu Zeiten Karls d. Gr. deutsche Dichtungen: Das Wessobrunner Gebet um 800, im bayerischen Kloster Wessobrunn gefunden; es ähnelt im Aufbau den germanischen Zaubersprüchen. Im Stabreim wird nach germanischer Anschauung die Zeit vor der Schöpfung geschildert, als „der Erdboden nicht war, noch Himmel, Baum und Berg, die Sonne nicht schien und der Mond nicht leuchtete, wo nichts war als der eine allmächtige Gott, der Männer mildester, umgeben von göttlichen Geistern". Daran schließt sich ein Gebet um den rechten Glauben und die Kraft zum Widerstand gegen das Böse. In einem Erbauungsbuch Ludwigs des Frommen fand man das stabreimende Gedicht „Muspilli" (mû = Erde, spilli = Verderben) über das Weltende nach christlicher Lehre, jedoch wie ein germanisches Heldengedicht geschrieben: Nach dem Untergang der Menschheit kämpfen Engel und Teufel um die Seelen, Elias gegen den Antichrist. Die Erde heißt mit-

tilgart; am Jüngsten Tag wird Gericht gehalten über Böse und Gerechte. —
Das bedeutendste literarische Kunstwerk aus der Epoche Karl d. Gr. ist
„Der Heliand", das Leben des Heilands in 6000 altsächsischen Stabreimen,
aber bereits mit fränkischen Ausdrücken, in sächsische Landschaft versetzt,
wie ein germanischer Heldengesang: Jesus, des Waltenden Sohn, des
Volkes Stammherr und der Mannen Gebieter, reich an Land und Burgen,
erscheint als deutscher Fürst, der Volksthinge haltend (Bergpredigt!) im Gau
von Bethlehemburg bis Jerusalemburg umherzieht. Er ist umgeben von
reckenhaften, adligen Jüngern, der Gefolgschaft, die von ihrem ‚milden'
Herrn Geschenke erhält. Die römischen Prokonsuln sind Herzöge, die Weisen gewaltige Degen und Jesu Vasallen. Der Königssaal ist die hölzerne
Halle der Germanen mit dem Herrenstuhl, der Tempel der sächsische Saal
mit Geweihen (hornseli). Die germanische Norne ‚Wurd' nimmt dem Sohn
der Witwe zu Nain das Leben. Satan besitzt eine Art Tarnkappe, und die
Engel tragen Federhemden. Mit größter Wirklichkeitsfreude ist alles Geschehen lebhaft und anschaulich geschildert, das dem germanischen Wesen
zusagt (das laute, frohe Zechgelage auf der Hochzeit zu Kana, der See-
sturm, die treue Gefolgschaft der Jünger, Waffentat des Petrus), fort-
gelassen ist das, was ihm widerspricht (Verbot der Wiedervergeltung, Jesu
Ritt auf dem Esel und Gebetskampf auf dem Ölberg). Die nicht zu um-
gehende Tatsache von der Flucht der Jünger, die im schärfsten Gegensatz zu
der vom Heldengesang gepriesenen Mannestreue steht, wird als ein durch
Prophezeiungen vorausbestimmtes Schicksal erklärt. — Der Dichter des Heliand tritt ganz hinter das Werk zurück und verzichtet völlig auf lateinische
Quellen, Zitate und gelehrte Auslegungen.

Nach Karls Tod wird die volkstümliche christliche Dichtung von einer
gelehrten Kunstdichtung abgelöst. So sehr Karl die antik-lateinische Kultur
bewunderte und sie an seinem Hofe gepflegt wurde, für sich selbst blieb er
betont ein Franke, der mit allen Kräften auch die heimische Kultur för-
derte. Sein Nachfolger ließ die germanische Liedersammlung verbrennen
als heidnisch und darum schädlich. Selbst harmlose Gesänge, Umzüge, Rei-
gen wurden als un- bzw. antichristlich gebrandmarkt und unterdrückt. Auch
der Stabreim verschwindet aus der Dichtung.

Re-Romanisierung nach Auflösung des Reiches

Der Rheinfranke Otfried, ein Mönch, widmete sein um 868 vollendetes
„Evangelienbuch" Ludwig dem Deutschen. Otfried war stolz auf sein Fran-
kenvolk, seine Literatur in der eigenen Sprache. Deshalb hat er das Leben

Jesu in Rheinfränkisch verfaßt, ein Andachtsbuch für die Gebildeten, dichterisch zwar weit hinter dem Heliand zurück, mit vielen theologischen, moralischen und erbaulichen Betrachtungen und lateinischen Zitaten; ein Buch der Seelsorge als Ersatz für die wilden Gesänge des Volkes. Otfrieds lyrische Begabung — er verwendet den Endreim, der den Stabreim in der Dichtung ablöst — zeigt sich in der Schilderung von Mutterliebe oder Heimweh. Für die Kenntnis des Althochdeutschen ist sein Evangelienbuch eine unschätzbare Quelle.

Roswitha, † 973, gelehrte Nonne im sächsischen Kloster Gandersheim, erste deutsche Dichterin, schrieb Heiligendramen, Legenden und zwei historische Werke: Die Geschichte des Klosters und die Taten Otto des Großen, das sie selber dem Kaiser überreichte.

Die geistlichen Dichter besingen die — religiös motivierten — Taten ihrer Könige. 882 schreibt ein anderer rheinfränkischer Geistlicher in seiner Mundart und in Otfrieds Endreimen das von Nationalstolz und Kampfeslust erfüllte „Ludwigslied" — der Sieg des Westfrankenkönigs Ludwig III. über die plündernden Normannen bei Saucourt 881; bemerkenswert, weil seit dem Tode Karls d. Gr. die deutsche Dichtung wieder der lateinischen wich und sich bei den Westfranken die romanische eingebürgert hatte, ebenso in Italien, wo das Langobardisch verklungen war. So ist „der erste deutsche Soldatenschwur" (Suchenwirth), der Straßburger Eid, bereits zweisprachig. Nach der Teilung des Reiches unter die streitenden Enkelsöhne Karls d. Gr. war Deutschland wie Frankreich bedroht, wenn eines der Länder wider das andere ein Bündnis mit dem Nachbarn, den von der Kirche unterstützten Lothar, schloß. Das führte zu dem ersten deutsch-französischen Sicherheitspakt! Der deutsche König Ludwig, der Deutsche genannt, und der französische König Karl der Kahle geloben sich am 14. 2. 842 zu Straßburg feierlich gegenseitig Schutz und versprechen, kein Bündnis mit dem feindlichen Nachbarn einzugehen. Nach dem Gesetz der Höflichkeit schwur jeder in des anderen Sprache, Ludwig in der altfranzösischen, Karl in der althochdeutschen. Beide Eide — deren Originale verschollen, aber in Handschriften erhalten — sind das älteste französische und deutsche Sprachdenkmal!

Schwur Ludwigs des Deutschen:	Schwur Karls des Kahlen von Frankreich:
Pro Deu amur et pro christian poblo et nostro commun salvament dist di en avant, in quant Deus	In godes minna ind in thes christianes folches ind unser bedhero gehaltnissi fon thesemo dage fram-

savir et podir me dunat, si salvarai io cist meon fradre Carlo et in adhudha er in cadhuna cosa, si cum hom por dreit son fradre salvar dist, ino quid in imi altresi faret et ab Ludher (Lothar, Luther scheint mit Lothar identisch!) nul plaid nunquam prindrai, qui meon vol cist meon fradre Carlo in damno sit.

mordes so fram so mir got gewizci indi maht furgibit, so haldih thesan minan bruodher scal, in thin thaz er mig so sama duo indi mit Ludheren (Lothar) in notheinin thing ne gegangu the minan willon imo ce scadhen werdhen.

Hochdeutsch übersetzt: In Gottes Liebe und in des christlichen Volkes und unserer beider Erhaltung (Wohlfahrt) von diesem Tage fortan, soweit mir Gott Wissen und Macht gibt, so halte (helfe) ich diesen meinen Bruder, wie man mit Recht seinen Bruder soll, in dem, daß er mir ebenso tue, und mit Lothar kein Ding nicht gehe ich, das mit meinem Willen ihm zu Schaden werde.

Die deutsche Dichtung, von Karls Nachfolgern bereits vernachlässigt, verfiel vollends in der politisch so bedeutsamen Epoche der Ottonen. Otto d. Gr. nahm mit der eingeschränkten Kaiserpolitik Karls d. Gr. dessen lateinische Bildungsbewegung auf, die Ottonische Renaissance erblühte mit ihren romanischen Domen zu Speyer, Mainz, Worms, Bamberg, der Kaiserpfalz Goslar ... Klöster vermittelten die humanistische Schulung und lateinisches Klassikertum. Für diese lateinische Klosterkultur war die deutsche Rede eine barbarische „Bauernsprache". In diesem Sinn waren auch Otto II. und Otto III. erzogen, der, weltfern und der deutschen Heimat entfremdet, abschätzig von der Saxonica rusticitas sprach.

Die neue Dichtung als Äußerung des deutschen Geisteslebens wurde nur mehr in Latein geschrieben, z. B. die von Heimatgefühl getragene Geschichte der Sachsen des Corveyer Mönchs Widukind oder die deutsche Walthersage in lateinischen Hexametern des St. Gallener Mönchs Ekkehard I. um 930. In St. Gallen lebte ebenfalls der einzige Mönchsgelehrte, der sich wissenschaftlich, künstlerisch, literarisch mit der deutschen Sprache beschäftigte, Notker der Deutsche, gestorben 1022. Dieser inspirierte Kenner der deutschen Sprachform stellte Untersuchungen über die deutsche Sprache an, übertrug für seine Klosterschüler meisterhaft Psalmen und lateinische Texte und verdeutschte kühn theologische und philosophische Fachausdrücke. Die einzigen aus dieser Zeit überlieferten deutschen Verse finden wir in Notkers lateinischem Lehrbuch der Rhetorik.

Notkers Schüler Ekkehard IV. überarbeitete die Übersetzung des Walthariliedes wegen ihrer vielen Germanismen. Leider ist nur diese Fassung des Walthariliedes erhalten geblieben, ein inhaltlich wertvoller Rest deutscher Heldensage aus der Zeit der Völkerwanderung.

Von 1030 etwa stammen die Bruchstücke des ältesten deutschen Romans, von einem Mönch des Klosters Tegernsee in gereimten Hexametern geschrieben: Das abenteuerliche Lebensbild des Ruodlieb, der die Heimat verläßt, 10 Jahre einem ägyptischen König dient und zum Abschied mit Weisheitslehren, die sich später bewähren, belohnt wird.

Auch die Tiersage wurde damals gepflegt. Die älteste Tierdichtung schrieb um 940 ein lothringischer Mönch in gereimten leoninischen Hexametern: Ecbasis captivi (Flucht des Gefangenen). Der Verfasser war aus dem Kloster geflohen, wurde gefangen und kehrte reumütig in seine Zelle zurück. Bildhaft schildert er seine Flucht als Kalb, das in die Gefangenschaft eines Wolfes gerät und aus der Todesgefahr durch den listigen Gegner des Wolfes, den Fuchs, befreit wird.

Mit der *mittelhochdeutschen Frühzeit* beginnt ein neuer Aufschwung der deutschen Dichtung. Die dichtenden Geistlichen benutzen wieder die deutsche Sprache für religiöse und geschichtliche Themen, übertragen erstmals französische Epen und begründen die umfangreiche, zum Vorlesen bestimmte Verserzählung, z. B. das altfranzösische Chanson de Roland als Rolandlied: Der Zug Karls d. Gr. nach Spanien 788 endete mit der Vernichtung der fränkischen Nachhut aus dem Hinterhalt im Tal von Roncesvalles. Der getötete Hruodland, Markgraf der bretonischen Mark, wurde zum Roland der formverbesserten deutschen Übersetzung.

Die Epoche der Hohenstaufenkaiser aktiviert die deutschen Dichter. Das erbitterte Ringen gegen die nach Weltherrschaft strebenden Päpste erregte die Nation in der Tiefe und entfachte die Gemüter zu Parteinahme, gehörte doch jeder dem deutschen Reich und der Kirche an. Die Selbstbehauptung der deutschen Kaiser Barbarossa, Heinrich VI. und Friedrich II. erfüllte die meisten Deutschen mit vaterländischem Gefühl und Stolz.

Durch die Kreuzzüge kamen viele Menschen mit romanischen und mohammedanischen Völkern in Berührung und lernten die byzantinische, orientalische und arabische Kultur und Zivilisation kennen. Aus dem Adel ging neben dem geistlichen der gebildete Ritterstand hervor, dessen Gebote „diu màze", das besonnene Maßhalten in Worten und Taten, Tapferkeit, Treue zum Lehnsherrn, Kampf für den Glauben, Schutz der Schwachen und Verehrung der Frauen hießen.

Unter den Hohenstaufen begann die Laienbildung: die Berührung mit den verschiedenen Völkern brachte einen geistigen Austausch. Fabeln, Sagen, Novellen und Legenden aus dem Orient und der Antike flossen nach Frankreich und Deutschland. Die Sprache der Ritterdichtung wurde das

Mittelhochdeutsch. Es entstand eine höfische Umgangssprache, die allen Gebildeten geläufig war und auch von den ritterbürtigen Dichtern angewandt wurde. Eine sprachliche Einheit, die sich mit dem Verfall des Kaisertums und dem vorläufigen Triumph des Papsttums auflöste; die Dichtung verfiel, man schrieb wieder in der Mundart!

1140 dichtete ein fränkischer Spielmann in Bayern ein zum Leseepos gestaltetes Gedicht: „König Rother"; aus der gleichen Zeit stammt das bayerische Gedicht „Herzog Ernst". Um 1180 dichtete der elsässische Spielmann Heinrich der Glîchezare den „Reinhart Fuchs", das erste deutsche Tierepos. Um 1150 wurde der Minnesang durch den niederösterreichischen Ritter Kürenberg zur selbständigen Kunstgattung. „Das erste Reis der neuen Epik auf dem Baum der deutschen Dichtung" propfte der Niederfranke Heinrich von Veldeke auf: Sein „Eneit" — Vorbild der nachfolgenden Epik —, eine Umdichtung des französischen Aeneasromans, den er 1188 beim Landgrafen von Thüringen vollendete. Ritter Veldeke war auch ein gerngesehener Gast am Hofe Barbarossas, so 1184 zu Mainz auf der glänzenden Schwertleite der Söhne des Kaisers.

Hartmann von Aues (aus Schwaben, 1170 geboren) Erzählweise galt den Zeitgenossen als klassisches Muster. In „Erek" und „Iwein" gibt er die Artussage nach dem französischen Troubadour Chrestien von Troyes wieder. Sein bedeutendstes Werk, „Der arme Heinrich", behandelt einen deutschen Stoff aus der Familiensage der Lehensherren von Aue.

Der um 1170 geborene Ostfranke Wolfram von Eschenbach gibt im „Parzival" ein Zeitbild von den Idealen des Mittelalters und ein Weltbild des faustischen Menschen, der durch Irrungen, Trotz, Gottesferne, durch Zweifel und Schuld, durch Mut und Treue zu Glück, Seelenfrieden und Gott findet (mühsam zu lesen infolge seiner langen Vorgeschichte, der vielen Nebenhandlungen des für uns fremdartigen, jedoch zeitgemäßen Kleides; die individuelle Zeichnung besonders der Frauen, die köstlichen Naturschilderungen und der manchmal absonderliche Humor seine Vorzüge). Eine Ergänzung zum Parzival bilden die Bruchstücke „Titurel" und „Willehalm".

Das Lebenswerk des Gottfried von Straßburg ist der „Tristan", um 1210 verfaßt, ein kunstvollendetes Epos und Lebensroman.

Nibelungenlied — Minnesang

Das volkstümliche Epos, von höherem dichterischen Wert als das höfische, entwickelte sich in jenen Gegenden, wo der französische Einfluß geringer blieb, und bewahrte das rein deutsche Thema des Heldensanges. Der jedermann bekannten Sagenüberlieferung fühlten sich die volkstümlichen Epiker verpflichtet. Die Urschriften gingen verloren, nur Umarbeitungen sind auf uns gekommen. Denn jeder, der das Epos vortrug oder abschrieb, durfte beliebig fortfahren, ändern, hinzufügen.

Das Nibelungenlied aus der altgermanischen Siegfried- und Burgundersage entstanden, erweitert um die Sage von Dietrich und die Gestalten des Markgraf Rüdiger und Volker, lebte in Einzelliedern fort, bis es um 1200 ein österreichischer ritterlicher Dichter aufzeichnete. Hebbel nannte den Schöpfer des Nibelungenliedes einen „Dramatiker vom Wirbel bis zur Zeh". Das Original ist verschollen, aber wir besitzen 10 vollständige Abschriften, deren wichtigste die in Hohenems—München und in St. Gallen sind. Unter dem Einfluß des Nibelungenliedes schreibt um 1210 ein bayrisch-österreichischer Dichter das Epos „Gudrun", erhalten in einer einzigen Handschrift aus dem 13. Jh.

Unter den Staufern Friedrich Barbarossa, Heinrich VI. und Friedrich II. gelangte der Minnesang zur Blüte. Seine stärkste Dichterpersönlichkeit, größter Lyriker vor Goethe, ist der österreichische Adelige Walther von der Vogelweide (etwa 1165—1230). Der 20jährige lernt am Babenberger Hof in Wien bei Reinmar von Hagenau „Singen und Sagen" und auf Wanderschaft als ritterlicher Sänger, auch auf der Wartburg beim Landgrafen Hermann. Er verteidigte die Einheit und den Frieden des Reiches gegen päpstliche Einmischung in innerdeutsche Angelegenheiten. Kaiser Friedrich II. verlieh ihm um 1220 ein kleines Reichslehen bei Würzburg und erfüllte damit den Lebenswunsch des Dichters: „Ich hân mîn lêhen." Im Kampf zwischen Friedrich II. und Papst Gregor IX. trat Walther für den Staufer und das Reich ein, rief 1228 zu einem Kreuzzug des gebannten Kaisers ohne Mitwirkung des Papstes auf. Er liegt in Würzburg begraben.

Von Walther sind gegen 200 Gedichte überliefert über Liebe, Naturleben, Religion, das deutsche Vaterland, Papsttum, Heimat und Wandern, Dankbarkeit zum Kaiser. Erst spät wurden die Minnelieder, zuerst mündlich weiter verbreitet, in Handschriften gesammelt. Die reichste ist die Heidelberger Sammlung von 140 Dichtern, die Stuttgarter oder Weingartner Handschrift umfaßt 32 Dichter, beide aus dem 14. Jh.

Walthers Liebeslieder sind Gelegenheitsgedichte im Goetheschen Sinn: Wer liebt und geliebt wird, schämt sich jeder Untat und Niedrigkeit. Noch stärker tritt das persönliche Element in seinen vaterländischen Gedichten hervor, das erste „Deutschland über alles" in der Dichtung, „Ir sult sprechen willekomen". Mit seinen politisch-kirchlichen Sprüchen stritt er leidenschaftlich gegen die Machtansprüche des Papstes und gegen den Mißbrauch des

Bannes als politisches Mittel. Rom sei die Stätte der Ränke und der Habsucht, das Silber der dummen Deutschen diene den römischen Prälaten zum Wohlleben (Ahî wie kristenlîche der bâbest unser lachet; Sagt an, Her Stoc). Trotzdem war Walther ein frommer Mann, schrieb ein Lied auf die Dreieinigkeit und die Gottesmutter, singt von Gottes Unerforschlichkeit, von Treue, Freiheit, Männerwürde, Heiligkeit.

Der bayrische Ritter Neidhart von Reuental, um 1250 gestorben, Ulrich von Lichtenstein, Heinrich von Meißen, gestorben 1318, popularisieren in derber Weise den Minnesang, der noch einmal im Tiroler Ritter Oswald von Wolkenstein, gestorben 1445, aufblüht, aber nicht mehr in die veränderte Zeit paßte. Um 1250 schrieb Wernher dem Gaertenaere den Meier Helmbrecht, ein bayrisches Sittengemälde aus der Zeit in kurzen Reimpaaren. Freidanks „Bescheidenheit" gibt eine Zusammenfassung der volkstümlichen Spruchweisheit; diese „weltliche Bibel" genoß bis ins 16. Jh. hohes Ansehen.

* * *

Der Reichstagsabschied von Mainz 1235 mit dem Gebot des allgemeinen Landfriedens war das erste Reichsgesetz in deutscher Sprache. Bis dahin wurden die Gesetze aus dem Latein ins Deutsche übersetzt.

Um 1230 schrieb Ritter Eike von Repgowe aus Anhalt den Spiegel der Sachsen, eine Zusammenfassung des sächsischen Rechts in deutscher Sprache. Nach dem Vorbild des verbreiteten, überarbeiteten und bebilderten Sachsenspiegels entstanden weitere deutsche Rechtsbücher, so der für Süddeutschland gültige Schwabenspiegel.

Um 1250 verfaßte ein sächsischer Geistlicher die sog. „Sächsische Weltchronik", das erste Geschichtswerk in deutscher Prosa. Die deutsche kirchliche Prosa entwickelte sich vor allem im Gefolge der Franziskaner und Dominikaner, welche volkstümliche Predigten, wie bereits Karl d. Gr. gefordert hatte, hielten, Aufrufe für ein anständiges Leben, für die Kreuzzüge, gegen Korruption, Luxus, Verderbnis.

Die Geburt des Abendlandes — Karls Kulturwerk

Aquae Grani — nach den Quellen des keltischen Heilgottes Granus — hieß Aachen als römischer Badeort des 1.—4. Jh. Ahha nannten die Franken ihre Siedlung; Aix-la-Chapelle heißt es bei den romanischen Nachbarvölkern, das Bad = Aix mit der Kapelle Karls, Ahnherr auch ihrer Geschichte.

Auf den Trümmern der um 370 untergegangenen Thermen, Kult- und Verwaltungsbauten errichtet Pippin seinen Königshof, auf dem gleichen Geviert von 120×120 m als Grundschema ersteht Karls Pfalz.

Um 400 hatten die letzten Römer das Land an Rhein und Maas verlassen. Im 6. und 7. Jh. entvölkern sich die Städte und überleben nur als Bischofssitze. Die Könige mußten auf ihre Güter ziehen, da die Städte nicht mehr die notwendigen Lebensmittel für Hof und Gefolgschaft aufbringen konnten. Paris, Orléans, Soissons, Reims, wo die Könige zeitweise residierten, waren klein. Da konnte sich kein eigener Hof mit Bauten und Kunstwerken entwickeln. 765 feiert König Pippin das Weihnachtsfest in Aachen, das erste deutsch-fränkische Geschichtsdatum des Ortes. 786 wird mit der Errichtung von Karls Residenz angefangen. Um Pfalz und Kapelle entstehen Gelehrten- und Kunstschulen, von karolingischen, der Jurisdiktion des Königs direkt unterstellten Kapellanen verwaltet.

Das Aachener Münster, für die damalige Zeit allein wegen seiner gewaltigen Dimensionen ein Wunderwerk, ist auch heute noch ein Erlebnis. Die Grundform — außen ein 16-Eck, innen ein Achteck —, in geistreicher Weise verdoppelt (der halbe Durchmesser des Oktogons = Vierteldurchmesser des Sechzehnecks), ist steingewordenes Zeugnis von Karls Sinn für die „richtigen Zahlen", Maße und Winkel, für sein architektonisch-mathematisches Denken; er war ein begeisterter Schachspieler. Als beherrschender Typ für karolingischen Zentralbau wirkte die Aachener Pfalzkapelle beispielgebend bis in die Epoche des romanischen Baustils hinein in den westeuropäischen Ländern und war als seine Grabkirche mit dem Steinthron mehr als 700 Jahre die anerkannte Krönungskirche von 30 deutsch-römischen Königen.

* * *

Fünfmal ist Karl in Italien gewesen: 774 und 776, um das Langobardenreich zu erobern, 781 zur Salbung seiner Söhne Pippin und Ludwig zu Königen Italiens und Aquitaniens durch den Papst, 786/87 bis Benevent, 800 zur Kaiserkrönung. Damals hieß reisen — ein Land Schritt für Schritt zu durchziehen im Wagen oder auf dem Pferd, wobei man es mit seinen Bewohnern von selber kennenlernte. Aus der Begegnung mit den mittelmeerischen Kulturen gewann Karl Anregungen und Klarheit über sein eigenes Kulturwerk, für das er die bedeutendsten Zeitgenossen aus ganz Westeuropa nach Aachen holte. Hatte er bisher sein Reich „vom Pferd herab" regiert, unterwegs von Pfalz zu Pfalz mit dem Hof und dem Staatsschatz, so wird der 45jährige seßhaft und geht daran, seine Hauptstadt zum „Leuchtturm Europas" auszubauen.

Die karolingische Akademie, Karls d. Gr. Musenhof in Aachen

Auch zwischen den Kriegszügen im Feldlager war Karl unermüdlich mit juristischen, philosophischen, künstlerischen und theologischen Anliegen beschäftigt. Außer Schreibern, Beamten, Übersetzern, Offizieren, Soldaten sind Dichter, Theologen, Juristen, Mathematiker, Baumeister, Bildhauer... seine Tischgenossen. „Er, der kriegsgewaltige Held, zieht auch gegen die Fehler in den Büchern zu Felde", berichtet bewundernd ein Chronist von St. Gallen. Und wo er auf seinen Feldzügen auf Talente stößt, nimmt er sie mit an seinen Hof. So stellt sich ihm 781 der adlige Angelsachse Alkuin (730—804) in Parma vor und wird sofort an seine Aachener Hofschule berufen, zu deren Leiter er bald aufsteigt. Alkuin, so etwas wie ein Kultusminister, zuständig auch für Erziehung und Kirchenpolitik, unterrichtet — Beispiel für das Volk — den Kaiser, seine Familie und Verwandten. Er führte die Bildungsreform im Reich ein und konnte es als Freund wagen, Karl um Milde für die aufständischen Sachsen zu bitten. 796 erhielt Alkuin die Abtei St. Martin von Tours, die er zum zweiten Bildungszentrum des Reiches gestaltet. Er revidiert im Auftrag seines Herrn das römische Meßbuch, reinigt die lateinischen Bibeltexte von nachträglichen Einfügungen, erneuert das Missionswerk und betrieb die Kaiserkrönung, denn zum Kaisertum des Westens gehörte die Krönung in Rom. Alkuins Neufassung der Bibel — um 800 überreichte er das vermutlich erste Exemplar (heute in Monza, Bibl. Capitolare) — nach der Übersetzung des hl. Hieronymus, der Vulgata, blieb 700 Jahre, bis zum Ende des Mittelalters, gültig.

Alkuin wird der Lehrer einer Generation von Äbten, Bischöfen, Theologen. Sein Schüler Rabanus Maurus (780—856), OSB, Abt von Fulda, Erzbischof von Mainz, der berühmteste Gelehrte des 9. Jh., verschafft der geistigen Erneuerung Karls die Breitenwirkung, fördert Volkssprache und Volksbrauch, sammelt die Runendenkmäler und die alten Heldenlieder, verfaßt sogar Glossen und Denkschriften zu politischen Fragen und trägt zu Recht den Titel „primus praeceptor Germaniae".

Paulus Diaconus (720—800), adliger Langobarde und Benediktiner von Monte Cassino, Geschichtsschreiber, Dichter, Grammatiker, Theologe, seit 782 Lehrer an der Hofschule Aachen, Verfasser der „Historia Langobardorum" von der Vorzeit bis 774.

Paulinus (750—802), Langobarde, von 776 an Lehrer in Aachen für Dichtkunst und Theologie, 787 von Karl zum Patriarchen von Aquileja ernannt, gleichzeitig Avaren-Missionar. Im Auftrag Karls setzte er auf der Synode in Friaul die Aufnahme des „filioque" ins Credo durch, dessen heutiger Text auf ihn zurückgeht (filioque = und vom Sohn, ... qui ex patre filioque procedit: Gottvater und Gottsohn als Ursprung des hl. Geistes).

Theodulf (750—821), Westgote, Bischof von Orléans, um 780 an den Hof geholt, wo er als Theologe, Dichter und Künstler für Karls Bildungsreform wirkt und in dessen Auftrag energisch Klerus und Mönchstum reformiert. In Gedichtform beschreibt er seine Tätigkeit als Königsbote (missus) in Gallien 798 zur Kontrolle von Abteien, Klöstern, Schulen und Verwaltungen; u. a. zählt er Mißstände der Rechtspraxis auf, die vom König beseitigt werden. Anschaulich schildert er das gesellige Leben der Mitglieder der königlichen Akademie. Verfasser der Libri Carolini, vier Bände. Erhalten sind von Theodulf seine Kirche in Germigny mit einem berühmten Apsismosaik und zwei Bibelhandschriften. Wegen seiner unverhohlenen Geringschätzung von Karls Nachfolger wird er 818 von Ludwig dem Frommen seiner Würden für verlustig erklärt und stirbt als Verbannter in einem Kloster.

Angilbert (740—814), Franke, Laienabt von Saint-Riquier, Staatsmann und Dichter, deshalb sein Beiname „Homer" in der Akademie, anerkannter Geliebter von Karls Tochter Berta, mit der er zwei Söhne hat. Angilbert, zwei Jahre älter als Karl, Leiter der Hofschule, vergrößert seine Abtei und erbaut drei neue Kirchen, ist Mitunterzeichner Karls d. Gr. Testament von 811.

Adalhard (751—826), Vetter Karls d. Gr., Benediktiner, Abt von Korbie, Förderer der sog. karolingischen Renaissance, gründete Diözesanschulen, Berater Karls in italienischen Angelegenheiten, Verfasser der (verlorenen) Hofordnung Karls d. Gr. Mit seinem Bruder Wala gründet er 822 Neu-Corvey als Ausbildungszentrum sächsischer Adliger und das Frauenstift Herford. Wie Einhard verachtet er den Schwächling Ludwig d. Fr., in dem er den Verderber des Reiches sieht, und wird von diesem für 7 Jahre auf die Insel Herium (Loiremündung) verbannt.

Wala (755—836), in der Hofschule erzogen, Graf, Palastverwalter, Heerführer, von Ludwig d. Fr. sogar mehrmals verbannt, den er wie sein Bruder Adalhard als Zerstörer der Reichseinheit verachtet; seit 823 Berater Lothars I., versucht immer wieder, die Zwistigkeiten im Karolingerhaus zu schlichten; gegen Ende seines Lebens Abt von Bobbio/Oberitalien.

Hildebold, gest. 818, Erzbischof von Köln, Vertrauter und Ratgeber Karls d. Gr., höchster Geistlicher des Reiches, geleitet im Auftrag Karls 799 Papst Leo III. nach Rom zurück und führt die Untersuchungen über ihn durch, salbt Ludwig zum König, spendet dem sterbenden Kaiser die letzte Ölung, unterzeichnet das Testament Karls als erster Zeuge und Haupt der fränkischen Metropolitankirchen; beginnt den Domneubau, gründet die

Domschule und Bibliothek, seit 802 auch Abt der Abtei Mondsee bei Salzburg. Der Kölner Dom besitzt noch heute eine große Anzahl der von Erzbischof Hildebold in Auftrag gegebenen Codices.

Fulrad, gest. 784, Abt von St. Denis, Erzkaplan von Pippin d. J., empfing 754 Papst Stephan II. in seiner Abtei.

Nithard (800—845), Sohn Angilberts und von Karls Tochter Berta, Laienabt von St. Riquier (kurz vor seinem Tod), Heerführer und Geschichtsschreiber Karls d. Kahlen. In seiner historiam libri IV schreibt er die Geschichte der Bruderkämpfe; am Anfang steht die Persönlichkeit Karls d. Gr. — Die Straßburger Eide sind allein von Nithard überliefert[4].

Dungal, Ire, Mönch von St. Denis und Astronom, nach dem Tode Alkuins Berater Karls in Fragen der Astronomie und Zeitrechnung; hat über die Sonnenfinsternis von 811 geschrieben; seit 825 Vorsteher der Schule von Pavia.

Einhard (770—840), Mainfranke von niedriger Herkunft und kleiner Gestalt, Schüler der Hofschule, dann deren Leiter als Nachfolger Alkuins, enger Berater, Freund und schließlich Biograph des Kaisers in der vita Caroli Magni. Er schildert, wie es tatsächlich war: Karl der oberste Herr der Kirche, der Bischof der Bischöfe, der Kirche und Liturgie erneuerte, nicht der Papst. Um 830 entstanden, das bedeutendste Geschichtswerk der karolingischen Renaissance, in mehr als 80 Abschriften aus allen Jahrhunderten erhalten[5]. Einhard überwachte die königlichen Bauten von Aachen und Ingelheim, gründete die Abtei Seligenstadt, deren Laienabt er wurde, und die Kirche in Steinbach—Michelstadt. Sozusagen Minister für öffentliche Bauten, führte er in der königlichen Akademie den Beinamen Besael nach dem Erbauer der alttestamentarischen Stiftshütte. Er betätigte sich selber als Architekt, Bildhauer und Dichter. Der von ihm 820 entworfene Einhardsbogen — eine römische Triumphpforte mit einem kompletten Bildprogramm in drei Zonen — ist in Nachzeichnungen aus dem 17. Jh. noch vorhanden. Als Einhard nach dem Tode des Kaisers erkennen mußte, daß der Sohn Ludwig die Ideale seines Vaters aufgab, verließ er ihn.

Waldo (740—814), adliger Franke, Benediktiner, Abt von St. Gallen und Reichenau. Karl holt ihn zur Stärkung des fränkischen Einflusses als Erzieher seines Sohnes Pippin nach Pavia und setzt ihn auf den dortigen Bischofsstuhl (791—802). Gleichzeitig leitet Waldo das Bistum Basel. 802 kehrt er nach Reichenau zurück, 806 wird er vom Kaiser zum Reichsabt und Hausbischof nach St. Denis berufen.

Dazu kamen die Baumeister und ihre Gehilfen, der praecantor palatii = Hofchorleiter (823 zum Bischof von Meaux ernannt, Beweis seines Ansehens!), Berufssänger für die Königshalle, Instrumentalmusiker für feier-

liche Gottesdienste, Maler, Stecher, Münzschläger, Goldschmiede, Elfen-
beinschnitzer, Bildhauer, Buchillustratoren, Bibliothekare für die ungeheure
Büchersammlung des Kaisers, wie es so umfangreich keine ,mehr in ganz
Europa gab. Zum ersten Mal seit den römischen Kaisern Hadrian und Marc
Aurel stellte ein europäischer Herrscher ein eigenes Kultur-, Volksbildungs-
und Zivilisierungsprogramm auf, die erste schöpferische, auf Gegenwart
und Zukunft bezogene Rezeption der Antike. Keine „karolingische Renaissance"-Wiedergeburt, auch keine Fortsetzung der christlichen Spätantike,
sondern eine Synthese von Griechentum, Rom-Christentum und Germanentum: das Abendland und der abendländische Mensch. Das Werk eines
einzelnen, der bedeutendsten Herrschergestalt der europäischen Geschichte.
Er allein bewirkte, daß Gelehrte, Juristen, Theologen, Lehrer, Architekten, Maler, Musiker, Dichter, Schreiber, Krieger und Offiziere, Ritter und
Freie, Laien und Geistliche trotz aller Unterschiede von Herkunft, Fähigkeiten, Interessen, daß Franken, Sachsen, Angelsachsen, Langobarden,
Westgoten, Römer, Iren gemeinsam eine neue Epoche der Menschheit her-
aufführten, ohne sich dessen vielleicht bewußt zu sein. Die karolingische
Akademie, die Hof- und Palastschule unter der persönlichen Führung ihres
Gründers haben sein „Regierungsprogramm" verwirklicht, und da die
von ihm gestifteten Einrichtungen überlebten, so setzte sich die Entwicklung von Kunst und Wissenschaft auch nach seinem Tod fort. Karl erneuerte
und erweiterte das kirchliche und allgemeine Erziehungswesen, die Schrift,
Sprache, den 'Gottesdienst und Kirchengesang, die Malerei, Architektur,
Bildhauerei, das Rechts- und Verwaltungswesen, das Klosterleben, ... ein
Riesengeist, dessen Aufmerksamkeit dem Unscheinbaren wie dem Bedeutendsten galt. Was auch immer seitdem in Europa an kulturellen, geistigen,
zivilisatorischen Werten geschaffen worden ist, Kathedralen, Kapellen, Paläste, Pfalzen, Burgen, Monumente, in der bildenden Kunst und Literatur,
Musik, im Kunsthandwerk, in der Volkserziehung ... geht auf den deutschen König Karl zurück und steht auf den von ihm gelegten Fundamenten. Karl der Große — der Vater des größeren Vaterlandes, das Europa
heißt. Eine abendländische Kultur der Gesinnung und des Herzens fordert
sein Edikt von 802: „Jedermann ist aufgefordert, in der Gerechtigkeit und
nach den göttlichen Geboten zu leben, Frieden zu halten und Barmherzig-
keit zu üben." Damals war das Abendland — ohne England und den
slavisch-ungarischen Osten — dabei, eine Nation zu werden mit einer
Sprache und einer Religion, „ein neues Athen, das durch die Verbreitung
des christlichen Evangeliums veredelt und mit den sieben Gaben des heiligen Geistes ausgestattet sein würde" (Alkuin). Diese moralische Kultur-
bewegung hat die Völker mehr angesprochen als die intellektuelle

heidnische und konnte deshalb in bisher nicht erreichte Regionen vordringen.

Von Hellas hatte sich der Schwerpunkt Europas nach Rom verlagert und von dort, nach dem Untergang des römischen Imperiums, in das Reich Karls d. Gr.; Aachen wurde nach Athen und Rom zum Zentrum einer neuen Zeit.

Schule, Erziehung, Schrift

Nach der politischen Einigung widmete sich Karl dem infolge Krieg und Auseinandersetzungen vernachlässigten Schulwesen. Es wurde ein Reichsgesetz erlassen, daß die Geistlichen Leseschulen für die Jugend einzurichten haben, wo gleichzeitig Grammatik und Rechnen zu lehren und auf fehlerloses Schreiben wie Abschreiben zu achten sei. Die von der Hofschule herausgegebenen Lehrpläne nennen die Fächer Ethik, Physik, Theologie, Rhetorik, Dialektik, Grammatik, Geometrie, Musik.

Richtigkeit, Sachlichkeit, Wahrheit — keine Deutelei, kein sinnloses Herumreden. Lernen und studieren kann, wer richtig zu schreiben, lesen und sprechen versteht. Daraus ergab sich eine Reform der Schrift und eine Bereinigung der verwilderten Schriftformen. Mit dem Edikt von 789, das dem Klerus befiehlt, das „tudeske" Volk in seiner eigenen Sprache im christlichen Glauben zu erziehen „ut fides catholica ab episcopus et presbyteris diligenter legatur et omnio populo praedicetur", wird Karl d. Gr. zum Begründer einer deutschen Literatur. Damals schrieb der Kaplan des Königs, Wigbod, in einem Brief an den Papst, daß die Franken neben der deutschen auch die lateinische Sprache lernten[6]. Karl verfügte, daß den des Latein Unkundigen die Glaubensfragen in ihrer Sprache erklärt werden. Alle liturgischen Formeln und Texte in altdeutscher Sprache gehen auf Erlasse Karls zurück, ebenso die altsächsische Fassung des Taufgelöbnisses. Auch Rechtstexte ließ er in Landessprache übersetzen; überkommen sind uns Fachausdrücke wie „Urteil", „Urkunde".

Karl hat das Wort „deutsch" geprägt, und solange unsere Sprache gesprochen wird, sind wir ihm dafür zu Dank verpflichtet. Die Rechtssprache in Altdeutsch brauchte einen Gegenbegriff zu „lingua latina" und „lingua romana". So wurde der neue gebildet, theodisk.

Das überlegene Genie des Königs fand überall höchste Bewunderung, bis hin zu den gelehrtesten und am weitesten herumgekommenen Zeitgenossen. Der irische Mönch Dungal beschreibt seine Ausstrahlung: „In dieser von Franken beherrschten Welt sei Karl allen ein Lehrer durch seine guten Werke, Vorzüge und geistigen Interessen, und er gebe ihnen ein in der

Geschichte noch von niemand erreichtes Beispiel: den Beamten beim Verwalten, den Kriegern im Waffendienst, den Geistlichen beim Bewahren der christlichen Religion, den Philosophen und Gelehrten bei der Klärung alltäglicher und geistiger Dinge."[7]

Die karolingische Weltschrift

Die Revision der Bibel und der Liturgie — um der Reinheit des Glaubens und der Ordnung des kirchlichen Lebens willen — sollte zuverlässige Texte für die Schulen und kirchlichen Schreibstuben erbringen. In allen Klöstern und an allen Bischofskirchen wurden Schulen für Hoch und Niedrig eingerichtet, in denen die alten Handschriften sorgfältig kopiert und studiert werden sollten, um Wissen und den Wissensgrad zu erwerben zum Verstehen und Lehren der Werke der Kirchenväter, jedoch ebenfalls der heidnischen vorchristlichen Denker. So wurde aus religiösem Antrieb eine „Renaissance" eingeleitet, die sich erst nach Karls Tod voll entfaltete und für die geistige Kultur des Abendlandes entscheidend wurde: Die Mehrzahl der erhaltenen Werke der lateinischen Antike ist durch Manuskripte verbreitet worden, die entweder karolingisch sind oder von karolingischen Abschriften herrühren. Die Hofschule bildete die gelehrten Kopisten aus. Um die Schrift leicht lesbar zu machen — für das genaue Kopieren wie für das Lesen der Texte gleichermaßen wichtig —, führte sie die karolingische Minuskel ein, welche in der Weltschrift der Antiqua noch heute, 1200 Jahre danach, gültig ist.

Ein bedeutsamer Vorgang: Die Schrift wird von merowingischer Verwilderung und iro-schottischer Derbheit gereinigt und in Anlehnung an die beste Schrift der Antike, aber noch feiner und klarer als diese, geradezu edel und sehr übersichtlich, so daß die karolingischen Klein- und Großbuchstaben — Minuskel und Majuskel — bis heute die Grundlage der europäischen Schriftformen geblieben sind. Die karolingische Minuskel löste eine Anzahl Schriftarten des 8. Jh., Unziale, Halbunziale, kursive und halbkursive Typen, ab und wurde zum Symbol einer geistigen Einheit, für staatliche wie kirchliche Schreibstuben verbindlich als Hausschrift mit einheitlichem Alphabet, festerem Stil und strenger Schriftdisziplin. Im Gefolge davon verfeinerte sich auch die Buchtechnik.

Die älteste der karolingischen Abschriften (um 800) ist das Lehrgedicht des Epikuräers Lukrez „De rerum natura". Das früheste datierte Schriftdenkmal in der klaren und durchentwickelten Schrift der karolingischen

Minuskel ist die noch vor 781 geschriebene Bibel des Abtes Maurdramnus von Corbie.

Mehr als alle Mönche hat Karl d. Gr. für die Verbreitung von Unterricht und Wissen getan.

Karolingische Buchmalerei

Die Pflege des Schriftwesens war in einer Epoche des Überganges und Neubeginns von großer Wichtigkeit. Karl befahl, in Rom systematisch nach alten Schriften zu suchen und durch gelehrte Schreiber zu kopieren. Die Ausstattung dieser Codices, ihre Miniaturen und die Elfenbeinreliefs ihrer Einbände zeigen eine neue künstlerische Ära an. Buchmalerei als Hofkunst hat es bereits bei Konstantin d. Gr., bei Theoderich d. Gr. und den byzantinischen Kaisern gegeben. Nachdem Karl d. Gr. solche Codices in Italien gesehen hatte, verlangte er von seiner Hofschule, daß ihre Bücher die von Byzanz und Rom übertreffen sollten. Mit dem Erstlingswerk des Gottschalk (781—83) überflügelt sie alle Klosterschulen und setzt sich an die Spitze der europäischen Buchmalerei. Wenn eine einzige Kunstgattung das Niveau zur Zeit Karls d. Gr. veranschaulichen sollte, dann diese Bücher: das Gottschalk-Evangelistar, die Trierer Ada-Handschrift, die feinen Miniaturen des Soissons-Evangeliars, bis zur klassischen Phase nach Karls Tod: der prunkvolle Codex aureus von Lorsch, das sog. Krönungsevangeliar in der Wiener Schatzkammer, das Otto III. auf den Knien Karls d. Gr. fand, als er das Grab in Aachen öffnen ließ; ferner die um 870 entstandene karolingische Bibel mit einem Bildnis des Kaisers in Rom, Basilica di San Paolo fuori le Mura.

Aus antiker Tradition, germanisch-keltischer Formkraft und Phantasie wuchs der neue Stil der Buchkunst, der die bedeutendsten Werke der Antike bei weitem übertraf. Eine farbige Zauberwelt aus Gold, Silber, Purpur, Azur, in der die Figuren als körperliche, im Raum wohnende Wesen dargestellt sind in klassischer Strenge, ohne jeden Überschwang. Die großzügig entworfenen Majestätsbilder der Kaiser-Evangeliaren haben an impressionistischer Feinheit und expressionistischer Kraft in all den Jahrhunderten seit der Antike nicht ihresgleichen.

Die Arbeiten der „Elfenbein-Hofschule" sind stilistisch, ikonographisch und auch sachlich mit der Buchmalerei verknüpft als Ausschmückung der Buchdeckel; hervorragende Beispiele: Vorder- und Rückendeckel des Codex aureus, der Einband des Dagulf-Psalters, dann Diptychen (zweiteilige Altarbildchen), Reliefs wie im Museo Bargello, Florenz, im Museo Cristiano,

Rom, in London, Aachen usw., die Pyxis in Wien, der Lebuinuskelch in Deventer. Bei der Darstellung der Figuren ist der ornamentale Flächenstil der Frühzeit und der Langobarden zugunsten einer dreidimensionalen Räumlichkeit aufgegeben und damit der griechischen Antike näher als der römischen.

Die Elfenbeinskulpturen, meist nicht höher als 30 cm, ersetzen die Bildwerke in Stein, Holz, Bronze, von denen bloß wenige erhalten sind.

Die karolingische Goldschmiedekunst ist eine Fortsetzung der merowingischen. Die Goldschmiedekunst an sich stellt ein wesentliches Betätigungsfeld der Germanen dar. Gold — im Mittelalter das bevorzugte Material, dem magische Kräfte innewohnen, die auf ihren Träger übergehen sollen! Goldene oder vergoldete Altäre, Altarbekleidungen und Antependien gehörten zur Ausstattung aller bedeutenderen Kirchen des karolingischen Reiches. Übriggeblieben ist allein der große Goldaltar von S. Ambrogio in Mailand, die um 840 geschaffene Einfassung eines Reliquienschreins, Kompendium der schönsten Techniken karolingischer Goldschmiedekunst. Tragaltäre, Kreuze, Adler, Kopf- und Armreliquiare, Reliquienkästchen, Taufschalen und andere Kultgeräte, Schmuckstücke und Ringe waren damals meist aus Gold gearbeitet. Nur weniges ist auf uns gekommen — darunter der berühmte Tassilokelch aus Stift Kremsmünster, um 770, ein vollendetes Stück — verglichen mit dem aus den Quellen bezeugten überwältigenden Reichtum karolingischer Kirchenschätze. Nach der Kaiserkrönung vermacht Karl d. Gr. der Peterskirche an Umfang und Gewicht übertrieben anmutende Geschenke an Kunstwerken, edler Metalle und Edelsteinen.

Die Spätphase der karolingischen Schmiedekunst, aus der z. B. der goldene Buchdeckel von St. Emmeran, das sog. Ardennenkreuz (Nürnberg, Germ. Nationalmuseum), der Talisman Karls d. Gr. (Reims, Kathedrale) stammen, leitet über zur ottonischen Goldschmiedekunst.

Karolingische Baukunst

Wir kennen eigentlich nur den karolingischen Münster- und Klosterbau. Von den bekannten Königspfalzen Aachen, Frankfurt, Worms, Ingelheim..., in Frankreich — manche auf römischen Anlagen errichtet — fehlen bislang klare Konzeptionen. Auf der Europarat-Ausstellung „Karl der Große" in Aachen 1965 zeigten zwei Karten die Kathedralen, Abteien und Königspfalzen, die bis zu Karls Regierungsantritt 768 und dann während seiner Ära bis zum Tode seines Enkels Lothar I. 865 im karolingischen

Reich entstanden. Erfaßt waren 1695 Großbauten: 312 Kathedralen, 1254 Klöster, 129 Königspfalzen. Die karlische Zeit erwies sich als die produktivste im Bau von Klöstern — durchschnittlich 50 pro Jahrzehnt — und der Königspfalzen — etwa 14 pro Jahrzehnt. Nur 215 von den 1695 Großbauten sind durch Untersuchungen bekannt geworden. Die Zentren der Kloster- und Kathedral-Architektur unter Karl sind Mittelitalien, Frankreich, der Oberrhein, die Schweiz, Österreich, Bayern, Flandern, bis hinein in die missionierten östlichen Gebiete (Katalog S. 388 ff.).

Am Anfang des frühkarolingischen Kirchenbaus steht die Abteikirche von St. Denis, der neustrischen Königsabtei, unter Pippin 754 als Säulenbasilika begonnen, 775 von Karl d. Gr. vollendet; ein wahrhaft königliches Gotteshaus. Anders die Konzeption der Basilika in Ostfranken: die Abteikirche Lorsch (768—74), St. Emmeran in Regensburg (nach 780), der erste Dom in Salzburg — ohne Westwerk und ohne Querschiff — und S. Salvatore in Brescia. Um 787 wird in St. Maurice d'Agaune/Südwestschweiz die erste Doppelchorbasilika Europas erbaut, ein Pfeilerbau mit Apsiden und Ringkrypten am Ost- und Westchor. Daran schlossen sich an die Doppelchorkirchen Fulda, Paderborn, der erste Kölner Dom, in Rom St. Prassede, St. Anastasia, S. Stefano degli Abessini. Der spätkarolingische Kirchenbau führt die verschiedenen Stilarten in Umbildungen weiter, im Westen bis S. Miguel de Lillo und Valdedios, 9. Jh., Spanien.

Karolingische Kirchen waren im Innern entweder mit Mosaiken oder Freskomalerei geschmückt, wie wir von Bauberichten wissen. In einigen Krypten und in kleinen Kirchen der Alpen: in Münster/Graubünden, Mals und Naturns/Südtirol; in Cividale/Friaul, Mailand, in Rom: S. Maria Antiqua, S. Prassede, S. Clemente; S. Vicenzo in Volturno, Auxerre/Frankreich finden wir noch Reste solcher Darstellungen biblischer Themen.

Karls d. Gr. Bedeutung für die abendländische Musik

Die Entwicklung der Musik hat Karl d. Gr. durch sein umfassendes Bildungsprogramm und aus persönlicher Neigung nachhaltig beeinflußt. Zu Lebzeiten wird er nicht nur in vielen Schriften und Dichtungen gerühmt, sondern auch in Gesängen verherrlicht. Die Melodie des berühmten Planctus, d. h. Klagegesang auf den Tod des Kaisers, ist in Neumen (Codex Paris BN lat 1154) aufgezeichnet. Die liturgische Sequenz nach der Heiligsprechung auf Betreiben Kaiser Barbarossas wird noch heute gesungen. Auf der Reichenau, in St. Gallen, Eichstätt, Fulda, Mainz, Würzburg, Metz, Aachen gab es Singschulen. Am Hof Pippins wird die Orgel, das kaiserliche Instrument, gespielt. Karl holte Orgelbauer aus Venedig und Byzanz nach Aachen. Die Reichsgründung zeitigte auch Folgen für die Musik. 754 führte Pippin die römische Liturgie in den fränkischen Gottesdienst ein. So kam u. a. der Gregorianische Choral ins Frankenreich und verbreitete sich von hier in ganz Europa aus. Da der römische Choral fränkischen Kantoren fremd war, entwickelten sie zur leichteren Vervielfältigung eine bildhafte Notenschrift, die Neumen, aus denen sich langsam die übliche Notenschrift herausbildete. Von dieser bedeutenden Leistung der Musikgeschichte jener Zeit lebte die Musik der folgenden Jahrhunderte, sie wird die Voraussetzung für die Werke der venezianisch-deutschen-italienischen Musik.

In die Entwicklung hatte Karl d. Gr. direkt eingegriffen; mit dem Erlaß vom 23. 3. 789 fordert er die Kleriker zur Abfassung der Notenschrift auf: „Psalmos, notas . . . emendate"[8]. Aber nicht nur um die Notenschrift, auch um die Kompositionsweise hat sich Karl gekümmert, wie eine Begebenheit beweist. Nachdem eine byzantinische Gesandtschaft bei einem nächtlichen Gottesdienst in Aachen gesungen hatte, ordnete er an, den Melodien lateinische Texte unterzulegen, damit sie in seinem Reich gesungen werden konnten. Diese Texte sind erhalten und länger in Gebrauch geblieben.

Die fränkische Musik pflegte den Tanz und das Instrumentalspiel, der gregorianische Gesang die Vokalmusik mit Variationen. Die Verbindung beider Formen führt zu den ersten Kompositionsregeln. Im Wettbewerb mit Byzanz, der Hochburg des Kirchengesangs, zwang Karl seine Kantoren, sich mit der Mehrstimmigkeit auseinanderzusetzen, welche ab jetzt in die abendländische Musik Eingang findet in voller Freiheit der Gestaltung.

Die Nachfolger

806 teilt Karl d. Gr. für den Fall seines Todes das Reich unter die Söhne Karl, Pippin und Ludwig. 810 stirbt Pippin, 811 Karl, der Schwächling Ludwig bleibt übrig. 813 ernennt ihn der Vater während einer Zeremonie in der Aachener Pfalzkapelle zum Mitkaiser und heißt ihn die Krone vom Altar zu heben und sich selber aufzusetzen.

814 stirbt Karl d. Gr. Ludwig, Alleinherrscher, stumpf, unscheinbar, entnervt von Ausschweifungen und der Angst vor der Hölle als Strafe für sein Luderleben; beherrscht von Pfaffen und seiner zweiten Frau Judith, bietet er ein Bild tiefster Erniedrigung, dazu verurteilt, immer den Willen anderer zu tun. Der stets um sein Seelenheil Bangende läßt sich 816 noch einmal vom Papst krönen und gibt alle Rechte des Kaisers und Königs in

Rom und im Kirchenstaat preis. Noch nicht 40, beginnt er 817 mit Teilungen, ernennt seinen Sohn Lothar zum Mitkaiser und überträgt den anderen Söhnen Aquitanien und Bayern zur selbständigen Verwaltung. Auf Betreiben Judiths macht er wegen des nachgeborenen Sohnes Karl (823) die Reichsteilung von 817 rückgängig und erläßt 831 endgültig eine neue Erbordnung, in der die Reichseinheit zugunsten des Sohnes Karl geopfert wird. 833 stehen alle Söhne aus erster Ehe gegen ihn auf, Ludwig muß seine Krone niederlegen, wird zwei Jahre später wieder eingesetzt, neuerlich vom Papst gekrönt. Nach seinem Tod, 840, geht der kleinbürgerliche Erbstreit weiter. Und weitere Teilungen. Im Vertrag von Verdun, 843, erhält Kaiser Lothar Italien und einen Landstreifen nördlich der Alpen, Karl der Kahle den Westen und Ludwig der Deutsche den Osten — die Deutschen! Der vierte Bruder, Pippin II., wird in ein Kloster verbannt.

Diese Teilung führte zur Bildung eigener Königreiche in Deutschland und Frankreich, nachdem es vorher 150 Jahre lang gemeinsame Geschichte gegeben hatte. Die Auflösung im Innern machten sich die Grafen, die Päpste und die Feinde jenseits der Grenzen zunutze, die schwächlichen Nachfolger Karls d. Gr. sind nicht mehr imstande, die politischen Ansprüche der Päpste und die Raubzüge von Ungarn, Sarazenen und Normannen abzuwehren. 845 zerstören die Normannen Hamburg, verwüsten Köln und Paris, 881 Aachen. Die Sarazenen plündern 846 Rom, brennen die Peters- und Paulusbasilika nieder. Eine Kollekte im fränkischen Reich erbrachte die Mittel für die Wiederherstellung von St. Peter und den Bau einer Mauer westlich des Tibers. — Papst Johann VIII. (872—882) stellt die dreiste Forderung: „Derjenige, der von Uns zur Kaiserwürde erhoben werden soll, muß auch von Uns berufen und erwählt werden." Als jedoch Sarazenen wieder bis Rom vorstoßen und der Herzog von Spoleto sogar Rom besetzt, muß der Papst hilfesuchend in das Westfrankenreich flüchten. Danach versinkt das Papsttum in einem Sumpf von Verbrechen, Korruption, Parteienkämpfen.

925 kommt die nördliche Hälfte des im Vertrag von Verdun gebildeten Mittelreiches (Lotharingien) an das deutsche Ostreich.

936 wird Otto I. in Aachen zum König gekrönt.

Im Jahr 1000 läßt Kaiser Otto III. die Gruft Karls d. Gr. öffnen. In Begleitung von zwei Bischöfen und dem Grafen von Lomello, dessen Bericht wir folgen, betritt er die Gruft:

„Wir traten bei Karlen ein. Denn er lag nicht wie der Körper anderer Verstorbener, sondern saß auf einem Hochsitz, als lebe er noch. Er war mit goldener Krone gekrönt und hielt das Zepter in der Hand, über die ein Handschuh gezogen war, durch den seine Nägel hindurchgewachsen waren.

Über ihm wölbte sich ein schweres Tabernakel, hauptsächlich aus Erz und Marmor erbaut. Als wir nun in die Gruft gelangen wollten, mußten wir es durchbrechen und machten sofort eine Öffnung in ihm. Als wir dann eintraten, fühlten wir einen durchdringenden Schauer, und sofort brachten wir ihm mit gebeugten Knien unsere Verehrung dar. Otto, der Kaiser, ließ ihn in weißes Gewand hüllen, ihm die Nägel beschneiden und alles wiederherstellen, was um ihn schon verfallen war. Aber keines von Karls Gliedern war beschädigt noch zerfallen, mit der einzigen Ausnahme seiner Nasenspitze. Die ließ er sofort aus Gold ergänzen. Und er nahm aus dem Munde einen Zahn" — auch Teile seiner beschädigten Kleidung und das große goldene Kreuz, das er am Busen hatte, nahm er zu sich —, „ließ dann das Gewölbe wieder einbauen und entfernte sich."[9]

Das europäische Kulturwerk der deutschen Ostsiedlung

Nach der Völkerwanderung bildete die Elbe-Saale-Linie die Ostgrenze der Germanen und gleichzeitig der abendländischen Kultur. Was sich östlich davon im heutigen Polen, Böhmen, Baltikum bis zum Finnischen Meerbusen und im Südosten: im heutigen Ungarn, Jugoslawien bis nach Rumänien ereignete, war außereuropäische Vorgeschichte. Von allen diesen Ländern und den dort lebenden Menschen gab es kaum Kunde, gab es keine schriftliche Überlieferung, keine eigenen bodenständigen Kulturgüter. Was später im Boden gefunden wurde, stammt von den germanischen Völkern, die ab 1200 v. Chr. dort wohnten, von den Illyrern und Kelten. Nach Plinius, Ptolomäus und Tacitus („Germania" II) lag Germanien zwischen dem Rhein und der Weichsel. Um 200 v. Chr. wanderten neue germanische Stämme ein: Wandalen (im Osten später Wenden genannt), Rugier, Goten, Silinger, die das Gebiet des heutigen Polens füllten und damit ihre germanische Urheimat zurückgewannen. Zur Zeitenwende kamen hinzu: Sueben, Semnonen (später am Main als Alemannen), Langobarden, Quaden, Markomannen. Die wenigen dort ansässigen slavischen Bewohner standen bis ins 5. Jh. unter dem Einfluß dieser gotisch-germanischen Völker. Bis ins 6. Jh. ist vom Samland — dem heutigen Masuren — bis nach Südrußland eine kontinuierliche gotisch-germanische Kultivierung nachweisbar, die sich in den Küstengebieten eineinhalb Jahrtausende hielt.

Die germanischen Stämme sind nicht geschlossen abgewandert. Viele Stammesangehörige blieben im Osten zurück, woraus sich die Erhaltung germanischer Orts- und Flurnamen bis in die Gegenwart erklärt. Auch die Prüfung im östlichen Europa gefundener Schädel — mit blonden Haaren —

ergab, daß die Bewohner der Völkerwanderungszeit germanische Menschen waren, und in den ältesten Urkunden lesen wir, daß sie blaue Augen, eine rosige Gesichtsfarbe sowie lange blonde Haare hatten[10]. Die Wohngebiete der germanischen Schnurkeramiker waren Südschweden, Dänemark, Schleswig-Holstein, das Land um die Odermündung, Sachsen, Thüringen, Polen, Südwestrußland. Sie sind Ackerbauer, besitzen Pferde, die in den Ebenen als Reittiere dienen und im Krieg die Streitwagen ziehen. Das Brauchtum zwischen Elbe und Weichsel speziell war immer rein germanisch, die in diesem Raum lebende slavische Minderheit Untertan der Goten, Hunnen und Avaren, mit denen sie zum Balkan und in den Donauraum zogen, ohne eigene geschichtliche Überlieferung. Um 800 wurde die Saale die Grenze zwischen Germanen und Slaven, auf der Linie nach Norden zur Ostsee und nach Süden zur Adria, Volks-, Reichs- und Kulturgrenze zwischen dem christlich-germanischen Abendland und der ungestalteten heidnisch-slavischen Welt des Ostens. Nachdem die germanischen Völker (Goten, Burgunder, Franken) das Christentum angenommen hatten — am Rhein gab es bereits um 400 christliche Kirchen —, entstand das Abendland, im Gegensatz zu dem geschichtlich-kulturellen Niemandsland der westslavischen und baltischen Stämme einerseits, wozu Polen, Tschechen, Slowaken, Sorben, Esten, Letten, Litauer gehörten, und der Südslaven andererseits mit Kroaten, Serben, Slowenen, außerdem der Ungarn. Sie alle waren Heiden — sclaveni im Kirchenlatein —, bildeten weder politisch noch kulturell eine Einheit, unfähig, sie aus eigener Kraft zu schaffen. Die Slaven besaßen weder eine gemeinsame Sprache noch einen kultischen Mittelpunkt, nur verschiedene Stammeskulte. Den Zustand der Zersplitterung in viele einander befehdender Stämme haben sie nicht überwinden können. Erst als z. B. die Slaven, die in das germanische Wohngebiet zwischen Weichsel und Elbe eingedrungen waren, in das deutsche Reich und damit in die abendländische Welt eingegliedert wurden, bildeten sie einen Staat.

Unter Karl d. Gr. erfolgt die Trennung Germaniens in das christlich gewordene deutsche Gebiet und das noch nicht missionierte Land „Sclavania". Mit der Verdrängung des Lateinischen werden dann in den deutsch geschriebenen Urkunden aus den „sclaveni" = die nichtbekehrten Bewohner — die Wenden, lautgesetzlich verändert aus den germanischen Wandalen. Rostock, Kiel, Lüneburg, zu deutsch „wendische Städte", lateinisch „urbes vandalicae". Sorbe heißt nach der Sprachwurzel Wende, also Nichtchrist. Im 19. Jh. kam die sog. Slaventheorie auf, die Urquelle von Helmhold-Bosau: Chronica Sclavorum wurde in Chronica Slavorum umgefälscht.

Die Deutschen missionieren, kultivieren, zivilisieren die West- und Südslaven, die Ungarn

Die deutsche Ostsiedlung — geschichtliche Tat von Deutschen aller Stämme zwischen 800 und 1800 — hat den westlichen Kulturkreis vom alten Limes sorabicus an Elbe und Saale bis zu einem breiten Grenzgürtel zwischen Memel — Triest im Westen und Riga — Odessa im Osten erweitert. Von der Adria bis zur Ostsee entstanden Schutz-Marken, mit denen das Abendland sich gegen das barbarische Heidentum abgrenzte und von hier aus in das kulturelle Brachland des Ostens vorstieß. Zwischen Deutschland und Frankreich zog sich eine Binnengrenze ohne politischen Rang.

Die jahrhundertelange Missionierung und Kultivierung durch die Deutschen machte schließlich Polen, Letten, Litauer, Esten, Finnen, Tschechen, Magyaren, Kroaten, Slowenen zu Gliedern der europäischen Völkerfamilie. Sie brachten in die von Stammeskulten und -fehden zerrissenen Gebiete das Christentum, damit eine einheitliche religiöse und politische Ordnung und in der Folge die abendländischen Kulturbewegungen, welche Wesen, Charakter, Bild des Westens prägten: Gotik, Renaissance, Humanismus als christliche Neubelebung des antiken Erbes, von dem die west- und südslavischen Völker sowie die Ungarn ausgeschlossen waren; weiterhin Reformation und Gegenreformation als Beginn der Neuzeit, ein modernes Geistesleben durch die Freiheit der Wissenschaft nach den Leitbildern deutscher Bischöfe, Denker, Rechtsgelehrter, Künstler, Techniker, Staatsmänner, die ihr „quid divinum" — die Gottesgabe staatsbildender Kraft — dem Osten schenkten. Sie schufen hier Zentren, Pflanz- und Pflegestätten der christlich-abendländischen Kultur, deren Träger, Erhalter, Repräsentant das Heilige Römische Reich Deutscher Nation blieb. So gelangte über die Deutschen Gesamtosteuropa in das Strahlungsfeld des Westens.

Sinnbild und Zeichen der Zugehörigkeit der Slaven zur westlichen Zivilisation wurde die gemeinsame Verwendung der lateinischen Schrift in der Gestalt der karolingischen Minuskel, aus der in vereinfachter Form die noch heute gültige Weltschrift der Antiqua entstand. Die karolingische Minuskel wurde zum dauerhaften Symbol einer kulturellen Einheit, zur Grenz- und Kulturscheide zu jenem Teil Europas, welcher von Byzanz christianisiert, dem oströmischen Ritus angehört, die cyrillische Schrift aus dem 10. Jh. verwendet, die heute nur mehr von Bulgaren, Serben und Russen benutzt wird. Diese von der deutschen Ostmission nicht berührten Völker kennen das formende Erlebnis der Romanik, Gotik, Renaissance, des Barock und Rokoko nicht und nehmen auch nicht am westlichen Abwehrkampf gegen die Türken im 15., 16., 17. Jahrhundert teil. Wenn im Gegensatz dazu sich die Polen, Tschechen und Slowaken, Magyaren und Kroaten als Schutzwall der abendländischen Kultur rühmen können, so verdanken sie dies dem deutschen Mitteleuropa, das über die deutschen Grenz- und Sprachinseln hinaus seine schöpferischen Kräfte und Talente an sie verschwendete.

Die Verbreitung abendländischer Kulturformen erfolgte nicht gewaltsam noch nach imperialistischen Plänen, sondern aus dem natürlichen Kultur- und Zivilisationsgefälle vom Deutschen Reich in diese unterentwickelten Gebiete. Ohne die deutsche „Entwicklungshilfe" seit dem 8. Jahrhundert würde die Kulturwelt des Abendlandes an der böhmischen Grenze und an der Oder-Neiße-Linie enden, durch die deutsche Ostsiedlung aber verläuft die Scheide in einer breiten Zone von Riga bis Odessa, identisch mit der Trennungslinie zwischen weströmischer und oströmischer Kirche. Die Deutschen haben damit den entscheidendsten Beitrag zur Ausformung der abendländischen Welt geleistet und hätten dafür Dank und Dankbarkeit verdient. Statt dessen wurden die Nachfahren der Ordensritter, Städte- und Staatsgründer, der Bauern, Bürger, Bergleute, Lehrer, Wissenschaftler in der größten und blutigsten Christenverfolgung der Geschichte außer Landes gejagt. Damals kamen die deutschen Siedler in ein wüstes, menschenleeres, von Fieber verpestetes Gebiet. Niemandem wurde Recht oder Eigentum genommen, im Gegenteil, sie haben sumpfige Niederungen, Steppen, Wildnis, Urwälder im Baltikum, in Rußland, Polen, Ungarn urbar gemacht, in blühende Gärten und Kornkammern verwandelt, Dörfer und Städte gebaut mit Kirchen, Schulen, Bürgerhäusern, Rathäusern, Schlössern, Bergwerke erschlossen, Straßen angelegt, Flüsse reguliert usw. Die dort lebenden Menschen nahmen an dem geistig-kulturellen Aufschwung teil, lernten in der Flurverfassung ein ordnendes Prinzip kennen, bessere Ackerbaumethoden, im Siedlungswesen verschiedene Dorf- und Stadttypen, im Hausbau die Umgestaltung des Grundrisses und technische Vervollkommnung, in der Volkskunst neue Formen in Schmuck, Tracht, Musik, im Märchen und Volkslied vom Wesen und Charakter des Westens. Die slavischen Bauern und Handwerker sehen und erleben die Arbeit als Ethos und Selbstverwirklichung, als Weg zur Freiheit; der Städter gewinnt durch Wirtschaft und Handel den Anschluß an das Reichsgebiet bis zum Orient und dadurch die Erweiterung seines Blickfelds. Die deutschen Bauerndörfer, Bürgergemeinden und Städtegründungen bringen in weite Landstriche mit von heidnischen Medizinmännern beherrschten Stämmen Gefüge, Recht und Gesittung. Weder in Riga, Reval, Dorpat noch in heute polnischen, tschechischen, ungarischen Städten kann dieses schöpferische deutsche Element beseitigt, nicht einmal, wenn die Fundamente aufgerissen und erneuert werden. Darunter liegen die Gebeine der Gründer, Erbauer, Erhalter, und kein Bischof, kein Papst, kein Großtyrann in Moskau oder Kommissar in Warschau kann die historischen Taten der Deutschen ungeschehen machen.

Die Deutschen christianisieren Polen und bauen die ersten Kirchen

Der Normanne Dago, dessen Name später in Mieszko umgewandelt wurde, ließ sich unter dem Einfluß seiner Frau, einer germanischen Prinzessin aus Böhmen, taufen. Sein Bruder hieß Sigibur, seine Schwester Athleit und seine Tochter Gunhild. Sein Sohn Bolefma, den die polnische Propaganda und ihre deutschen Nachbeter in einen Boleslav Chrobry änderten, heiratete Thyre, Tochter des Wikingerfürsten Harald Blauzan. Die römisch-polnische Geschichtsschreibung machte aus dem germanischen Geschlecht Dagos die Piasten-Herzöge, welche als Slaven in unseren Geschichtsbüchern erscheinen. Der Zusammenschluß der polnischen Stämme zu einem Staat unter Dago-Miseka war eine normannische Gründung, nach germanischem Muster organisiert; die Slaven waren dazu gar nicht imstande. Die Taufe Dago-Misekas 966 war ein politischer Akt, den er stellvertretend auch für sein Volk vollzog. 968 wird von Magdeburg aus das Bistum Posen errichtet. Damit waren jedoch die Polen noch nicht christlich geworden. Auch nicht 200 Jahre später konnte man von einem christlichen polnischen Volk sprechen. Die Christianisierung und Europäisierung der westslavischen und ungarischen Stämme zog sich über viele Jahrhunderte hin, immer wieder erhoben sie sich dagegen und beseitigten gewaltsam die kirchlichen Institutionen und deren Träger. Trotzdem bewilligte der Träumer Kaiser Otto III., der von Rom aus einen Gottesstaat aufrichten wollte, sowohl den Polen wie den Ungarn ein eigenes Erzbistum, das Deutsche gründen und aufrechterhalten mußten, denn es gab weder polnische noch ungarische Theologen, Priester, Ordensmänner, Juristen oder Verwaltungsfachleute für eine solche Institution (ein Vorgang ähnlich dem unserer Tage in afrikanischen Staaten, speziell im Kongo, wo den Kongolesen Unabhängigkeit und Entlassung aus dem belgischen Staatsverband aufgedrängt wurde, obwohl sie keinen einzigen eigenen Akademiker — Juristen, Arzt, Apotheker... — bisher selber ausgebildet hatten). Hätten die Deutschen damals nach Erhebung Gnesens zum geistig-geistlichen Mittelpunkt eines noch aufzubauenden polnischen Staates die Polen ihrem Schicksal überlassen oder eine Mauer gebaut, niemals wären diese zu einem europäisch-abendländischen Volk aufgestiegen. Die äußere Zugehörigkeit zur Kirche ist dafür nicht ausreichend. Und wie es dazu gekommen ist, beweist es eindeutig: Adalbert von Prag — Woytech nennen ihn die Polen — war kein Pole und hat auch nicht polnisch gesprochen, sondern tschechisch. Adalbert entstammte einem fürstlichen weiß-kroatischen Geschlecht; seine Großmutter war eine sächsische Prinzessin. 956 kam Woytech nach Magdeburg zum Studium, wo er ein überzeugter Wahldeutscher wurde und sich daher Adalbert nannte. 983 wird er vom Mainzer Erzbischof Williges zum Bischof von Prag geweiht. Sein Halbbruder Gaudentius wird der erste Erzbischof von Polen, sein Schüler Anastasius der erste Erzbischof in Ungarn. In Rom wird Adalbert von Kaiser Otto III. wie ein Freund gehalten. 996 kommt er zu Missionierung nach Polen und wird am 23. 4. 997 von heidnischen Prußen geköpft. Otto III. verlangte und erhielt vom Papst die Heiligsprechung Adalberts und die kanonische Erhebung Gnesens zum Erzbistum. Zu Beginn des Jahres 1000 erwartet der Polenherzog Boleslav seinen Herrn, Kaiser Otto III., in Meißen, um ihn nach Gnesen zu begleiten. Barfuß betritt Otto die für seinen Freund Adalbert von Deutschen erbaute Grabeskirche und läßt die päpstlichen Bullen über die Kanonisation und die Anerkennung des Erzbischofsstuhls Gnesen verlesen. Damit hatte der deutsche Kaiser Polen feierlich in das Abendland aufgenommen, mit dem Akt in Gnesen die polnische Landeskirche gegründet und sie aus der deutschen Oberhoheit entlassen. Eine schwere Schädigung für das deutsche Königtum und für die deutsche Kirche, die ab nun zwar weiter die Polen missionieren soll, aber unter polnischer Hoheit! Erzbischof Williges von Mainz, Kanzler und Ratgeber der deutschen Könige und Kaiser, hatte Otto III. nicht nach Gnesen begleitet, weil er an der staatlichen und kirchlichen Konzeption Ottos d. Gr. festhielt und die Folgen der Unterstellung Gnesens an Polen voraussah. Der deutsche Bischof von Posen widersetzte sich der Einverleibung in die neue polnische Kirchenprovinz, und die deutschen Fürsten verweigerten die Zustimmung zur Verleihung der Königswürde an den Polenherzog. Der Bischof von Merseburg und Geschichtsschreiber, Thietmar, aus sächsischem Uradel, auf dem unser Wissen über die Ottonische Zeit beruht, konstatiert entsetzt, wie der deutsche Träumer von römischen und polnischen Interessenten übertölpelt wurde: „dictu ineffabile et incredibile est", und sagt zur Gründung von Gnesen: „Hoffentlich war er dazu befugt ... Gott verzeihe dem Kaiser, daß er einen Lehensmann zum Herrn machte ..."[11] Otto III. fühlte sich zwar dem deutschen Erzkaiser Karl d. Gr. verwandt, jedoch durch sein weltfremdes Tun erlitten kaiserliche Macht und Ansehen starke Einbuße. Sein Nachfolger Heinrich II. (1002—1024) bekommt das sofort zu spüren. Kaum war Otto III. gestorben, fiel der Polenherzog in die deutschen Marken Meißen und Lausitz ein, verwüstet sie und besetzt Böhmen mit Prag. Der deutsche König reitet nach Prag, verjagt den Polen aus dem Land und setzt Herzog Jaromir ein. Nur zwei Jahre später, als Heinrich II. an den Westgrenzen weilt, fällt der polnische Herzog wieder im Reichsgebiet ein, zerstört die Grenzfestung Lebusa und metzelt die Besatzung nieder. Jahrelang plündern und morden die Polen über die Elbe hinweg im deutschen Land, sobald der deutsche König im Westen oder Süden festgehalten ist. 1028 brennen sie hundert sächsische Orte nieder..., das setzt sich bis ins 12. Jahrhundert ununterbrochen fort. Trotzdem wird der Polenherzog vom Papst zum König gekrönt, vatikanische Ostpolitik im Jahre 1025.

Das Heilige Römische Reich hat über Jahrhunderte das Schicksal des deutschen Volkes mit italienischen Angelegenheiten verknüpft, dabei deutsche Kraft, Genie, Fleiß, Gut und Blut an Rom verschwendet und Hohn, Spott, Haß geerntet bis heute, als die Nachfolger Pius XII., Johannes XXIII. und Paul VI., die von den Roten Armeen der kommunistischen Gegen-Kirche eroberten deutschen Ostgebiete als „wiedergewonnene polnische Westgebiete" feierten, 1962, und 1975 diese Machterweiterung des antichristlichen Sowjetimperiums nach Mitteleuropa in Helsinki als endgültig unterzeichneten, aus Opportunismus und Angst vor dem gottlosen Großtyrann in Moskau und seinem durch kirchliche Mitschuld mächtig gewordenen Anhang im eigenen Land!

Mit dem Tod von Boleslav 1025 brach der polnische Staat auseinander. Die angeblich christianisierten Polen zerstörten die Gotteshäuser und töteten die Priester. Die ins Reich geflüchtete Dynastie Dago Miseka konnte nur mit deutscher Hilfe wieder die Herrschaft über Polen erringen. — Polen war noch lange nicht christlich. Der staufische Reichsbischof Anselm von Havelberg schrieb aus Krakau an Bernhard von Clairvaux, er möge mithelfen, in die dunkle, von Aberglauben und Unwissen erfüllte Welt des Ostens das Licht des Glaubens und Wissens zu tragen[12]. Reichsbischof Otto I. von Bamberg, Kanzler Kaiser Heinrich IV., Missionar und Klostergründer, tauft 1124 mehr als 20 000 Polen, während Herzog Boleslav III. seine heidnischen Landsleute mit Feuer und Schwert zum christlichen Glauben zwingt: „Singulis quippe annis, collecto exercitu valido, terras paganorum devastare solebat, ut vel timore gladii iugo christianae fidei subigerentur."[13] 1125/26 fallen — durch die grausamen Bekehrungsmethoden des Polenherzogs — Stettin und Wollin wieder vom Christentum ab und kehren zum Dämonenglauben zurück. Die zeitgenössischen Quellen gewähren einen Einblick in die Mentalität der Menschen von damals. Als ein heidnischer slavischer Oberpriester mit seinen Anhängern eine von Deutschen erbaute Kirche zerstören will, hat er einen Unfall und ruft erschrocken aus: „Wehe, was für eine Macht, was für eine Kraft besitzt dieser deutsche Gott und wer vermag ihm Widerstand zu leisten?" Er gibt ihnen den Rat: „Baut das Haus unseres Gottes neben das des deutschen Gottes, verehrt jenen gemeinsam mit den unsrigen, damit er nicht erzürnt die Stadt mit Vernichtung bedroht!" („Heu, proh dolor, quante potentie, quante fortitudinis est Teutonicus deus, et quis resistit ei? Ecce ego, quia sacram eius dam contingere presumpsi, quomodo percussus sum!"[14] So geschah es. Christus wurde von den Bewohnern Polens der deutsche Gott genannt, weil ihnen deutsche Missionare das Evangelium verkündeten.

An den deutschen Kirchenbauten inmitten heidnischen slavischen Gebiets ist die Situation der deutschen Mission zu erkennen: Die Kirchen waren Himmelsburgen des großen Königs, heilige umhegte Räume, die Schutz gewähren; ein starkes, rundes Burghaus, nüchtern, wehrhaft, mit Turm. So weit sein Schatten und der Hall seiner Glocken reicht, ist christlicher Bereich, der sich mit dem deutschen Herrschaftsbereich deckt. So erscheint Christus, „der deutsche Gott" der Slaven, als Turm der Kirche, deshalb sind beide oft identisch: „turris sive ecclesia".

Wie Adalbert von Prag kein Pole war, so ist die hl. Hedwig keine Polin, sondern aus einem bayrischen Grafengeschlecht (ihre Schwester Gertrud, später Königin von Ungarn, ist die Mutter der hl. Elisabeth von Thüringen). Sie hat ihren Gatten, einen Piastenfürsten, zu einer christlichen Persönlichkeit erzogen und wesentlichen Anteil an der Christianisierung und Kultivierung Schlesiens. Hedwig wuchs zur Caritas-Königin der ostdeutschen Lande empor, die man überall pries: „Freue dich, du deutsches Land, daß St. Hedwig dir erstand!" Polen haben in Schlesien nie gesiedelt.

Die deutschen Städte Breslau, Liegnitz, Oppeln, Görlitz, Schweidnitz ... unterschieden sich von den slavischen Marktorten nicht nur in ihrem Rechtscharakter, sondern auch im Erscheinungsbild. Ihr Grundriß mit geraden, parallel laufenden, sich rechtwinklig schneidenden Straßen, in der Mitte als ausgesparter Baublock der Ring, der Marktplatz mit dem Rathaus, am Rande die Stadtkirche als Wehrbau und Teil der Verteidigungsanlage, die mit Mauern, Türmen und Gräben die Stadt umzog. Der Holzbau, der bei den Slaven allgemein war, blieb wohl in den kleinen Städten und für die Kleinbürgerhäuser auch in den großen Städten noch lange üblich, wurde aber mehr und mehr, zunächst bei den Kirchen und Rathäusern, durch den Fachwerkbau und den Steinbau verdrängt. Die Backsteingotik wurde bis zur Zeit des Barocks der deutsche Stil des Ostens schlechthin. In ihr entstanden durch deutsche Meister Kirchen, Burgen und Rathäuser von einer Größe und einer klaren Schönheit, die noch heute den Ernst und die Herbheit des Kolonialzeitalters ahnen lassen. So bestand die Bedeutung der Städte nicht nur in ihren sozialen und wirtschaftlichen Funktionen, sondern sie traten neben die Fürstenhöfe und Klöster des frühen Mittelalters als Vermittlungsorgane und Kraftzentren einer hohen baulichen und bald auch einer geistigen Kultur, die den Völkern des Ostens von deutschen Menschen übermittelt wurde. Durch die drei Jahrhunderte während deutsche Christianisierung wurde der ganze west-slavische und baltische Raum auf eine höhere Stufe der sozialen, wirtschaft-lichen und kulturellen Entwicklung gehoben, der Nahrungsraum durch Rodung und Urbarmachung bisher ungenützten Bodens erweitert, die Be-wirtschaftung, auch die des von Einheimischen beackerten Bodens, durch bessere Methoden gehoben, der Handel verstärkt, die Einwohnerzahl und damit auch die Wehrkraft erhöht. Diese Entwicklung war ein Ergebnis deut-scher Arbeit; erst im Zeitalter des Nationalismus entstand bei den slavi-schen Völkern das Bedürfnis, sie eigenem Können zuzuschreiben und die deutsche Leistung zu verkleinern oder gar als Imperialismus der deutschen „Eindringlinge" hinzustellen.

Die deutsche Missionierung und Kultivierung Böhmens

Der Abmarsch der Markomannen aus dem Gebiet zwischen Donau und Oder, der Festung Europas, diese Schlüsselstellung des westlichen Reiches konnte durch die ostmitteldeutsche Siedlung nicht zurückgewonnen wer-den. Bereits Karl d. Gr. hatte mit der Missionierung der böhmischen Stämme begonnen, die ab 805/06 dem Reich tributpflichtig wurden. 845 lie-ßen sich böhmische Häuptlinge in Regensburg taufen, von wo aus die Christianisierung vorgetragen wurde gegen den erbitterten Widerstand der Bevölkerung. Deutschfeindlich oder christenfeindlich zu sein, war identisch. Die Böhmen rebellierten, ermordeten die deutschen Missionare, zerstörten die Kirchen. Der Böhmenherzog Wenzel flüchtete ins Reich. Der deutsche König Heinrich I. führte ihn nach Prag zurück. Nach Abzug der Deutschen wird Wenzel ermordet und die deutschen Priester und Siedler umgebracht oder verjagt. Wieder muß der deutsche König eingreifen; Otto d. Gr. gliedert Böhmen 950 dem Reich ein und gründet 973 das Bistum Prag, welches dem Erzbistum Mainz unterstellt wurde. Erster Bischof von Prag ist der Deutsche Dietmar, der Bericht über seinen Einzug in Prag das erste deutsche Lied aus dem böhmischen Land.

Alle heutigen Städte in der Tschechoslowakei bis auf Tabor (von den Hus-siten erbaut) sind deutsche Schöpfungen. Deutsche Benediktiner gründeten in und um Prag eine Reihe Abteien, darunter die bekannteste, Strahov. Der

Bischof von Olmütz, Graf Bruno von Schaumburg (1245—1281), vorher Dompropst in Lübeck, gründete etwa 200 Dörfer nach dem lübischen Höferecht seiner Heimat und die Stadt Braunsberg. Das Iglauer Bergrecht fand im ganzen Südosten Anwendung. Die von den tschechischen Fürsten gerufenen Siedler kamen aus Flandern, Mainfranken, Thüringen, Sachsen. Das Sorbenland wurde früh völlig deutsch.

Die Bergleute in Meißen, im Erzgebirge, in Oberschlesien, im Innern Böhmens, das Hausgewerbe in den kargen Bergen, wo kaum eine Hacke zu haften vermochte, haben den ganzen Raum zum größten Industriegebiet Mitteleuropas aufgeschlossen. In der Urkunde des Böhmenherzogs Sobieslaus (1173—1178) heißt es: „Ich, Sobieslaus, Herzog der Böhmen, tue kund allen Gegenwärtigen und Zukünftigen, daß ich in meine Gerechtsame und in meinen Schutz aufnehme alle die Deutschen, die im Prager Suburbium leben, und ich will, daß diese Deutschen, wie sie als Nation verschieden sind von den Böhmen, auch von ihnen geschieden seien durch ihr Gesetz und ihre Gewohnheiten. Ich gewähre daher diesen Deutschen zu leben nach dem Gesetz und der Gerechtigkeit der Deutschen, die sie seit den Zeiten meines Großvaters des Königs Wratilaus (1061—1092), innegehabt hagen." Diese Magna Charta der Deutschen in Böhmen wurde ergänzt durch König Wenzel I., Przemysl Ottokar II., Johann, den Vater Kaiser Karls IV. So saßen denn die Deutschen kraft dreifachen Rechts in den Sudetenländern: durch das des germanischen Vorbesitzes, durch das des königlichen Freibriefes und durch das ihrer erfolggesegneten Arbeit. So waren die Deutschen des Sudetenlandes nicht Splitter in einem fremden Körper, sondern Volk in geschlossener Siedlung. Das deutsche Volksgebiet in Böhmen war an Raumfläche größer als Elsaß-Lothringen oder Sachsen. In der Tschechoslowakei lebten mehr Deutsche als in der Schweiz; sie waren vom ersten Tag ihres Zuzugs Staatsvolk wie die Tschechen. Im tschechischen Staat standen nicht ganz 7 Millionen Tschechen mehr als 3$^{1}/_{2}$ Millionen Deutsche gegenüber[15].

Die Deutschen befreien das Abendland von der Magyarengefahr

Avaren-Hunnen, Ungarn, Normannen, Sarazenen — über ganz Europa ergossen sich ihre raubenden und mordenden Scharen, während die Deutschen Ost- und Südeuropa missionieren und dort gegen die barbarischen Slaven kämpfen müssen. Karl d. Gr. gelang es, die Avaren unter gewaltigen Opfern an deutschen Menschen und Gut zum Stillstand zu bringen. Aber weiterhin hieß es „the Germans to the front". Die Sarazenen setzten im ganzen 9. Jh. die Plünderungszüge in Italien, in Frankreich, im Reich fort bis nach St. Gallen, das sie zerstörten. Erst Otto d. Gr. konnte diese Gefahr endgültig bannen. Von Norden her drohten die heidnischen Normannen; wie sie brandschatzend und mordend durch Deutschland, Frankreich, Italien zogen, hat wenig mit der nordischen Romantik mancher Träumer zu tun. Vom Osten kamen die ungarischen Horden und brachten ab 860 Schrecken und Verwüstung über Italien und Deutschland. 899 drangen sie in Venetien und die Lombardei bis nach Pavia ein und terrorisierten ein Jahr lang Oberitalien, bis König Berengar ihren Abzug mit Tributen und Geiseln erkaufte.

Im Jahr 900 klagen die bayrischen Bischöfe und der Salzburger Erzbischof Theotmar I. (auch Dietmar genannt) dem Papst Johannes IX.: „Die Magyaren führten die Bewohner als Gefangene fort, andere töteten sie, andere ließen sie im Kerker elend verhungern und verdürsten, unzählige edle Männer und ehrbare Frauen schleppten sie in die Sklaverei, zündeten die Gotteshäuser an, zerstörten alle Gebäude, so daß in ganz Pannonien, unserer größten Provinz, nicht eine einzige Kirche stehen blieb. Die von Euch abgesandten Bischöfe können Euch, wenn sie wollen, erzählen, wie lange sie zur Reise durch das ganze verwüstete Land brauchten."[16]

912, 924, 947 kehren die raubenden Scharen wieder und schwärmen bis nach Süditalien. Wiederum hieß es: die Deutschen an die Front! 933 werden die Magyaren an der Unstrut von König Heinrich II. gestellt und geschlagen; 938 erscheinen sie neuerlich und werden wiederum besiegt. Dann haben sich in Norddeutschland nie wieder Magyarenschwärme gezeigt. 955 überrennen sie mit 100 000 Mann Bayern und stoßen ins Schwabenland vor. Der tapfere Bischof Ulrich, Graf von Dillingen, hält Augsburg gegen die Übermacht, bis Otto d. Gr. mit 8000 Mann anrückt — alle anderen Kräfte stehen im Kampf gegen aufständische Slaven. Am 10. 8. 955 treiben die schweren deutschen Reiter die Ungarn zu Paaren und vernichten das feindliche Heer. Nur Reste erreichen die Heimat. Seit der Schlacht auf dem Lechfeld, ihrer schlimmsten Niederlage, geben die Magyaren ihr Nomadenleben und Räubertum auf und werden in der Donauebene seßhaft, „nehmen deutsche Sitten an und leben als Vasallen der deutschen Kaiser" (Ranke) — Voraussetzung für ihre Missionierung und ihren Anschluß an das Abendland. 973 läßt sich Herzog Geisa (972—997) taufen und bittet Otto III. um Missionare. Bischof Pilgrim von Passau ging selbst nach Ungarn. Geisas Sohn, Stephan der Heilige (997—1038), heiratet Gisela, die Schwester Heinrichs II. Er erhielt einen Erzbischofsstuhl in Gran und 10 Bistümer auf Betreiben Kaiser Ottos III. Hier wie in Polen das gleiche antideutsche Vorgehen Roms: Der Papst übersandte Stephan eine

Königskrone und verlieh ihm die Königswürde. Und wie in Polen zeigte sich, daß das Volk, trotz der Taufe ihres Herzogs, nicht christlich war und auch für lange Zeit gar nicht sein wollte. Nach dem Tod König Stephans werden die von den Deutschen gebauten Kirchen, Klöster usw. zerstört, die deutschen Missionare umgebracht oder vertrieben. Barbarische Stämme, vor einem Menschenalter noch der Schrecken Europas, erhalten einen Erzbischofsstuhl, obwohl sie noch gar nicht missioniert sind. Die Nachfolger Stephans riefen wiederum deutsche Missionare und auch Ritter, Bauern, Handwerker, Kauf- und Bergleute in ihr Land zum Aufbau und als Schutz gegen räuberische Kumanen und Bulgaren. Es war wüst, verseucht und fast menschenleer, als es von Deutschen bezogen wurde. Keinem anderen Volk wurden Recht und Eigentum genommen, mit keinem haben sich die deutschen Bauern und Bürger vermischt. Aber sie haben die sumpfigen Niederungen, Steppen und undurchdringlichen Wälder mit zähem Fleiß in Gärten und Felder verwandelt und zu Kornkammern gemacht. Deutsche Techniker und Knappen erschlossen Bergwerke und gewannen Gold, Silber, Quecksilber, Kupfer, Zinn, Eisen, Salz. Diese rheinisch-fränkisch-sächsischen Einwanderer sind die Gründer der oberungarischen Städte. Im südöstlichen Bergland förderten die ungarischen Könige seit Beginn des 13. Jahrhunderts im eigenen Interesse — zum Schutz von Krone und Grenzen — die Bildung eines festen Gefüges deutscher Freibauerngemeinden und Bürgerstädte: den Hermannstädter Gau, das Gebiet um Kronstadt, das Burgenland. Zwischen den oberungarischen Städten und Siebenbürgen füllt sich das ganze Land durch immer neue Wellen mit deutschen Siedlern und den von ihnen gegründeten Städten: zwischen Donau und Drau mit Stuhlweißenburg und Fünfkirchen, die Batschka zwischen Donau und Theiss mit Mariatheresienstadt und Neusatz, das Banat mit Temesvar und Weißkirchen (woher Kunigunde Oellinger, die Großmutter Dürers, stammt). König Andreas II. gewährte den deutschen Einwanderern 1224 im „goldenen Freibrief" volle Autonomie. 1241 wurde Groß-Wardein und das ganze Gebiet von den Mongolen verwüstet und niedergebrannt. Da rief der Ungarkönig Bela IV. wieder deutsche Bauern, Handwerker, Bürger und Ritter aus Franken, Mähren, Schlesien, Bayern, Österreich herbei, um die Schlachtfelder abzuräumen und zu kultivieren.

Die Entstehung Preußens

Während des 3. Kreuzzuges wird 1190 von Bremer und Lübecker Bürgern vor Akkon eine Hospitalbruderschaft gegründet, 1198 zu einem geistlichen Ritterorden umgewandelt. Friedrich II. nimmt diesen Deutschen Orden in seinen Schutz, bestätigt dessen Privilegien und Besitzungen, darunter den des 1187 beim Fall von Jerusalem zerstörten Deutschen Spitals, dessen Grundmauern 1976 ausgegraben wurden.

Nach 1200 verließ der Deutsche Ritterorden das Heilige Land und folgte einer Einladung des Königs Andreas von Ungarn, seine Grenzen gegen die Kumanen zu schützen. Dann ruft der polnische Herzog Konrad von Masovien den Orden zu Hilfe gegen die heidnischen Prußen ins Land.

In der Goldenen Bulle von Rimini, März 1226, erteilt Kaiser Friedrich II. dem Hochmeister Hermann von Salza, seinem Vertrauten und Berater, den Auftrag, die heidnischen Prußen zu christianisieren, bestätigt die Schenkung des Kulmer Landes durch Konrad von Masovien und belehnt ihn mit allem Land, das der Orden im Zuge der Missionierung einnehmen und besiedeln wird. Auf dem erworbenen Gebiet soll ein selbständiges Staatswesen erstehen, das dem Reichsverband angehörte, aber ausschließlich dem Kaiser unterstand. Deshalb verlieh Friedrich II. dem Orden und dem Hochmeister für das zu gewinnende Ordensland umfangreiche Hoheitsrechte, Befreiung von Steuern und Abgaben. Der Hochmeister erhielt landesherrliche Hoheitsrechte wie ein Reichsfürst.

Mit dem Deutschen Ritterorden wollte der Kaiser die deutsche Ritterschaft gewinnen und sich eine bewegliche, von den Reichsfürsten unabhängige militärisch schlagkräftige Truppe schaffen, deren geistliche Belange vom Papst, aber alle anderen Dinge ausschließlich von ihm entschieden wurden. Der Ordensstaat existierte 300 Jahre, in denen die heidnischen Prußen nach schweren, opferreichen Kämpfen das Christentum annahmen und das Land durch die Arbeit von Generationen von Deutschen zu höchster Blüte entwickelt wird. Friedrich II. hatte damit Preußen dem Abendland gewonnen und ist Pate jenes Staates geworden, das der Hohenzoller Friedrich der Große zur europäischen Großmacht führte, aus der Bismarck das Deutsche Reich schuf. Friedrich II. gab 1226 dem Deutschen Orden den einköpfigen schwarzen Adler der Hohenstaufen als Wappen, der zum preußischen Adler wird. So ist der alte staufische Reichsadler zum Hoheitszeichen des Deutschen Reiches von 1871 und der Bundesrepublik Deutschland geworden.

Karl der Große   Charlemagne   Carolus Magnus

Es gibt kein sicheres, gültiges Porträt von Karl d. Gr., so oft er auch dargestellt worden ist: In Rom, Kirche Santa Susanna, ein Mosaik, 1595 zerstört; das Mosaik, welches Papst Leo III. zwischen 796—799 für die Apsis im Speisesaal des Laterans herstellen ließ, später beschädigt, restauriert, heute am Triklinum beim Lateran, zeigt in der Apsis Christus und die 12 Apostel und auf den Stirnseiten links Christus mit Kaiser Konstantin und Petrus, rechts knien Leo III. und Karl d. Gr. vor Petrus, der dem Papst das pontifikale Pallium und Karl die Fahne Roms übergibt. Darunter steht: „Seliger Petrus, schenke Leben dem Papst und Sieg dem König Karl." Also nicht der Papst, sondern der Apostelfürst setzt den fränkischen König zum Herrn Roms ein! Am eigenen Grabschrein in Aachen ist Karl abgebildet, ebenso — zweimal — auf den Wandbildern in Ingelheim.

Einhard hat seinen Herrn und väterlichen Freund in der „Vita Caroli" — kurz nach dessen Heimgang — beschrieben: „Er war von breitem und kräftigem Körperbau, besonderer Größe, die jedoch das rechte Maß nicht überschritt... (nach Messungen der Gebeine 1,92 m). Der Schädel war rund, die Augen groß und lebhaft, die Nase lang. Er hatte schönes graues Haar und ein freundliches, heiteres Gesicht... Sein Gang war fest, die ganze Haltung männlich, die Stimme hell... Er trug seiner Väter, d. h. fränkische Kleidung, auf dem Leib ein Leinenhemd und Leinenunterhosen, darüber die Bluse, mit Seidenstreifen verbrämt, und Hosen. Die Beine umwickelte er mit Binden; an den Füßen trug er Schuhe und schützte im Winter Schultern und Brust mit einem Rock aus Fischotter oder Zobelpelz. Dazu trug er einen blauen Mantel und stets das Schwert, dessen Griff und Gehänge aus Gold und Silber waren." Diese Kleidung geben die Nachzeichnungen der zerstörten bzw. restaurierten römischen Mosaiken wie auch der *Reiter im Louvre* und die Stuckplastik in Mustair ziemlich getreu wieder. Die Übereinstimmung mit der Reiterstatuette, 24 cm hoch, aus dem Metzer Domschatz, heute ein Nationaldenkmal im Louvre, Paris, ist auffallend: Der runde, machtvolle Schädel, die kräftige Nase, der ausgeprägte Mund mit Schnurrbart, das betonte Kinn verraten Kraft, Selbstbewußtsein und Gelassenheit. Die Lilienkrone, der Reitermantel, die Schwertscheide, Hosen, Beinwickel, Schuhe weisen auf einen karolingischen Herrscher. Die Statuette ist eine Arbeit der Aachener Hofschule, etwa um 810. Ähnlich in manchen Teilen das Standbild Karls d. Gr. in der Klosterkirche St. Johann in Müstair, Graubünden, 190 cm hoch, mit der Inschrift und Datierung: DIVUS CAROLUS MAGNUS HUIUS MONASTERII, Fundator AO 801.

Karl d. Gr., Detail von der Reiterstatuette, Paris, Louvre

Karolingische Pfalz. Der Name kommt von palatium, dem stadtrömischen Palastbezirk auf dem Palatin. Die Pfalzen hatten vier Bereiche: zum Wohnen und zur Repräsentation (aula regis), hier in der Mitte mit Turm, auch als Gerichtsstätte verwendet; links davon die Kapelle für den Kult, rechts das Wirtschaftsgebäude mit dem Haus für Gesinde und Soldaten. Dazu kamen — je nach Bedeutung der Pfalz — Gästehäuser, Hofschule wie z. B. in Aachen, Badeanlagen, Arenen für Wettkämpfe, Magazine.

Worms, Dombezirk um 1200. Der Kirchenbau des 6./7. Jh. wurde um 1000 durch einen doppelchörigen Dom abgelöst. Der Dombau staufischer Zeit, Ostteile und Westchor, von 1170—1220 ausgeführt.

Worms, Bischofssitz seit dem 4. Jh., seit 613 als Königsbesitz bezeugt. Karl d. Gr. hat sich sechzehnmal dort aufgehalten, Friedrich II. zehnmal, der hier 1235 seine Vermählung mit Isabella von England feierte.

58

HIER IST EINE DER DENKWÜRDIGSTEN STÄTTEN DES ABENDLANDES

HIER WAR

DER HEILIGE TEMPELBEZIRK DER RÖMER
DIE KÖNIGSBURG DER NIBELUNGEN
DIE KAISERPFALZ KARLS DES GROSSEN
DER HOF DES FÜRSTBISCHOFS VON WORMS

ZERSTÖRT DURCH DIE FRANZOSEN IN DEN JAHREN 1689 UND 1794

MEHR ALS HUNDERT REICHS—UND FÜRSTENTAGE FANDEN HIER STATT

HIER STAND VOR KAISER UND REICH

MARTIN LUTHER

Thron Karls d. Gr., Aachen, Dom-Hochmünster. Auf seinem ursprünglichen Platz — gegenüber dem Hochaltar — steht auf vier Marmorstützen der marmorne Stuhl aus römischen Platten; sechs Stufen führen zu ihm empor. Unter dem Sitz einst Reliquien und die Stephansbourse aus dem Schatz der Reichskleinodien. Von der Thronbesteigung Otto I. im Jahr 936 bis zur letzten Aachener Krönung von Ferdinand I. im Jahr 1531 war dieser Marmorstuhl Thron aller römischen Kaiser deutschen Nation — ein deutsches Nationaldenkmal. 50 Herrscher haben hier die Königskrone empfangen, von Otto I. im Jahr 936 bis zur letzten Aachener Krönung Ferdinand I. im Jahr 1531.

Dom zu Aachen

Blick durch das mächtige karolingische Oktagon. Bereits vor der Kaiserkrönung Karls d. Gr. war Aachen die Mitte des karolingischen Reiches. Als Rom des Nordens preisen die zeitgenössischen Dichter die Aachener Residenz, ein offener Hofbezirk mit den Hauptgebäuden: Königshalle, Pfalzkapelle, Kaiserbad, in einem Geviert von 120×120 m. Die königliche Kapelle steht noch heute im Achteckbau des Münsters bis zum Rundbogenfries, die acht Seiten von ursprünglich vergoldeten Bronzegittern umschlossen, die jeweils aus einem Stück gegossen sind. Karl hat die Kirche nach eigenem Plan errichtet; Papst Leo III. sie am Dreikönigstag 805 geweiht, nach Einhard „das vornehmste Bauwerk des großen Kaisers". Aus dem ganzen Reich wurde das Material dazu herangeschafft, aus Rom und Ravenna Säulen und Mosaiken. Die Pfalzkapelle ist in der Strenge des Aufbaus und der Herbheit ihrer Formen eine Neuschöpfung aus germanischem Geist, auch wenn Rundkirchen Revennas angeblich als Vorbild gedient haben, sie ist das erste Werk der Kunst des neuen Abendlandes. Alkuins Inschrift am unteren Rand des Innenraums deutet ihr Wesen und Geheimnis, zu deutsch:

Wenn die lebendigen Steine in friedlicher Einheit gefügt sind
Und die gleiche Zahl   Alles harmonisch sich eint,
Leuchtet das Kunstwerk des Herrn, der die Halle errichtet
Und zum frommen Bemühn   Gab den Menschen Erfolg.
In unvergänglichem Glanz wird währen das Denkmal
Falls der Allmächtige das Werk   Schirmet und gnädig lenkt.
So wolle Gott, daß auf sicherem Urgrund der Tempel
Stehe, den Kaiser Karl   Einmal so herrlich erbaut.

Aus gleichem Geist und gleicher Schöpferkraft hat Kaiser Friedrich der Zweite seine Bauten errichtet, allen voran das grandiose Oktogon Castel del Monte.

Die Kapelle war mit der Königshalle — ein Rechteck von 47,42× 20,76 m —, dem Wohnsitz Karls, durch einen gedeckten Gang verbunden, den er täglich zum Gebet in der Kirche benutzte, z. T. noch heute in den Grundmauern des jetzigen Rathauses erhalten. Der Aachener Karlspalast aus Stein war eine Königshalle germanischer Prägung wie die berühmte Westgotenhalle zu Naranco in Asturien. Zeitgenossen berichten von Wandmalereien im königlichen Saal mit Darstellungen aus Karls spanischem Feldzug und einem Weltenbaum. Hier versammelte Karl seinen Hof, zu dem die berühmtesten Gelehrten der Zeit aus ganz Europa gehörten. Rangunterschiede waren bei solchen Hallenabenden aufgehoben, beim Vor-

trag der alten Heldenlieder oder neuer Dichtungen, bei den Gesprächen über Sinn und Geheimnis der Welt, in philosophischen Erörterungen, in ernsten und witzigen Wortgefechten, Sinn- und Rätseldichtungen, Lehrversen und Merksprüchen, wie sie in reicher Fülle aus der Aachener Tafelrunde jener Zeit auf uns gekommen sind in kostbaren Schriften. Germanentum und Antike waren in der Aachener Pfalz Karls d. Gr. zu einer neuen Wirklichkeit und Kultur geworden, so daß der Angelsachse Alkuin von einem Athen des Nordens schrieb und Modoin von Autun eine Hymne auf die Wiedergeburt des klassischen Altertums dichtete:

Und so erneuern sich hier antike Welt und Gesittung,
Siehe, dem Erdkreis gebiert neu sich ein goldenes Rom!

Entwicklung der Aachener Kaiserpfalz (Modell Leo Hugot). Aachen ist die am häufigsten besuchte Königspfalz, 26 Aufenthalte von Karl d. Gr.; wie der großartige Ausbau zeigt: zum Wohnen, Repräsentation, Kult, Ökonomie, Reichs- und Pfalzverwaltung, Rechtsprechung, Bildung und Unterhaltung. Zwei Höfe, der westliche äußere und der östliche innere, wo sich auch die Königshalle befand. An der Südseite die Kultgebäude, in der Mitte das Oktogon der Kapelle.

Karl d. Gr., rechts seine Gemahlin, links die Schwertträger. In der Linken in Form einer Windrose sein Monogramm auf einem Kreuz, an dessen Enden die vier Konsonanten des Namens: KAROLUS. Die drei Vokale in der Mitte ineinandergeschoben (die germanische Vorliebe für A O U) sind hier verrätselt: Name und Erdkreis als Einheit. (Karolingische Bibel von 870, Rom, Basilica di San Paolo fuori le Mura).

Karl d. Gr. in der Peterskirche in Rom nach der Krönung zum Kaiser. Das Volk akklamierte dreimal dem „Augustus Karl, dem großen und friedbringenden Kaiser", und ebenso erweist ihm der Papst, hier Leo III., auf den Knien vor ihm liegend, die dem Kaiser nach dem Zeremoniell gebührende Huldigung. Auf dem Baldachin eine Inschrift, zu deutsch: „Karolus Augustus, von Gott gekrönt, dem großen und friedfertigen Kaiser der Römer, Leben und Sieg." (Darstellung in der Kirche Trinità de' Monti, Rom.) Für Karl blieben Rom und Italien zweitrangig, das Schwergewicht des neuen Imperiums lag im Reich, das für Rom, Italien, Kirche ein Ordnungsfaktor geworden und geblieben ist gegen die Anarchie.

Karl d. Gr., Gemälde im Vatikan, 14. Jh. Das Bildnis eines germanischen Herrschers, der im Zeichen des Kreuzes das abendländische Kaisertum erneuerte und die von ihm regierten Völker religiös, kulturell, sozial und zivilisatorisch auf eine bisher unbekannte Höhe führte. Der Geschichtsschreiber Nithard, sein Enkel, weiß von ihm zu sagen: „Er wurde von allen Völkern der große Kaiser genannt — ganz Europa ließ er mit allen Gütern angefüllt zurück — allen Bewohnern der Erde schien er schreckengebietend, liebenswert und in gleicher Weise bewundernswürdig."

II. Rom und Reich

Canossa: Priesterherrschaft oder Freiheit

In Israel, Byzanz, im Islam, in Tibet, in Rom beherrschte der Priesterkönig, der Basileus, der Kalif, der Dalai-Lama, der Cäsar die Gesamtheit der Gläubigen als Kaiser und Pontifex. Staatsdienst war Gottesdienst, Gottesdienst Staatsdienst. Dem Cäsar als Gott wurden Opfer dargebracht, eine Welt, die dem germanischen Wesen fremd, ja seelenmörderisch erscheint. Niemals hat ein germanischer oder deutscher König und Kaiser eine priesterliche Funktion ausgeübt und liturgische Handlungen vorgenommen. Deshalb gibt es keine deutschen Cäsaren. Karl der Große und seine Nachfolger schufen einen eigenen politischen Kosmos: jene einzigartige bikephale Ordnung von Kaisertum-Papsttum, das heilige Reich der westlichen Christenheit.

Karl d. Gr.: „Der Oberpriester soll beten, daß der hohe König das Reich der heiligen Kirche schirmen und erweitern möge."

Aus dem fruchtbaren Dialog und den Spannungen dieser beiden Pole entwickelte sich die Vielfalt und Farbigkeit der abendländischen Kultur, keine Theokratie wie im alten Israel, in Byzanz, kein deutscher Cäsarismus. Der Zug nach Rom, der Drang nach dem Süden — eine der stärksten Triebfedern der deutschen Geschichte — war ein Ergänzungs-, Vervollkommnungstrieb (wie bei Dürer, Schütz, Händel, Goethe). Kein deutscher König wollte sich jemals zum Papst machen oder wählen lassen. Wenn der Angelsachse Alkuin Karl d. Gr. über den Papst stellt, dann aus ethischmoralischen Gründen, weil die Päpste damals „durch die Anklagen des römischen Volkes besudelt und Rom zu einer Bühne blutigen Schreckens und der Schmach herabgesunken war". Die deutschen Könige und Kaiser verstanden und praktizierten ihre Macht und Würde als Schirmherr von Religion, Papst und Kirche, nicht als Cäsar und Pontifex. Aber es waren die römisch-italienischen Päpste, die mit der geistlichen auch die weltliche Herrschaft ausüben wollten, im Lateran und auf dem Palatin, im Vatikan und im Quirinal bis 1870, Folge der absurden Herrschaftsansprüche der mittelalterlichen Päpste Gregor VII., Innozenz III., Gregor IX., Innozenz IV. ..., die nicht nach dem Evangelium, nicht nach dem Neuen Testament, sondern das Priesterkönigtum des Alten Testaments lebten. Es gibt keine christlichen Cäsaren, ein Widerspruch in sich selber, die deutschen Kaiser waren fromme, überzeugte Christen. Aber es gab Cäsar-Päpste, die vom

Evangelium abgefallen waren, Christus heuchlerisch im Munde führten und für ihre Weltherrschaftspläne mißbrauchten, die Völker in mörderische Kriege stürzten und dabei die Kirche Christi verwüsteten. Der Cäsaro-Papismus erniedrigte Völker, Reiche zu einer geschichtslosen Existenz und Geschichte zum Kampf um materielle Macht. Alle, ob Deutsche, Franzosen, Spanier, Italiener usw., sind nur mehr Untertanen des Papstes, der die politischen, rechtlichen, sozialen, wirtschaftlichen, kulturellen und privaten Angelegenheiten entscheidet, und Verworfene jene, die das ablehnen und den Papst „nur" als obersten Seelsorger und Nachfolger des Fischers Petrus ansehen. Wie die Päpste ihren Anspruch als Priester-Cäsar erzwingen wollten, war gotteslästerlich. Jeder wahre Priester aller Religionen besitzt einen Zauber, der wirkt, wo derselbe Glaube gültig ist; in der Kirche der Bann-fluch. Der Papst setzt sich die Maske des Hohenpriesters auf, um seiner Drohung der Vernichtung seiner Feinde den magischen Zauber zu verleihen. Vor diesem Bannstrahl ergriff die Gemüter eine namenlose Furcht, denn wen er traf, der wurde total vernichtet und zu einem Landesflüchtigen. Das zaubermächtige Wort ist noch von einer Sanktion begleitet: dem Ge-bannten wie auch einem mit der Verdammung nur bedrohten Menschen werden Höllenqualen in Aussicht gestellt.

Ludwig der Fromme — nichts an ihm und seinen Taten war fromm — führte ein solches Leben der ständigen Angst vor der ewigen Verfluchung, war dadurch willenloses Werkzeug in den Händen der Pfaffen.

König Lothar II. von Lothringen, geb. 837, überfiel eine solche Angst vor dem angedrohten Bann, daß er die geliebte Friedelfrau Waldrada und Mutter seines Sohnes — die Scheidung seiner kinderlosen Ehe, um Dynastie und Reich zu sichern, war ihm abgeschlagen worden — verstößt; als er sich wieder mit ihr vereint, wird sie exkommuniziert. Papst Nikolaus I. wirft dem König vor: „Für die Leidenschaft zu einem Frauenzimmer und die Lust eines kurzen Augenblicks läßt du dich ketten und zur Qual im glühenden Schwefel ... und ewig währender Mühsal verdammen."[17]

Wenn Gott beleidigt und die Grundlagen der Religion angegriffen wer-den, muß der Priester handeln. Aber das Sakramentale als göttliche Kraft für politische Zwecke einzusetzen, ist Seelenmord. Keiner der Könige und Kaiser des Mittelalters hat den christlichen Glauben angetastet, im Gegen-teil, sie waren oft bessere und aufrichtigere Christen als die sie verfluchen-den Päpste. Keiner wollte Cäsar oder Kalif sein, aber die Päpste wollten mit allen Mitteln Kaiser und Papst sein und die Welt beherrschen. Dazu haben sie die Völker des Abendlandes in Bürgerkriege gestürzt und gegeneinander gehetzt unter Berufung auf die Apostel und Christus.

Gregor II. (715—731) wollte den byzantinischen Kaiser Leo III., Herrscher in Italien, beseitigen und einen Gegenpapst einsetzen. Als sein Statthalter Rom besetzte, schützten die Langobarden den Papst. Es ist ihnen schlecht bekommen: 722 sucht Gregor ein Bündnis mit dem Majordomus des Frankenreiches, Karl Martell, gegen die Langobarden.

Gregor III. (731—741) mußte vom Kaiser von Byzanz die Billigung seiner Wahl zum Papst einholen, wünschte aber gleichzeitig Hilfe von Karl Martell gegen Ostrom; das alte Spiel der Römer-Italiener: die Stärksten gegeneinander auszuspielen, um als Gewinner zu überleben. Karl Martell lehnte ab, er wollte sich nicht in die italienische Politik hineinziehen lassen. So mußte sich der Papst mit den Langobarden arrangieren.

Papst Zacharias (741—752) versuchte es auf andere Weise. Er schlug Karl Martells Söhnen Pippin und Karlmann einen Handel vor: Sie sollten den rechtmäßig gewählten und gesalbten Merowingerkönig Childerich absetzen und in ein Kloster verbannen, d. h. Kerker, der päpstliche Legat Bonifatius, Erzbischof von Mainz, würde dann Pippin zum König salben nach Karlmanns Verzicht. Das geschah 751.

Stephan II. (752—757) kommt drei Jahre später als erster Papst schutzsuchend über die Alpen ins Frankenreich und präsentiert seine Forderungen: Unterwerfung der Langobarden durch die Franken, Abtretung jener Gebiete des Langobardenreiches, die angeblich Kaiser Konstantin schon vor mehr als 400 Jahren den Päpsten für alle Zeiten überlassen hätte, an den Papst für seinen Kirchenstaat und Verpflichtung des neuen fränkischen Königs, diesen in Zukunft zu verteidigen. Als Gegenleistung bot er den Titel eines ‚patricius romanorum' an. Karlmann riet seinem Bruder von dem Krieg ab und wurde auf Betreiben des Papstes in ein Kloster gesperrt, wo er kurz darauf verstarb. Pippin erklärte sich zu dem verlangten Kriegszug bereit, der Papst salbte ihn noch einmal! Aber eine Wahl und Krönung sind tot, wenn sie nicht von der Einsicht in das Geheimnis als etwas Sakralem, als einer Kraft von oben getragen ist. Das hier war ein Geschäft mit Drohung und Betrug — aufgrund der zwei Jahre später in aller Eile fabrizierten Konstantinischen Schenkung. Vorher hatte der Papst mit Bann gedroht, sollte sich der Frankenkönig weigern, die Langobarden anzugreifen: „Wenn ihr euch eines Verzugs oder einer Ausflucht schuldig macht und nicht sogleich Unserer Mahnung gehorsamt . . ., so wisset, daß ihr kraft der hl. Dreieinigkeit, durch die Gnade des Apostelamts, welche mir von dem Herrn Jesus Christus verliehen ward, wegen Ungehorsams gegen Unsere Aufforderung des Reiches Gottes und des ewigen Lebens verlustig erklärt seid." Und dann noch einmal die Drohung, diesmal aber anschaulich, handgreiflich gemacht: Hütet euch, „euren Leib und eure Seele dem ewig unauslöschlichen tatarischen Feuer mit dem Teufel und seinen Pest-Engeln auszusetzen"[18]. In einem zweijährigen Krieg unterwirft Pippin die Lango-barden, der Papst bekommt seinen Kirchenstaat, zu dem noch Ravenna geschlagen wird. Wie viele Franken und Langobarden mußten für diesen Schwindelstaat ihr Leben opfern! Auch in den folgenden Jahrhunderten werden noch zahllose Deutsche in mörderischen Kämpfen sterben um des päpstlichen Anspruchs auf einen eigenen Staat willen — ein Staat, der nach Goethe, als er ihn zu Fuß und mit Kutsche durchquerte, bloß deshalb weiterexistiere, weil ihn nicht einmal die Hölle wollte.

Stephan III. (768—772) konnte sich in Rom nur durch die Anerken-nung seitens Karls, Sohn von Pippin, gegen die anderen gleichzeitig ge-wählten Päpste durchsetzen. Den Gegenpapst Konstantin läßt er blenden, seine Anhänger blutig verfolgen.

Hadrian I. (772—795) vermochte sich ebenfalls nur mit Hilfe Karls d. Gr. zu halten.

Leo III. (795—816) flüchtete 799 zum Reichstag nach Paderborn. Mit ihm erschienen seine Ankläger, um von Karl d. Gr. seine Absetzung wegen ausschweifenden Lebenswandels und Gewalttaten zu verlangen. Beim Papst ging es ums Überleben, die Vorwürfe gegen ihn waren berechtigt. Der von ihm im Jahre 800 in St. Peter inszenierte Coup mit der Kaiserkrönung enthob ihn aller Sorgen. Aber öffentlich, im vollen Ornat und auf die Bibel mußte er sich frei schwören und alle Anklagen zu Verleumdungen erklären — ein Meineid! Karl begnügte sich damit, sein Interesse galt dem Reich, nicht Rom.

Johann VIII. (872—882) mußte den Kaiser gegen innere und äußere Feinde um Hilfe bitten. Trotzdem hat er einen gewaltsamen Tod: ein Ver-wandter flößt ihm Gift ein; als dieses nicht schnell genug wirkt, zertrüm-mert er ihm mit einem Hammer den Schädel.

Die Leiche des im Kerker erdrosselten Papstes Formosus (891—896) wird von seinem Nachfolger Stephan VI. (896—897) ausgegraben, mit Ponti-fikalgewändern angetan, vor eine römische Synode gestellt und verurteilt, das Urteil des makabren Totengerichts vollstreckt: dem Leichnam die Ge-wänder heruntergerissen, die Segensfinger der rechten Hand abgehackt und der Kadaver in den Tiber geworfen. Als „Leichensynode" ist dieses per-verse Verbrechen in die Geschichte eingegangen. Wenige Monate später zerrt der römische Pöbel Stephan VI. durch die Straßen und erwürgt ihn.

Christophorus (903—904), der seinen frommen Vorgänger Leo V. ein-kerkerte und folterte, ereilt dasselbe Schicksal. Er wird vom Grafen von Tusculum, der sich dann zum Papst — Sergius — ernannte, umgebracht.

Sergius III. (904—911), ein grausamer Verbrecher auf Petri Thron, Kom-plize des römischen Barons Theophylakt, dessen Frau und Töchter Theodora d. J. und Marozia eine Schreckensherrschaft über Rom aufrichten, die Epoche der Pornokratie. Theophylakt nennt sich Herzog, Konsul, Dux und Senator, die ältere Theodora und Marozia betiteln sich Senatrix und betätigten sich als Papstmacher. Die mit dem Markgraf Albrecht von Spoleto verheiratete Marozia ist die Mätresse von Papst Sergius.

Johann XII. (955—963), Enkel Marozias, eine der niederträchtigsten Figuren, die jemals das Papsttum entweiht haben, zynisch, vulgär, feig. Als er von Graf Berengar von Ivrea bedrängt wird, ruft er den deutschen König zu Hilfe und bietet die Kaiserkrönung an. Wie Karl empfindet Otto d. Gr. die Notwendigkeit der Krönung in Rom als Symbol des abendländischen Reiches, aber aus rein politisch-praktischen Erwägungen: Mit der Kaiserkrone hat er Rom und den Papst in der Hand, ferner die Reichskirche noch enger an sich gebunden, die für die Verbreitung von Religion und Bildung, für eine bessere Bestellung des Bodens und für die Missionierung des Ostens segensvoll wirkt, und ein Gegengewicht zur Fronde der deutschen Landesfürsten.

Im Januar 962 zieht Otto in Rom ein und wird am 2. Februar gekrönt. Otto, ein epischer Typ wie Karl d. Gr., blieb kühl und traf Vorkehrungen gegen römische Falschheit. Als er zur Krönung in der Peterskirche ritt, gibt er seinem Schwertträger Answard den Befehl: „Halte, wenn ich am Apostelgrab knie, dein Schwert immer über meinem Haupt, denn ich weiß wohl, daß meine Vorfahren die Treulosigkeit der Römer oft erfahren haben." Er sollte sie sehr schnell selbst erfahren.

Nach der Krönung kam das Geschäftliche: die „päpstlichen Besitzrechte" auf den Kirchenstaat erneuern und natürlich „wohlwollend" weitere Schenkungen hinzufügen. Allerdings setzt Otto auch seine Herrscherrechte fest: Obergerichtsbarkeit in Rom, Eid jedes neugewählten Papstes auf die Rechte des Kaisers und die Gründung der Erzbistümer Magdeburg und Merseburg. — Das hatte sich der Papst anders vorgestellt: der Deutsche sollte kommen, seine Wünsche erfüllen, ihn schützen, Geschenke geben — dafür gekrönt werden, aber ohne Bedingungen. Kaum hat der Kaiser Rom verlassen, verbündet sich Johann XII. mit Tod und Teufel gegen den deutschen Barbaren: mit den Arabern, mit Byzanz, Berengars Sohn und den noch nicht christianisierten Ungarn, die 921, 927, 947 Italien von Norden bis nach Süden raubend und mordend verwüstet hatten. In Rom geschehen neue Gewalttaten. Jetzt bitten die Römer den Kaiser um Beistand. Otto d. Gr. kehrt zurück, der Papst flüchtet samt Kirchenschatz. Auf der Synode in St. Peter am 6. 11. 963 verliest der Kardinaldiakon die Anklagen gegen Johann XII.: „Sadismus, Unzucht, Mord, Meineid, Blendung, ein Hurer und Lüstling, der den Lateran zu einem Bordell machte, Pilgerinnen schändete, Blutschande beging, die Geliebte des verstorbenen Vaters zu seiner machte."[19] Die Synode setzt Johann ab und wählt Leo VIII. zum Nachfolger (963—965). Als der Kaiser die Stadt hinter sich gelassen hat, laufen die Römer wieder zu dem alten Papst über, der Leo VIII. vertreibt und unter seinen Gegnern ein Blutbad anrichtet. Bald darauf wird er von einem Ehemann, mit dessen Frau er Ehebruch trieb, erschlagen. In der Verwirrung um die Nachfolge schicken die Römer wieder einen Hilferuf an den Kaiser. Otto d. Gr. hält zusammen mit Leo VIII. Einzug und wird begeistert empfangen. — Das wiederholt sich immer wieder: triumphaler Empfang des Kaisers, Schwüre und Versprechungen; sobald er jenseits der Alpen ist, Abfall, Aufstand, Überlaufen zum Feind; bei neuerlichem Erscheinen neue Unterwerfung, Jubel und Akklamation und so fort, den veränderten Zeitumständen angepaßt bis heute. Innerhalb von 4 Jahren ist es Otto d. Gr. dreimal so ergangen. Die Römer, schreibt Bischof Luitprand von Cremona, halten es immer mit zwei Herren, um den einen gegen den anderen auszuspielen.

Benedikt VI. (972—974) wurde 973, nachdem Otto d. Gr. gestorben war, eingekerkert. Der von den Römern eingesetzte Gegenpapst Bonifaz VII. ließ Benedikt erwürgen, flüchtete aber vor den sich nähernden kaiserlichen Boten nach Byzanz, begab sich nach Kaiser Ottos II. Tod 983 sofort wieder nach Rom und warf den inzwischen gewählten Papst Johann XIV. ins Gefängnis, wo dieser elendiglich verhungerte. Nur ein Jahr lang war Bonifaz Pontifex Maximus, bis er selbst umgebracht und seine verstümmelte Leiche durch die Gassen Roms geschleift wird. Wieder mußte der deutsche Kaiser, Otto III., eingreifen, um Ordnung herzustellen.

996 unterstützte er die Wahl des ersten Deutschen zum Papst: Gregor V., Urenkel Otto I., hochgebildet und fromm, der Otto III. zum Kaiser krönt. Kaum hat der sich entfernt, zeigen die Römer ihr wahres Gesicht: Feindschaft, Haß. So sehr sich Otto mühte, ein Römer zu werden, für sie blieb er der Fremde, der häßliche Deutsche. Die kaiserlichen Vertreter werden ins Gefängnis geworfen, Papst Gregor V. aus der Stadt gejagt und am 18. 2. 999 vergiftet.

1032 wird Benedikt IX. gewählt; am 1. 5. 1045 verkauft er die Papstwürde für 1000 Pfund an seinen Paten, den späteren Gregor VI., aus dem jüdischen Bankhaus Pierleoni. Flehentlich wird der fromme deutsche König Heinrich III. um Hilfe gebeten, der Cluniazenser Odilo schreibt ihm: „Ein Papst drängt sich neben den anderen ... Ein würdiger Papst soll erkoren werden." Damals verfluchen drei Päpste einander, Benedikt IX., Silvester III. und Gregor VI. Der König bestimmt den frommen Suitger, Bischof von Bamberg, der als Clemens II. zum Papst gewählt wird, aber ebenso rasch stirbt wie die übrigen nichtrömischen Päpste: 1048 Damasus II., 1054 Leo IX., 1057 Victor II. — zuletzt Hadrian VI. 1523. Ihre Mörder wurden als Nationalhelden gefeiert.

Leo IX., eine der edelsten und reinsten Gestalten der Weltgeschichte, Vetter Kaiser Heinrichs III., 1048 auf dem Reichstag in Worms gewählt, zog barfuß in Rom ein und nahm seine Wahl nicht eher an, als bis auch die Römer ihn anerkannten; ein damals völlig unbekanntes Rechtsethos. Sein Berater ist der hl. Petrus Damiani, Verfechter der Reform von Cluny. Leo strebt eine geistliche Reform des Papsttums an, ohne sich darüber mit dem Kaiser zu verfeinden, der allein pax et justitia, wenigstens teilweise, durchzusetzen vermochte. Das Abendland, so Thomas von Aquin und Dante, ist ein geschlossenes Gemeinwesen, für dessen Sicherheit und äußeres Wohlergehen der Kaiser, für dessen Seelenheil der Papst verantwortlich sei.

Dieses Gemeinwesen zerstört der unter zweifelhaften Umständen gewählte Gregor VII. (1073—1085) mit den 27 Leitsätzen des „Dictatus Papae" = Diktat des Papstes, seinem Regierungsprogramm. Dem Papst gehört die Welt ebenso wie der Himmel, er kann über allen Besitz verfügen, nehmen und geben; Könige, Fürsten, Regierungen sind ihm zum Gehorsam verpflichtet und von Rechts wegen seine Vasallen und Lehensträger; er kann die Beziehungen zwischen den Völkern und ihren Herrschern bestimmen, die Untertanen vom Treueid entbinden (Punkt 27). Die Könige von England, Schottland, Spanien, Ungarn und der Kaiser sind ihm unterworfen, er kann den Kaiser absetzen (Punkt 12). Der Papst irrt nie, er kann alle richten, aber von niemandem gerichtet werden (Punkt 19).

Heute würde man einen solchen Papst auslachen und zur Prüfung seines Geisteszustandes in eine psychiatrische Klinik stecken. Italienische Bischöfe verabscheuten ihn als „vero serpiente, il cui soffio velenoso aveva contaminato la Chiesa" (eine wahre Schlange, deren giftiger Hauch die Kirche versehrt hat). Petrus Damiani nannte ihn einen „heiligen Satan". Könige, Fürsten, Bischöfe, Mönche lehnten seine Forderungen ab, jedoch unbeirrt, wie Psychopathen oft sind, begann er nacheinander alle, die sich diesem Diktat nicht unterwarfen, zu exkommunizieren und über Städte das Interdikt zu verhängen. Sein Ziel war nicht die „civitas Dei", wie zur Rechtfertigung mit viel Aufwand an Worten, Zitaten und Zeitumständen manipuliert wird, sondern die Alleinherrschaft über die irdische Welt. Gregor VII. wurde der Erzieher der Kirche zur Theokratie, zum Cäsaro-Papismus, wodurch mehr Unheil über Kirche, Religion und Menschen kam als durch alle Ketzer, als durch jene 20- und 30jährigen Verbrecher auf dem Papstthron — Stephan VI., Sergius III., Johann XII., Bonifaz VII., Benedikt IX. usw.

Diese Hurer, Erpresser, Mörder haben Religion und Glauben kaum geschadet. Gregor VII. dagegen hat zur Durchsetzung seines Weltherrschaftsprogramms die Grundlagen der christlichen Weltordnung zerstört, im Namen Gottes und der Apostel Menschen gejagt und eingeschüchtert — und ist heiliggesprochen worden! „Man irrt in der Regel, wenn man die Hierarchie des Papsttums als Entwicklung der geistlichen Idee betrachtet. Das Papsttum erwarb ein förmliches Reich und ist zu dieser Herrschaft nicht durch eine Entfaltung der Doktrin gekommen, welche schon vorher entwickelt war, sondern durch Kampf und Krieg."[20]

Gregor VII. stürzt Deutschland in Bürgerkrieg

‚Der Papst ist Herr der Welt, dem alle unterworfen sind und zu gehorchen haben', dieser wahnwitzige Anspruch richtete sich vor allem gegen den König des Heiligen Römischen Reiches. Der Testfall fand sich schnell: Einem althergebrachten Gesetz zufolge besetzte der König die Bistümer und großen Abteien des Reiches mit Männern seines Vertrauens, die auch als Kanzler, Minister, Berater die Reichsgeschäfte führten, weil es eine weltliche Verwaltung noch nicht gab. Diese Reichsbischöfe garantierten den Zusammenhalt und die Einheit des Reiches — von Volk, Kirche, Regierung — gegen die Sonderinteressen der Fürsten. Da die Bischöfe Besitzer und Nutzer großer Territorien sind, hieße der Verzicht auf ihre Bestellung einen großen Teil des Reiches einer ausländischen Macht, dem Papst, übertragen. Nach Gregors VII. Programm waren die Bischöfe und Äbte seine Statthalter im Reich, in allen, nicht nur geistlich-seelsorgerischen Belangen ihm allein verantwortlich und damit den Interessen des Staates und den Landesgesetzen entzogen. Dadurch war der Zusammenschluß der Völker zu Nationen verhindert und jedes Land unregierbar geworden.

1075 verkündete die römische Fastensynode diesen Punkt des „Dictatus Papae", umschrieben als Verbot der Laieninvestitur, und der Papst untersagte dem deutschen König unter Androhung des Bannes die Bistumsverleihung. Bei Befolgung wäre die seit Jahrhunderten bestehende Reichsordnung aufgehoben, das Reich dem Königsrecht entzogen und eine päpstliche Provinz geworden. Um keine Zweifel über seine Absichten aufkommen zu lassen, schickte Gregor VII. seine Agenten nach Deutschland, die die Gläubigen zum Widerstand gegen die königstreuen Bischöfe und Geistlichen aufwiegeln, zitiert die Bischöfe nach Rom, enthebt drei und den Erzbischof von Bremen ihres Amtes, bannt sie und fünf Berater des Königs: die offene Kriegserklärung des Priesterkönigs gegen die Souveränität des deutschen

Reiches und gegen den deutschen König, verschämt auch Investiturstreit genannt.

Auf einer Reichssynode in Worms erklären 24 deutsche Bischöfe den Papst wegen seiner zweifelhaften Wahl für abgesetzt; die lombardischen Bischöfe stimmen zu. Heinrich IV. (1056—1106) hätte damals unverzüglich nach Rom ziehen und den Dalai-Lama auf dem Stuhl Petri zur Räson bringen oder vertreiben müssen, wie es 9 Jahre später die Römer getan haben. Der deutsche König versäumte die Stunde. Nun bannte Gregor VII. in einer theatralischen Zeremonie unter Anrufung des hl. Petrus den König, untersagt dem deutschen Volk und allen Reichsangehörigen, den Anordnungen des Königs und seiner Regierung Folge zu leisten, suspendiert die lombardischen und die 24 in Worms anwesenden Bischöfe. Wieder erscheinen päpstliche Legaten in Deutschland, um Fürsten, Bischöfe, Gläubige zum Abfall und Aufstand gegen den König und seine Getreuen zu bewegen.

Ein Geschehen, das die bisherige Rechtsordnung sogar im Geistig-Moralischen sprengte. Zum ersten Mal wurde die „sacra regia potestas“, die von Gott verliehene, in kirchlicher Weihe und Segnung geheiligte und deshalb unantastbare Autorität des Königs entehrt und verworfen. Der Zeitgenosse Benzo von Alfa brachte die allgemeine Empörung in einem Gedicht zum Ausdruck: „Die Hölle spie alles aus, was sie besaß und vermochte / Sie verwirrte Erde und Meer und die Heiligtümer: Der (Papst), zu dem wir Zuflucht nehmen müssen / Wagte es, den Fürsten der Fürsten zu vernichten / Ihn, der das Band des Gesetzes in Händen hält.“ Unermüdlich agierten die Legaten, um die Stimmung der Betroffenheit und die Frage nach der Rechtmäßigkeit zu verdrängen. Das Hauptargument, ob dem Papst überhaupt das Recht zustehe, den König zu exkommunizieren, was viele Bischöfe und Fürsten nicht anerkennen wollten, wurde mit den Isidorischen Dekretalen niedergeschlagen, die die Legaten auf dem Fürstentag in Tribur ins Feld führten; weil niemand an deren Echtheit zweifelte, obwohl bereits Kaiser Otto III. sie 75 Jahre zuvor als Fälschung erkannt und genannt hatte, lassen sie sich schließlich von der Rechtmäßigkeit des Bannfluches gegen ihren König überzeugen. Heinrich muß dem Papst Gehorsam und Genugtuung versprechen, binnen Jahresfrist bei Thronverlust vom Bann gelöst sein, und seine Neuwahl muß der Papst genehmigen. Die damit erlittene Minderung des deutschen Königtums war mit keinem späteren Sieg mehr auszugleichen und die Grundlage der europäischen Gewaltenteilung zerstört. Daß deutsche Fürsten damals mit einem größenwahnsinnigen Papst gemeinsame Sache gegen ihren König und das Reich machten, indem sie seine Ansprüche anerkannten, ist ein schmachvolles Kapitel deutscher Zwietracht und geistlicher Anfälligkeit. Heinrich begibt sich mitten im Winter mit

Gemahlin und Sohn nach Italien. Die lombardischen Bischöfe bieten ihm Waffenhilfe an — welche Beschämung für die deutschen Fürsten! Der König trifft den Papst bei seiner Freundin, Mathilde von Tuszien, in Canossa, im Begriff nach Augsburg aufzubrechen, um als Schiedsrichter — ganz im Sinne seines „Diktats" — über die deutschen Angelegenheiten zu entscheiden. Weit entfernt von jeder Zerknirschung leistet der König vom 25. bis 27. Januar 1077 täglich die geforderte Buße, barfuß und im wollenen Bußgewand, und erfüllt die Bedingungen zur Lösung vom Bann. Fürs erste waren die weiteren Pläne Gregors VII. und der auf seiner Seite stehenden deutschen Fürsten durchkreuzt. Aber er hatte die Anerkennung seines Diktats erreicht, den König und Kaiser exkommunizieren, absetzen und alle Untertanen vom Treueid entbinden zu können.

Die deutschen Fürsten wählen einen Gegenkönig, Rudolf von Rheinfelden, und setzen Heinrich ab; in Deutschland tobt der Bürgerkrieg. Gestärkt durch die selbstauferlegte Überwindung, nimmt Heinrich den Kampf auf. 1079 macht er Friedrich von Staufen-Büren zum Herzog von Schwaben und gibt ihm seine einzige Tochter Agnes zur Frau. Damit tritt ein junges deutsches Adelsgeschlecht in die Geschichte, das den Kampf Heinrichs IV. gegen die päpstliche Weltherrschaft bis zum eigenen Untergang weiterführen wird.

Als der Gegenkönig einen bedeutenden Sieg über Heinrich IV. erringt, glaubt der Papst seine Stunde für gekommen und bannt ihn 1080 zum zweiten Mal. Der König macht selber den neuerlichen Bannfluch allgemein bekannt, damit jedermann die politische Absicht durchschaue. In einem Gefecht wird dem Gegenkönig die Rechte, die Schwurhand, abgeschlagen; sterbend bereut er, die dem König geschworene Treue gebrochen zu haben.

Eine deutsch-italienische Synode von 30 Bischöfen in Brixen 1080 wählt Wibert von Ravenna zum Gegenpapst — Clemens III. 1081 übergibt Heinrich IV. Friedrich von Hohenstaufen die Regentschaft über Deutschland und zieht nach Rom; die Mehrheit der Bischöfe und Barone Ober- und Mittelitaliens steht auf seiner Seite. Die Stadt wird eingeschlossen und öffnet 1084 die Tore. Clemens III. krönt Heinrich IV. zum Kaiser. Der in die Engelsburg geflüchtete Gregor VII. ruft die Normannen zu Hilfe. Vor ihrer Übermacht muß Heinrich IV. weichen. Die Normannen brandschatzen Rom, vernichten unersetzliche Bauwerke, Monumente auf dem Marsfeld und Aventin, schänden die Bevölkerung durch Gewalttaten. Als sie endlich abziehen, muß Gregor mit ihnen weg, sonst hätten ihn die Römer gelyncht. — Diese Vertreibung war ein Akt legitimer Notwehr, deshalb Gregor zum Märtyrer zu stempeln, heißt die Geschichte fälschen. Der Statthalter Christi ist nicht berufen, Kriege zu führen. Seine politisch-militärischen Niederlagen oder Siege sind keineswegs Niederlagen oder Siege von Glauben und Religion. Im Exil verstieg sich der Fanatiker zu gewagten Prophezeiungen, daß spätestens an diesem oder jenem Tag der deutsche Kaiser fallen werde, so wahr es Jesus und die Apostel gegeben habe. Als sich das nicht erfüllt, klagt der abergläubische Pontifex die Apostel an, sie hätten ihn ungerechterweise im Stich gelassen. 1085 stirbt der Verblendete in Salerno. Das verlogene Pathos seines Ausrufs: „Weil ich die Gerechtigkeit liebte, sterbe ich in der Verbannung", sollte die Tatsache verbrämen, daß die eigenen Landsleute ihn geächtet, verjagt und ein Teil des Kardinalskollegiums sich von ihm losgesagt hatte[21].

Nun verkündet Heinrich IV. in Mainz den Gottesfrieden für das Reich. Die deutschen Bischöfe bekennen sich fast ausnahmslos zu ihm. 1088 fällt auch der zweite Gegenkönig.

Papst Urban II. (1088—1099) setzt den Kampf gegen den deutschen Kaiser mit allen Mitteln fort. Heinrich wird zum dritten Mal gebannt. Der Papst „stiftet" die Ehe zwischen der 44jährigen Mathilde von Tuszien und dem 17jährigen Welf von Bayern, um durch die Vereinigung von Bayern und den Mathildeschen Gütern in Oberitalien eine neue Front aufzubauen; schamloser Mißbrauch eines Sakraments im Vernichtungskrieg gegen den deutschen König. 1090 ist Heinrich IV. wieder in Reichsitalien, 1093 die Krönung seines Sohnes Konrad in Mailand zum König der Lombarden. Dem Papst gelingt es, Konrad zum Abfall von seinem Vater zu bewegen. Gleichzeitig sperrt Herzog Welf die Alpenpässe, um Heinrichs Rückkehr nach Deutschland zu verhindern, wo der Bürgerkrieg von neuem tobt. Als die vom Papst geschlossene perverse Ehe zwischen dem Siebzehnjährigen und der Vierundvierzigjährigen nach 7 Jahren wieder aufgelöst wird — vom Papst — und der Bayernherzog sich mit dem König versöhnt, kann Heinrich IV. nach Deutschland heimkehren. 1099 wird der zweite Sohn, Heinrich V., zum König gekrönt. Konrad stirbt zwei Jahre später, von Reue über den Verrat an seinem Vater zermürbt und verlassen in Florenz. Unversöhnlich führt auch der nächste Papst, Paschalis II. (1099—1118), den Kampf gegen den deutschen Kaiser weiter; als erstes erneuert er den Bann und verleitet den Sohn Heinrich V. zum Verrat am Vater. Neuer Bürgerkrieg in Deutschland: Vater und Sohn liefern sich blutige Schlachten. Heinrich IV. unterliegt, wird gefangengenommen und muß 1106 auf Betreiben des päpstlichen Legaten ein erlogenes Schuldbekenntnis ablegen, auf die Krone und seine Güter verzichten. Danach wird Heinrich V. mit Zustimmung und im Beisein des päpstlichen Legaten in Mainz nochmals gekrönt. Kaiser Heinrich IV. stirbt im gleichen Jahr als

Flüchtling in Lüttich, bis zuletzt trotz schwerster Enttäuschungen standhaft, ohne die Rechte des deutschen Königs preiszugeben; er hat das Reich davor bewahrt, unter die Herrschaft eines italienischen Papst-Caesars zu fallen. Sogar den Toten verfolgt noch päpstlicher Haß: Als er nach seinem letzten Wunsch in Speyer beigesetzt wird, bannt der Papst den dafür verantwortlichen Bischof. Der Leichnam muß ausgegraben und in einer ungeweihten Kapelle beerdigt werden. Auf seinem ersten Italienzug nimmt Heinrich V. Papst Paschalis gefangen, worauf dieser sich zum Friedensschluß bereit erklärt, den Bann gegen Heinrich IV. aufhebt und Heinrich V. zum Kaiser krönt, 1111. Sein Vater kann jetzt in der Königsgruft von Speyer zur letzten Ruhe gebettet werden.

Nach langwierigen Verhandlungen kommt es 1122 im Wormser Konkordat zu einem vorläufigen Ende des Investiturstreits. Der Kaiser verzichtet auf die Einsetzung der Bischöfe mit Ring und Stab, der Papst gewährt (!) in Deutschland ihre Wahl in Gegenwart des Königs ... Jedoch die von Gregor VII. gesäte Drachensaat wuchert weiter, der Vergleich in Worms war nur ein Waffenstillstand. Andere Päpste greifen Gregors Anspruch auf die Oberherrschaft auf und werden deshalb neue Kriege entfesseln. Das Papsttum setzt von Frankreich aus den Kampf gegen das Kaisertum fort.

Mit dem Tod Heinrichs V. erklärte Rom das Wormser Konkordat für nichtig, da nur ihm die Zugeständnisse gemacht worden seien. In Geheimverhandlungen unter Leitung eines päpstlichen Legaten wird der 60jährige Lothar von Supplinburg (1125—1137) zum Nachfolger bestimmt und die künftige Politik festgelegt. Gemäß seinen Verpflichtungen erbittet dieser vom Papst die Bestätigung seiner Wahl, anerkennt die päpstliche Oberhoheit und bekommt dafür die Kaiserkrönung in Rom versprochen. Im Reich regieren die päpstlichen Legaten; wo immer sie deutsches Recht annullierten und für Rom in Anspruch nahmen, Lothar hat es geduldet oder gewissenlos noch Vorschub geleistet. Wieder einmal entfacht Rom in Deutschland einen Bürgerkrieg, wieder einmal kämpfen Deutsche gegeneinander im Dienst päpstlicher Politik. Der Staufer Friedrich von Schwaben und sein Bruder Konrad wehren sich gegen die Verschleuderung des Reichsgutes an päpstliche Parteigänger und unterliegen.

In Rom waren wieder einmal zwei Päpste gewählt worden, Anaklet II. (1130—1138), ein Jude, und Innozenz II. (1130—1143), der von den Römern aus der Stadt gejagt wurde und nach Frankreich floh. Und wieder einmal kehrte ein Papst unter dem Schutz deutscher Waffen nach Rom zurück, 1133, wo er den deutschen König in der Laterankirche, weil St. Peter vom anderen Papst besetzt war, zum Kaiser krönt. Dabei belehnt Innozenz II. ihn mit den Gütern der Mathilde von Tuszien, die ihm gar nicht gehören. So verläßt der Kaiser Rom als Lehensträger des Papstes, der ohne seinen Schutz es überhaupt nicht wieder hätte betreten können. Triumphierend hält ein Maler diesen Vorgang im Lateran fest: der Kaiser kniend vor dem Papst und darüber die Inschrift „Mann des Papstes". Barbarossa befahl die Vernichtung dieser Darstellung. Aber um 1400 haben italienische Maler im Auftrag der Kirche ähnliche Bilder angefertigt von Karl d. Gr. auf den Knien vor dem Papst — was niemals der Fall war —, von Friedrich Barbarossa.

Nach Abzug der Deutschen wird Innozenz II. verfolgt und verjagt und ruft natürlich erneut seinen Retter zu Hilfe. So marschieren der Kaiser und die Fürsten 1136 zum zweiten Mal nach Rom, um für den Papst Krieg zu führen gegen dessen Landsleute, gegen den zweiten Papst und gegen die Normannen in Unteritalien, welche Anaklet II. unterstützen. Eine Zeit der gewaltigen Macht der Kirche über die Gemüter, in der der sprachgewaltige, glühende Bernhard von Clairvaux die Menge in mystische Raserei versetzt und über diese auch auf Fürsten und Könige wirkt. Der deutsche König wird sein willenloses Werkzeug.

Auf dem Rückweg von Rom stirbt Lothar 1137 in Tirol und wird im Kloster Königslutter beigesetzt, der erste deutsche König und römische Kaiser von Papstes Gnaden.

Ein deutsches Phänomen

Jahrhunderte hindurch mußten die deutschen Könige bei ihren zeitraubenden und kostspieligen Romzügen, vom Papst herbeigerufen, um ihn und die Kirche zu schützen und aus dem Sumpf von Korruption, Intrigen, Machtkämpfen und Verbrechen zu befreien, sich immer wieder mit den Römern in den Straßen herumschlagen. 1154 erklärte sich der römische Senat — eben dabei, den Papst aus Rom zu vertreiben — bereit, Friedrich Barbarossa die Kaiserkrone vom römischen Volk zu verleihen und „nicht von dem Papst in dessen törichter Anmaßung, geistliche und weltliche Macht gleichzeitig zu besitzen", gegen Zahlung von 5000 Pfund. Nicht minder kompakt, obwohl geschickter formuliert, waren die Forderungen des Papstes für die Krönung.

Ein Phänomen: Jene Päpste, die von den Römern verhöhnt, verprügelt, durch die Gassen gezerrt, verschleppt, umgebracht oder aus der Stadt gejagt wurden und deshalb immer wieder die deutschen Könige herbeiflehten, diese Päpste haben die deutschen Könige, Kaiser verflucht und abgesetzt, Fürsten,

Bischöfe, Äbte ... zum Verrat an König und Reich getrieben und durch Einschüchterung und Drohungen das Volk immer wieder in mörderische Bürgerkriege gehetzt. Niemals haben die Päpste es gewagt, die gleiche Sprache und Bannflüche gegen die Römer und Italiener zu gebrauchen, damals nicht und heute nicht. Und die Italiener würden darauf gar nicht reagieren, auf keinen Fall so devot und geduldig wie die Deutschen, die sich immer wieder einschüchtern und manipulieren ließen. Gregor VII. und seine Nachfolger haben keinen französischen oder englischen König mit dem Bann belegt, abgesetzt, deren Untertanen vom Treueid entbunden — wegen der Investitur (= Belehnung mit dem Bischofsamt). Wie wurden die deutschen Könige und Kaiser vor aller Welt beschimpft und mit den niedrigsten Ausdrücken bedacht, „Antichrist, Pestilenz, Tier aus dem Abgrund, das vertilgt und ausgetreten werden muß ...", obgleich keiner nur im geringsten gegen Glaube oder Religion verstoßen hatte. Und die Deutschen haben bis heute die gewünschte Wirkung gezeigt, sich wegen Rom zerkriegt, gehaßt, unterworfen, gezahlt, auf Recht, Besitz, Eigentum verzichtet — eine Psychose?!

Niemals hat ein deutscher König oder Kaiser einen Papst außer Landes geschleppt wie die Franzosen den kranken Greis Pius VI. im Jahre 1798, dem keine Erniedrigung erspart blieb und der in Frankreich starb, dann Pius VII., der ebenfalls als Gefangener nach Frankreich mitgenommen wurde. Aber niemals haben sich die Päpste und die päpstliche Geschichtsschreibung deshalb jener Sprache der Herabwürdigung und Beschimpfung gegen die Franzosen bedient wie gegen deutsche Könige und Persönlichkeiten. Als Fürst L. 1871 im Namen der deutschen Katholiken Pius IX. im Vatikan „die tiefbewegte Anteilnahme zum Verlust der Stadt Rom" überbrachte (Garibaldi hatte wenige Monate vorher Rom den päpstlichen Truppen abgejagt und Italien damit seine Hauptstadt genommen), soll der Papst zu seiner Umgebung gesagt haben: „Was weiß das deutsche Schwein, wie schön unsere Einheit ist!"

Italiener haben das festgestellt, ungläubig, spöttisch und mit einer leisen Verachtung für die so schafsgeduldigen „Barbaren".

Todesland Italien — Untergang der Hohenstaufen

1138 wird der Staufer Konrad III. auf Wunsch des Papstes deutscher König und als erster nicht vom Erzbischof von Köln wie bisher, sondern von einem päpstlichen Legaten in Aachen gekrönt. Von nun an bestimmten die römischen Legaten in Deutschland, wegen ihres anmaßenden Auftretens bald verhaßt. Ihr luxuriöser Aufwand mußte von den Bistümern, Klöstern, Pfarren getragen werden; dazu verlangten sie frech noch wertvolle Kirchenschätze zum Geschenk. Wer von ihnen nicht als reicher Mann nach Rom heimkehrte, wurde dort ausgelacht. Die Angelegenheiten der deutschen Kirche entschieden Italiener. Einzig ihre Parteigänger kamen in Amt und Würden, überall saßen ihre Zuträger. Die gesamte kirchliche Gerichtsbarkeit in Deutschland wurde Rom unterstellt, das nicht nur über geistliche, sondern auch über handfeste materielle Dinge urteilte. Bei jeder Gelegenheit betonten die römischen Legaten die Souveränität des Papstes über den deutschen König, trieben Steuern für Rom ein, erließen Gesetze, die nur im Reich Geltung hatten. Wenn der König gegen Auftreten, Aufwand und ständig neue Forderungen protestierte, ermahnte ihn der Papst zu Gehorsam und Demut. Dem Neffen Konrads, Friedrich von Schwaben, gelang es in den letzten Lebensjahren des Onkels, den Einfluß der Legaten einzudämmen. Die von Rom geschürten innerdeutschen Auseinandersetzungen sollten verhindern, daß der König sich um seine Rechte und Einkünfte in Reichsitalien kümmerte. So konnten sich die lombardischen Städte im Bund und nach Absprache mit dem Papst unabhängig machen und ersetzten die Vertreter des Kaisers durch Konsuln. Der Papst hatte die patriotische Karte ausgespielt und an den italienischen Nationalismus appelliert. Das kriegerisch-einfach-strenge Standesethos des ursprünglich vorwiegend germanischen Landadels in der Lombardei verlor durch die Anziehungskraft der Städte mit leichterem Dasein und Lebensgenuß seinen Inhalt. Viele Lehensträger verkauften ihre Lehen, um mit dem Erlös ein Leben in der Stadt zu führen. Lothar und später Friedrich Barbarossa versuchten vergeblich, die Verschleuderung des Reichsgutes durch Gesetze aufzuhalten. Der niedere Landadel wanderte in die Städte ab und wurde dort aufgesogen.

So schwächte Rom das Reich, einmal durch Bürgerkriege in Deutschland, dann durch Aufreizung der Kommunen in der Lombardei zur Unabhängigkeit. Aber bei diesem permanenten Krieg gegen das Reich büßte das Papsttum seine Herrschaft über Stadt und Land Rom ein, weil sie nur mit Hilfe des deutschen Königs zu halten war. Trotzdem forderten die Päpste immer wieder dreist, daß die durch ihre eigene Politik verlorene Macht in Stadt und Land Rom von denselben so haßerfüllt bekämpften Deutschen restituiert werden müsse — und die Deutschen taten es!

Eugen III. (1145—1153) war von den Römern aus Zorn über die Verweltlichung der Kurie vertrieben worden und flüchtet ins Reich. In Deutschland führt sich der landesflüchtige Papst wie ein Imperator auf und kommandiert den Episkopat wie Rekruten. Nur Deutschen kann solches zugemutet werden.

1152 will Konrad nach Rom und den Papst mitnehmen, stirbt aber vorher in Bamberg.

Friedrich I. Barbarossa (1152—1190), sein Neffe, wird Nachfolger, einer der edelsten und prächtigsten Herrscher in unserer Geschichte, ritterlich, gebildet, weltmännisch, schön von Angesicht und Gestalt, unbeugsam und von unbedingter Gerechtigkeit, stets allen sichtbar an der Spitze seiner Ritter in der Schlacht. Nach der Wahl in Frankfurt schwört er bei der Krönung in Aachen am Grab Karls d. Gr., das alte Kaisertum wiederherzustellen. Schritt für Schritt holt er zurück, was dem Reich an Rechten in den letzten hundert Jahren von den Päpsten entrissen worden war. Unter ihm erlebt die deutsche Kultur — Dichtung, Kunst, Bauwesen — eine neue Blüte. Wie Karl d. Gr. umgibt sich Friedrich mit bedeutenden Persönlichkeiten als Vertraute und Berater: Reinald von Dassel, Erzbischof von Köln und sein Kanzler, Wichman von Magdeburg, Philipp von Heinsberg, Christian von Mainz ...

1153 Vertrag mit Eugen III., dem er Schutz gegen Römer und Normannen verspricht.

1155 krönt Papst Hadrian IV. Friedrich zum Kaiser und muß mit ihm fortziehen, weil die Römer ihn nicht in der Stadt dulden!

1156 Hochzeit Friedrichs I. mit der schönen Beatrix von Burgund in Würzburg, 1157 Straffeldzug gegen den Polenherzog, der regelmäßig, wenn der deutsche König am anderen Ende des Reiches beschäftigt war, in das Reichsgebiet einfiel, Städte und Lande plünderte, zuletzt Brennabor-Brandenburg. Friedrich führte selber seine Heerscharen in das 500 km entfernte Kampfgebiet durch Wälder, Sümpfe, unwegsames Gelände. Die Polen, verstärkt durch slavische Prußen, Ungarn, Russen, suchen das Weite in wilder Flucht, nachdem sie geschlagen sind. Ihr Herzog unterwirft sich weinend und gelobt feierlich Frieden und Wiedergutmachung, ohne sein Wort zu halten. Er mußte Schlesien herausgeben, das seit 1163 untrennbar mit dem Reich verbunden bleibt und von deutschen Siedlern neuerlich kultiviert und zivilisiert wird. Im September — nach einem Monat — war Friedrich wieder in Würzburg.

Als auf einem Reichstag im alten Bisanz, heute Besançon, der päpstliche Legat einen Brief des Papstes mit der Behauptung, das Kaisertum sei päpstliches Lehen, verliest, wird er des Landes verwiesen und „ohne nach rechts oder links abzubiegen geradewegs nach Rom" zurückgeschickt. Daraufhin verlangt der Papst von den deutschen Bischöfen, sie sollten den Kaiser auf den rechten Weg des Gehorsams gegenüber dem Oberhaupt der Kirche zurückführen, damit er Abbitte leiste. Diesmal scheitert jedoch der Versuch, einen Keil zwischen den König, seine Bischöfe und Fürsten zu treiben. In einem höflichen Schreiben belehrten die Bischöfe den Papst, „die Krone unseres Kaiserreiches ist ein Lehen Gottes und nicht des Papstes". Eine neue Zeit war angebrochen, auch wenn der Papst nun versicherte, jeder Widerstand gegen den Kaiser sei ein gottgefälliges Werk, und er, der Pontifex, spreche im Namen des hl. Petrus; es war erfolglos.

Friedrichs Bekenntnis, „einzig von Gott haben wir die Krone erhalten", 1157, ist im Geiste Karls d. Gr. und Ottos d. Gr. Vor Gregor VII. hatte es deshalb keine Feindschaft zwischen König und Papst gegeben, weil Rom das Prinzip der beiden Schwerter anerkannte, das weltliche für den König, das geistliche dem Papst. Friedrich stellte die Gleichberechtigung von König und Papst wieder her und räumte mit dem römischen Kirchenregiment in Deutschland, das bei Volk und Klerus verhaßt war, auf. Nach dem zweiten Italienzug 1158—1162 gegen die lombardischen Städte sorgte Friedrich im Innern des Reiches für Frieden und Ordnung, ließ nicht nur die Kleinen, die den Frieden brachen, hängen, sondern auch die Großen.

Alexander III. (1159—1181). Eine seiner ersten Maßnahmen war, den Kaiser zu bannen.

1163/64 dritter Italienzug Friedrichs ohne Heer; er wird abgebrochen, weil ihm die oberitalienischen Städte den Durchmarsch verweigern. 1168 bis 1168 vierter Italienzug. Bei Tusculum (vor Rom) wird eine zwanzigfache römische Übermacht von Kanzler Reinald von Dassel mit 500 Rittern und 1000 Mann in die Flucht geschlagen und Rom überrannt. Alexander III. flüchtet. Eine Pestepidemie in der Hitze des römischen Sommers rafft fast das ganze deutsche Heer dahin, auch der geniale Kanzler Dassel erliegt der Seuche. Der Papst jubelt: ein Gottesgericht; die Lombarden erheben sich. Friedrich erreicht mit Mühe die Heimat.

Heinrich der Löwe verkörperte als Herzog von Sachsen und Bayern und der slavischen Ostgebiete die größte Macht im Reich. Dadurch war Friedrich gezwungen, die königliche Macht in Reichsitalien zu stärken, um sich behaupten zu können, und geriet so in einen ausweglosen Gegensatz zu der neuen aufsteigenden Macht der Städte. Entgegen seiner weltoffenen Geisteshaltung und Persönlichkeit muß Friedrich wie ein Reaktionär gegen echte, lebenskräftige Neubildungen kämpfen. Als es darauf ankommt und Heinrich der Löwe ihm im entscheidenden Augenblick des Kampfes gegen die mit dem Papst verbündeten lombardischen Städte beistehen soll, läßt er den Kaiser treulos im Stich, 1176. Friedrich verliert bei Legnano, kann sich mit viel Glück retten und schließt 1177 in Venedig Frieden mit Alexander III. Der damit vom Bann gelöste Kaiser, „Hammer der Gottlosen" war wieder „der allerchristlichste Sohn der Kirche" geworden. Auch mit den Normannen wird ein Waffenstillstand geschlossen, aus dem später durch die Heirat von Barbarossas Sohn Heinrich VI. mit Konstanze, Tochter Rogers II. von Sizilien, Frieden wird.

Der greise Papst wollte nach Rom zurückkehren, und das konnte er nur unter dem mächtigen Schutz des Kaisers. In Anagni wartete er vier Monate auf die deutschen Ritter, die ihn unter dem kaiserlichen Banner nach Rom geleiten. Der Tod ereilt ihn außerhalb der Stadt, 1181. Die Kardinäle brachten seinen Leichnam nach Rom. Die Beisetzung im Lateran mußte heimlich geschehen; die gröhlenden Römer bewarfen den Sarg mit Steinen und Unrat.

1183 schließen die lombardischen Städte mit dem Kaiser, der ihre Selbstverwaltung mit Konsuln anerkennt, den Frieden von Konstanz, schwören Treue und erkennen die Zugehörigkeit zum Reich an.

Von 1178 bis 1181 währen die Auseinandersetzungen mit Heinrich dem Löwen. Er wird des Landfriedensbruches und des Hochverrats angeklagt, wegen Nichterscheinens zu allen Vorladungen in Acht getan und seiner Lehen entsetzt, sein Herzogtum Niedersachsen aufgeteilt, Bayern an Otto von Wittelsbach vergeben. Heinrich beginnt einen Bürgerkrieg mit allen Greueln, fordert die Könige von England und Dänemark zum Einfall in das Reich auf: er will den Kaiser stürzen. Doch er unterliegt, muß sich unterwerfen und zu seinem Schwiegervater in England gehen. Aus Macht- und Besitzgier war er zu einem Reichsfeind geworden, der dem deutschen Volk und dem Missionswerk im Osten schweren Schaden zugefügt hat. Mehrmals bricht er den geschworenen Gottesfrieden, versucht neuen Verrat an Kaiser Friedrich, findet aber keine Gefolgschaft und resigniert endlich im Alter.

Pfingsten 1184 findet die Schwertleite der beiden ältesten Söhne des Kaisers, Friedrich von Schwaben und Heinrich VI., statt. Er lud das ganze Reich ein und erteilte selbst den knienden Jünglingen mit der flachen Klinge den Ritterschlag auf die Schultern mit der Formel: „Im Namen Gottes, des hl. Michael und des hl. Georg mache ich dich zum Ritter. Sei tapfer, unverzagt und treu ..."

In Friedrichs letzten Lebensjahren entstehen Wunderwerke der Kunst. Der Mainzer Dom wird vollendet, in Gelnhausen neben der Kaiserpfalz die Marienkirche errichtet, Paläste in Hagenau, Ingelheim, Kaiserslautern, Bamberg, Naumburg. Der schwäbische Name „Alemannien" stand für ganz Deutschland.

Nachdem Friedrich der stets drohenden Gefahr der Riesenmacht des „Löwen" ledig war, bewilligte er den lombardischen Städten unter Einschränkung der kaiserlichen Macht Unabhängigkeit in allen inneren Angelegenheiten.

1184—1186 Sechster Italienzug Friedrichs. In Mailand, das trotz aller Aufhetzung durch Papst Urban III. den Frieden mit dem Kaiser einhält, wird Heinrich VI. mit Konstanze, der Erbin Siziliens, vermählt. Der Patriarch von Aquileja krönt ihn zum König von Italien. Rom hat inzwischen Verbindung mit dem Welfen in England aufgenommen und versucht, Deutschland in einen neuen Bürgerkrieg zu stürzen. Friedrich ruft einen Reichstag in Gelnhausen zusammen, auf dem Fürsten und Bischöfe den Machenschaften des Papstes eine klare Absage erteilen.

1188 nimmt der greise Friedrich in Mainz „das Kreuz" und bestellt Heinrich VI. zum Reichsverweser. Zehntausende deutsche Ritter treten in das Kreuzheer ein. Über Wien und Byzanz marschieren sie nach Kleinasien. Am 10. Juni 1190, bei einem Bad im Bergstrom Saleph, stirbt der Kaiser. Die deutsche Kaisersage versetzt Friedrich I. Barbarossa in die Höhle am Kyffhäuser. Rom spricht von verdienter irdischer Strafe für Friedrichs Ungehorsam vor dem Papst!

Die Pest dezimiert das Heer, die Jugendblüte eines Volkes geht zugrunde. Nur wenige Ritter kehren von diesem Kreuzzug in die Heimat zurück. Heinrich VI. regiert mit starker Hand das Reich, wirft den vertragsbrüchigen Heinrich den Löwen nieder, der Bardowiek und andere Orte zerstört hatte, und hätte den Welfen vernichtet, wenn nicht durch den Tod des Königs von Sizilien seine Anwesenheit in Italien notwendig gewesen wäre. 1191 wird Heinrich VI. von Papst Coelstin III. in Rom zum Kaiser gekrönt. Gleichzeitig verhandelt die Kurie heimlich mit den Normannen und ermutigte Tancred von Lecce, sich der verwaisten Krone Siziliens, die nach dem Erbrecht Kaiserin Konstanze zusteht, zu bemächtigen. Zur Wahrung seiner Rechte zieht Heinrich VI. nach Süden. Bevor es zum Kampf kommt, wird der Großteil seines Heeres von einer Seuche dahingerafft; auch der Kaiser erkrankt und muß umkehren.

Die Heirat der Hohenstaufin Agnes — eine Verwandte Barbarossas — mit dem Sohn Heinrichs des Löwen bringt 1194 den Frieden zwischen ihm und dem Kaiser. Auf seinem zweiten Italienzug nimmt Heinrich VI. Sizilien in Besitz und wird am 25. 12. 1194 in Palermo zum König des Normannenreiches gekrönt. Am Tag darauf bringt die Kaiserin in Jesi bei Ancona einen Sohn, Friedrich Roger, zur Welt, der 1196 zum deutschen König gekrönt wird.

Auf seinem dritten Italienzug 1196/97 deckt Heinrich VI. eine Verschwörung gegen ihn und alle Deutschen in Sizilien auf, die ermordet werden sollten. Die römische Kurie hatte dabei ihre Hand im Spiele. Der Aufstand wird niedergeschlagen, die Verschwörer bestraft. Von Sizilien aus — nunmehr fest in seiner Hand — entschließt sich der Kaiser zu einem

Kreuzzug. Ein großes Kreuzheer und sechzigtausend Ritter auf eigener Flotte stechen in See, da bricht über Volk und Reich im Augenblick wichtigster Entscheidungen ein Unglück herein: Heinrich VI. stirbt am 28. 9. 1197 an Malaria, 32jährig, in Messina. Der bereits als König anerkannte Sohn Friedrich ist nicht einmal drei Jahre alt.

In den sechs Jahren seiner Herrschaft hatte Heinrich VI. mit staatsmännischer Weisheit unbeirrbar seine Ziele verfolgt und das Reich mit einem gewaltigen Willen und kühler Leidenschaft gesichert, ein politisches Genie, wie es aus dem deutschen Volk nur selten hervorgeht. Stets gemessen, hart und spröde im Umgang, wirkte er reifer und älter; bei einem längeren Leben wäre er vielleicht der mächtigste Kaiser geworden. In seiner kurzen Ära anerkannten ihn die Könige und Fürsten des Abendlandes als ihren obersten Herrn. Als Nachfolger der Normannen, die sich seit Roger II. „Könige von Afrika" nannten, gehörte die Welt des Mittelmeeres zu seinem Machtbereich.

Heinrich VI. hat seinen Sohn Friedrich nur zweimal gesehen, das zweite Mal bei der Taufe, als der bisher Konstantin gerufene seine richtigen Namen Friedrich Roger — nach den beiden Großvätern — erhielt.

Innozenz III., Gregor IX., Innozenz IV., Zerstörer der Kirche und des Reiches

Das war nun das Tun und Lassen der Päpste, damals und leider auch noch lange danach. Politische Allianzen, Militärbündnisse und Kriege vorbereiten, organisieren und führen, Städte, Häfen, Länder erobern und sich dienstbar machen.

Innozenz III. (1198—1216) wurde Haupt und Motor des Vernichtungskampfes gegen das Reich. Bald nach seinem Regierungsantritt liefen alle Fäden der europäischen Politik bei ihm zusammen. Die allgemeine Verwirrung nach dem plötzlichen Tod des Kaisers nützte der Papst zur Erweiterung des Kirchenstaats: päpstliche Truppen besetzen Teile Tusziens, das Herzogtum Spoleto, die Mark Ancona. Mittelitalien, so der Papst, gehöre gemäß Konstantinischer Schenkung der römischen Kirche. Dann wurde ihm die Herrschaft über Süditalien angeboten. Konstanze ließ nach dem Tod Heinrichs VI. ihren Sohn nach Palermo bringen und 1198 zum König von Sizilien krönen. Kaiserin und Papst waren sich einig: Friedrich sollte nicht als deutscher König herrschen. Was Heinrich VI. verweigert hatte, darum mußte Konstanze jetzt bitten, dem Papst den Lehenseid für Sizilien zu leisten, was erst nach einem Konkordat, das die sizilianische Kirche dem

Papst direkt unterstellte und alle bisherigen Rechte der Könige annullierte, gewährt wurde. Als Konstanze im November 1198 starb, hatte sie in ihrem Testament den Papst zum Verweser des Königreiches und Vormund ihres Sohnes bestellt, wofür sich Innozenz III. gut bezahlen ließ: jährlich 30 000 Tarene sowie Erstattung aller Ausgaben in Ausübung des Amtes. Als bei ihm angefragt wurde, wem die Krone des Reiches gebühre, dem Staufer Philipp, dem Knaben Friedrich, seinem Mündel und Sohn des Kaisers, oder dem Welfen Otto, erklärte sich Innozenz ungerührt für den Welfen, „denn er stammt aus einem Uns ergebenen Geschlecht... Wir werden ihn zur Kaiserkrönung zitieren, wenn er vorher alle Pflichten gegen die Kirche erfüllt hat." So griff der Papst in den deutschen Thronstreit ein und stürzte Deutschland in einen zehnjährigen Bürgerkrieg. Das Reich war eine Angelegenheit des Papstes geworden.

Ein Teil der Fürsten erhebt 1198 Friedrich Barbarossas jüngsten Sohn Philipp von Schwaben zum König. Die Päpstlichen wählen den gewissenlosen Welfen Otto IV., Sohn Heinrichs des Löwen, zum Gegenkönig (1198 bis 1214). Innozenz' III. Vertrauter, Kardinal Hugolin, ist an den Rhein gekommen, um den Welfen gegen die Staufer zu „unterstützen". Dafür akzeptiert Otto Innozenz III. als Schiedsrichter über das deutsche Königtum. Auf einer Reichsversammlung protestiert die Hohenstaufenpartei gegen die Einmischung des Papstes in Reichsrechte. Indessen gewinnt Rom auch England für den Welfen.

Deutschland sinkt in das Elend eines blutigen Bürgerkrieges, und der römische Kardinal Hugolin, der spätere Papst Gregor IX., sorgt dafür, daß die deutsche Zwietracht „am Leben bleibt". Walther von der Vogelweide erhebt seine Stimme für den Stauferkönig Philipp und verdammt die Falschheit des Papstes, der König Philipp grundlos gebannt hat, um seinem Pfaffenkönig den Sieg zu erleichtern. Als der Welfe Macht, Ansehen, Gefolge einbüßt, „überdenkt" der Papst die Lage, spricht Philipp vom Bann los, um auf der Seite des zu erwartenden Siegers zu stehen. Da ermordet Otto von Wittelsbach 1208 den 32jährigen Stauferkönig in Bamberg. Schamlos redet der Papst von einem Gottesgericht und wendet sich wieder Otto IV. zu, der die Oberhoheit des Papstes und die Vergrößerung des Kirchenstaates 1209 urkundlich bestätigt und in Rom zum Kaiser gekrönt wird.

Gregor VII., Alexander III., Innozenz III., Gregor IX. ... kämpften nicht für die Verbreitung des Evangeliums — König und Kaiser verkündeten keinen neuen Glauben oder irgendeinen Atheismus —, sondern um ein erneuertes römisches Caesarentum. Innozenz weckte italienischen Chauvinismus gegen die Deutschen, denn Italien ist „das durch Gottes Ratschluß bevorzugteste aller Länder", schreibt er an die Spoleter, deren Stadt er sich bemächtigt hatte. Blasphemisch sein Ausspruch: Widerstand gegen die päpstlichen Truppen oder deren Verbündete sei Widerstand gegen die Apostel, gegen Christus, sei Sünde wie die Rebellion Luzifers, wie der Ungehorsam Adams und wird daher mit Bann, Exkommunikation und Interdikt bestraft. Nichts verbittert so sehr wie der heuchlerische Mißbrauch von Religion und Sakramenten für politische Zwecke und Vorteile. Dieses Vorgehen hat die Kirche verwüstet, die Völker zynisch und den Papst unglaubwürdig gemacht.

Die kriegführenden Päpste waren als Unterlegene keine Märtyrer der Kirche wie etwa die von Napoleon deportierten friedliebenden Pius VI. und Pius VII., sie sind ein Scandalum in geschichtlicher Stunde und haben dem Unglauben die überzeugendsten Argumente geliefert. Die Theokratie hat den Abfall von Gott und Kirche eingeleitet, das darf nicht „wissenschaftlich" aus den „Umständen" erklärt werden.

Das Volk verabscheut Innozenz III. Als er 1198 in Umbrien weilt, wagt er sich nicht nach Assisi zur Übergabe der kaiserlichen Burg. Damit der Papst sie nicht bekomme, zerstörte die Bevölkerung sie vorher. Im Jahre 1203 am Karsamstag auf dem Wege vom Lateran zur Peterskirche wird er von den Römern — trotz Tiara auf dem Haupt — geschmäht; mehrmals vertreiben sie ihn aus der Stadt. Aus Protest gegen die Verlotterung der Kurie sagen sich Provinzen, Städte, Gemeinden von der päpstlichen Herrschaft los und erklären sich unabhängig. Orvieto wählt einen Albigenser zum Oberhaupt, ebenso Viterbo, Narni, Assisi usw. und lebten jahrelang unter der Exkommunikation. Der gewissenlose Mißbrauch der Religion hatte die Menschen abgestumpft. Bann und Interdikt wurden immer weniger ernstgenommen. Städte belagern, Landschaften verwüsten, gewaltsam den Besitz an Grund und Boden mehren und bei Gegenwehr der Überfallenen die geistlichen Strafen rücksichtslos als Druckmittel einsetzen, ist die schlimmste Tyrannei der Geschichte, die nicht nur das Eigentum raubt, den Leib knechtet oder tötet, sondern auch noch die Seele vernichtet. Gehirnwäsche des Mittelalters! Diese Verhöhnung Gottes mußte zu Heuchelei, Zynismus, Abfall und Sektiererei führen. Auf Betreiben Innozenz III. wird der sogenannte vierte Kreuzzug 1203/04, ein brutaler Eroberungszug gegen Konstantinopel, unternommen. Die Kreuzzügler haben das Heilige Land gar nicht gesehen. Sie steckten das uralte christliche Byzanz dreimal in Brand und plündern es zweimal. Schiffsweise wird die Beute an Gold, Silber, Edelsteinen, Kunstwerken, Reliquien nach Italien und Frankreich verfrachtet. Diese Gewalttaten gegen das christliche Reich besiegeln die Spaltung zwischen Rom und Ostkirche. Das neu errichtete, lateinische Kaiserreich (bis 1261) wird der Oberhoheit Innozenz III., der das blasphemische Angebot annahm, unterstellt. Damit war dem oströmischen Reich, 900 Jahre lang Schutz und Schild des Abendlandes gegen den Osten, endgültig das Rückgrat gebrochen und die Eroberung Konstantinopels durch die Türken 1453 vorbereitet; als unmittelbare Folge stoßen sie 1529 bis nach Wien vor.

Der englische König muß 1213 nach langem Widerstand sein Land als Lehen vom Papst annehmen. England wird zur Haupteinnahmequelle der Kurie. Nacheinander werden auch Skandinavien, Aragon, Portugal und Armenien gezwungen, die Lehensoberhoheit des Papstes anzuerkennen und Steuern nach Rom zu entrichten. In Deutschland maßt er sich das Recht an, die Ernennung des gewählten Königs zu überprüfen. Innozenz III. glaubt sich am Ziel: Herrscher über die Kirche und die Welt. Er stirbt seinen Tod, im Juli 1216 in Perugia, an der Pest. Aus Angst vor Ansteckung blieb niemand bei dem Sterbenden; selbst die Totenwächter schleichen davon. Diebe ziehen dem Toten den kostbaren Ornat aus, rauben die Juwelen, die roten Lederschuhe. Franziskus, der damals in Perugia weilt, erbarmt sich und bedeckt den nackten Leichnam mit seiner Kutte. So wurde einer der hochmütigsten Papst-Caesaren in der armseligen Kutte jenes Minderen begraben, den er 1210 als zu gering zu den Schweinen schickte.

Gregors IX. (1227—1241), Graf von Segni, Grundsatz lautete: „Der Statthalter Christi, der auf der ganzen Erde über Kirche und Seelen gebietet, muß ebenso die Herrschaft über alle übrigen Dinge besitzen" (Enzyklika von 1236). Ein gewalttätiger, hochfahrender Mann, der wegen seiner Prunksucht immerfort Geldsorgen hat. Er verstand es, die neuen Orden der Dominikaner und Franziskaner als ein wirkungsvolles Instrument von unübersehbarer Bedeutung für die päpstliche Politik zu benutzen. Mit Hilfe der Bettelorden wurde das Abendland von einem unsichtbaren Netz päpstlicher Vertrauensleute überzogen, dessen Fäden in der Lombardei und bei der Kurie zusammenliefen. Allerdings, solange Franziskus lebte, war daran nicht zu denken. Sofort nach seinem Tod werden Minderbrüder als Späher, Spione, Kuriere eingesetzt, durch die Linien ins feindliche Lager, in Widerstand leistende Städte geschickt — stets unter dem Gehorsam stehend: Dienst an Jesus Christus! Wer sich weigerte, verfiel der Exkommunikation. Weil er einen Kreuzzug nicht zu Ende führte — er war unterwegs erkrankt und mußte umkehren —, wird Friedrich II. von Gregor IX. gebannt. 40 000 Kreuzfahrer wurden Opfer einer Seuche, bevor sich das Heer in Brindisi einschiffte, der Kaiser selbst erkrankte. Nach seiner Genesung begibt sich Friedrich Juni 1228 auf den Kreuzzug ohne Kreuzheer ins Heilige Land. Gregor schickt Bettelmönche nach Akkon, wo die Kreuzzügler versammelt sind, mit dem Befehl, dem gebannten Kaiser den Gehorsam zu verweigern.

Gleichzeitig entfesselt der Papst Aufstände im Reich, stellt einen Gegenkönig auf, bringt Sizilien zum Abfall und läßt seine Soldaten („die Schlüsselsoldaten") in die Länder des Kaisers einmarschieren und sich ihren Sold durch Beutemachen holen.

Inzwischen war Friedrich II. gelungen, was alle bisherigen Kreuzzüge nach mörderischen, blutigen Kämpfen nicht erreichten: durch den Vertrag vom 18. 2. 1229 mit dem Sultan El Kamil auf 10 Jahre die Rückgabe der heiligen Stätten Bethlehem, Jerusalem und Nazareth zu gewinnen. Zum ersten Mal reichen sich Okzident und Orient in Freundschaft die Hand. Die Reaktion des Papstes ist nicht Freude und Genugtuung, sondern Haß: Über Jerusalem, Bethlehem und Nazareth wird das Interdikt verhängt, solange der Kaiser dort weilt! Nach Sizilien zurückgekehrt, verjagt er die päpstlichen Truppen aus seinem Land und treibt sie in den Kirchenstaat zurück. An der Grenze macht er halt, schickt eine Gesandtschaft zum Papst um Frieden. Rom liegt offen vor ihm. Mehr als einmal hätte der Kaiser mit seiner kriegerischen Macht den Kirchenstaat vernichten können; er hat bis zuletzt versucht, die Auseinandersetzung mit geistigen Waffen und Verhandlungen zu lösen. 1230 wird er gegen weitgehende Zugeständnisse vom Bann gelöst, aber wenige Jahre später wieder exkommuniziert.

Von nun an läßt Gregor IX. keinen Zweifel, daß er um jeden Preis die Vernichtung des Kaisers will. Der Altersstarrsinn des Unversöhnlichen bringt Europa in tödliche Gefahr. Die Mongolen hatten China, Rußland, Ungarn, Polen überrannt, in Böhmen und Mähren entsetzliche Gewalttaten verübt, waren bis nach Schlesien und Österreich vorgedrungen und bedrohen unmittelbar Deutschland und Italien. Alle Vorhaltungen der europäischen Könige und des Kaisers, wegen der Mongolengefahr Frieden zu schließen, schlägt Gregor IX. in den Wind, ja, er entbindet die Untertanen des Kaisers von ihrer Gehorsamspflicht. Der Franziskaner Jordan von Giano kritisiert in seiner „Chronik" — vorsichtig — den Papst, der verbissen die Vernichtung des einzigen, der Europa und Kirche vor den Mongolen retten kann, des Kaisers zum Ziele hat (1. Tatarenbrief vom 10. 4. 1241): „Deshalb steht zu befürchten, daß die gesamte Christenheit den Untergang erleiden wird." Im zweiten Tatarenbrief vom Mai 1241 beklagt er, daß der Papst weiterhin den Frieden ablehne und die bedingungslose Unterwerfung des Kaisers verlange. Im dritten Tatarenbrief aus Juni/Juli 1241 heißt es wörtlich: „Denn wenn die Deutschen besiegt würden, was Gott verhüten möge, so glauben wir nicht, daß ein Christ ihnen (den Mongolen) noch Widerstand leisten könnte."

Die päpstliche Propaganda betitelte Friedrich als „eine Bestie, dem Meer entstiegen, um sogar den Namen des Herrn von der Erde zu vertilgen . . ., ein Ungeheuer, Tier der Pestilenz ..., der Antichrist, der gesagt habe: drei Betrüger — Moses, Christus, Mohammed — hätten die Welt verführt ..." Das Abendland verabscheute diese Gehässigkeit und Unversöhnlichkeit. Der französische König Ludwig IX. der Heilige erteilte Gregor IX. eine vernichtende Absage, als der Papst seinem Bruder die Würde eines römischen Königs und Kaisers antrug: Kaiser Friedrich II. habe durch seinen Kampf gegen die Ungläubigen mehr christliche Gesinnung bewiesen als er, der Papst.

Gregor IX. stirbt 100jährig an einer Seuche, sein Nachfolger, der Franziskaner Cölestin IV., bereits nach 17 Tagen. Der neue Papst, Innozenz IV., setzt den Vernichtungskampf gegen den Kaiser derart haßerfüllt fort, daß ihn der französische König aus Lyon, wohin er emigriert war, ausweisen will. Der Papst möge endlich Frieden schließen zu ehrenvollen Bedingungen, mahnen die europäischen Fürsten. Innozenz IV. lehnt ab, sein Ziel ist die Vernichtung des Kaisers. Da er in Frankreich nicht bleiben kann, will er nach England, aber der englische König verweigert ihm die Aufnahme. So kehrt er nach Italien zurück. Seine Sache steht schlecht, die Menschen sind des gehässigen Papstes überdrüssig — da stirbt der Kaiser 1250 in Apulien. Das Oberhaupt der Christen haßt noch über den Tod hinaus: „Rottet aus Namen und Leib, Samen und Sproß dieses Babyloniers", so sein Auftrag. Mit Hilfe des frömmelnden Tyrannen Karl von Anjou gelingt die Ausrottung der Hohenstaufen. Konrad IV., Manfred fallen im Kampf. Die Gemahlin Manfreds stirbt nach fünf Jahren Kerker im Castel Nocera, verhungert. Manfreds vier Kinder vegetieren in Ketten, die den Heranwachsenden immer neu angepaßt werden, im Castel del Monte und Castel dell'Ovo zu Neapel einem grauenvollen Ende entgegen. Nur Beatrice erhält nach 18 Jahren die Freiheit — im Austausch für einen anderen Gefangenen. Manfreds Sohn Heinrich verbringt 52 Jahre im Felsenverlies, bis ihn der Tod erlöst. Vor ihm endete Konradin auf dem Schafott, König Enzio im Gefängnis zu Bologna.

Italien fällt in Anarchie. Dante ruft nach einem Kaiser.

Sant'Agostino, Andria, Anfang des 13. Jh. vom Deutschen Ritterorden errichtet und 1230 von Friedrich II. dem Orden übertragen.

Alle deutschen Könige und Kaiser werden an Karl d. Gr., dem Leitmotiv im großen Konzert der Generationen, gemessen, in dem eine heimliche Gesetzmäßigkeit lebt: ihr Hineinschreiten in die Weltweite des Karolingischen.

Otto I. der Große, mit 24 auf dem Thron Karls in Aachen zum König gekürt, erwandert sich mit 39 Karls langobardisch-italienisches Königreich, mit 50 dessen abendländisch-römisches Kaisertum. Nur durch ein Wunder entging er während der Krönung einem Mordanschlag. Wie Karl empfand Otto die sakrale Krönung in Rom als Zeichen des Abendlandes: die zwei Gewalten, geistliche und weltliche, nebeneinander.

Karl und Otto verkörpern den Typ des epischen Helden, ein aufsteigendes Leben in steter Steigerung und Machtentfaltung. Beide hatten Zeit, erhielten eine gründliche Ausbildung, traten langsam in Erscheinung, erlebten formende Beispiele und wuchsen in Amt und Würde hinein, um dann mit ruhiger Sicherheit ihren Weg fortzusetzen. Nichts Halbes war an ihnen, was sie anstrebten und erreichten, entschlossen Begonnenes zu Ende führend, war ein Ganzes. Staaten- und Bistumsgründer, Baumeister, Stifter, Herren — ihr Lebensrhythmus hat den großen Stil und das klassische Maß ohne Ungeduld.

Die Söhne und Nachfolger neigen zu Ungeduld, Ruhelosigkeit, zu fieberhafter und nervöser Hast und zu vorzeitigem Tod; sie sterben als Kinder oder im Jünglingsalter. Otto II. genoß eine sorgfältige Erziehung auf das hohe Ziel als Kaiser hin, jedoch dem Lebenskampf und der rauhen Wirklichkeit entrückt, hübsch, heiter, zierlich, gebildet, tapfer und wagemutig, aber auch launisch, jäh und leicht beeinflußbar. Mit 6 König, mit 12 in Rom vom Papst zum Kaiser gekrönt (24. 12. 967), mit 17 Gatte einer byzantinischen Prinzessin, noch nicht 18 regierender Herr des abendländischen Imperiums, übernimmt er das Reich seines Vaters in bester Verfassung, anerkannter Macht und unversehrter Autorität. Jedoch gleich nach Ottos d. Gr. Tod regen sich die Gegenkräfte, aufständische Herzöge in Deutschland, die Slaven im Osten, die Normannen-Dänen im Norden, römische Barone und die Städte im Süden. 980, im Geburtsjahr seines einzigen Sohnes Otto III., stand das Reich wieder fest und geordnet da. Otto II. zieht nach Rom, wo ihm am Osterfest 981 die Fürsten und Könige huldigen. Der Papst stachelt ihn an, Süditalien vom Islam zu befreien. Der Feldzug schlägt fehl. Die schwergepanzerten deutschen Heerbanne marschieren wochenlang in der glühenden Sonne Unteritaliens gegen die leichtbeweglichen berittenen Araber. In der Schlacht von Cotrone am 13. 7. 982

wird der größte Teil, die Blüte der deutschen Jugend, vor allem des sächsischen und des langobardischen Adels hingemäht. Die Überlebenden werden als Sklaven nach Ägypten verkauft. Der Kaiser entkommt in sein Hauptquartier nach Rossana, wo ihn seine Gemahlin mit Hohn und Spott empfängt, und begibt sich über Rom nach Venedig, mit welchem er ein Bündnis schließt, um Rache zu nehmen. Auf dem Reichstag in Verona warnt ihn der Abt von Cluny, der hl. Majolus: „Kehre dorthin zurück, von wo du einst gekommen bist. Es sei dir mit Gewißheit verkündet, gehst du nach Rom, siehst du das Land deiner Geburt nie wieder, sondern du wirst in Rom dein Grab finden" (MGSS IV, 655). Trotzdem wagt Otto einen neuen Zug nach Süden, schmiedet phantastische Pläne, aber Rom wird wahrhaftig für ihn zum Schicksal; am 7. 12. 983 stirbt er an Gift, amtlich hieß es, „an einer Überdosis von Medikamenten".

Im Atrium der Peterskirche wird Otto II. beigesetzt. Beim Umbau von St. Peter öffnet man 1610 sein Grab und legt die Gebeine in den heutigen Sarkophag in den Grotten; der erste war ein antiker aus weißen und grünen Marmorplatten, über den sich ein riesiger Porphyrdeckel — angeblich vom Grabmal Hadrians — wölbte; darüber ein altes byzantinisches Mosaik, „Christus zwischen Petrus und Paulus", später pietätlos anderswo angebracht. Überhaupt sind die einzelnen Teile des kaiserlichen Grabmonuments verloren, gestohlen oder anders verwendet; der antike Sarkophag gelangte in den Quirinal und ist verschollen, der Porphyrdeckel dient als Taufbecken von St. Peter und wurde am heutigen Grab durch eine Gipskopie ersetzt.

Otto III., geb. 980, mit 3 in Verona zum König von Deutschland und Italien gewählt, als Knabe Teilnehmer an den Kriegen an der Ostgrenze und bei der Missionierung der Slaven, mit 11 Vollwaise, mit 14 regierender König, mit 16 Kaiser, eilt — die heilige Lanze wird seinem Heerbann vorangetragen — wie geblendet nach Rom seinem Untergang entgegen, unbelehrt vom Schicksal seines Vaters. Mit 20 will er eine christliche Universalherrschaft aufrichten, ein Träumer und Verschleuderer zwischen ekstatischem Büßertum und hochfliegenden Weltplänen, der sich geißelt und dann wieder in Helm und Schwert kriegerischen Anwandlungen folgt. Den jähen Richtungswechseln des innerlich Zerrissenen von Kaiserherrlichkeit zu Märtyrersehnsucht stehen die Zeitgenossen verständnislos gegenüber. Den Franken Bruno, Sohn Ottos von Kärnten, ernennt er zum Papst, was die Römer als Beleidigung empfinden, denn für sie ist das Papsttum eine Domäne der Italiener. Der erste deutsche Papst, Gregor V., krönt am 21. 5. 996 Otto III. zum Kaiser und soll eine Reform des verlotterten Papsttums und der Kirche in die Wege leiten. Die Römer setzen einen

Kaiser Friedrich Barbarossa mit seinen Söhnen Heinrich VI. und Friedrich von Schwaben. Der Kaiser mit Bügelkrone, Zepter und Reichsapfel, die beiden Söhne in höfischer Tracht mit den Insignien ihres Ranges (Welfenchronik um 1190, Fulda, Hessische Landesbibliothek).

Ritter des Deutschen Ordens, Dankgebet nach einer siegreichen Schlacht im Osten. Rom, S. Maria Maggiore, Sakristei.

Gegenpapst ein und vertreiben Gregor V. Zwei Jahre später kehrt dieser unter dem Schutz des Kaisers zurück, die Römer jubeln! Nun meint Otto, den Pöbel endgültig gebeugt zu haben, aber sie warten nur auf ein Schwächezeichen. Als er auf dem Aventin eine Kaiserpfalz baut zum Zeichen, daß er die „Konstantinische Schenkung" nicht anerkennt, der Kaiser der Herr Roms ist und nicht der Papst, hat er sein Todesurteil gefällt.

Otto III. holt sich Römer als Mitarbeiter, überhäuft sie mit Ehren, Wohltaten, sie ihn mit Ergebenheitsbezeugungen bis zur Stunde des Abfalls. Während er seine Träume von Pax und Imperium spinnt, da stirbt 999 Gregor V. an Gift, eine Warnung, die er nicht beachtet. Der Elsässer Gerbert von Aurillac, sein Vertrauter, wird neuer Papst, Silvester II. Und neue Bußübungen bis aufs Blut und bis zur Erschöpfung, dazwischen Expeditionen nach Süden und Norden. Im Jahre 1000 in Deutschland ernennt er den polnischen Fürsten zum Patricius und verhilft ihm und dem ungarischen König zur Königskrone, um Europas östliche Bastion aufzubauen und seine Berufung zum Schutz und zur Ausbreitung des Christentums an sie weiterzugeben, welchem die deutschen Könige seit Karl d. Gr. gedient haben. Eine Illusion — heute ist der östlich-atheistische Materialismus über das alte kirchliche Bollwerk Magdeburg bis an die Elbe, über Breslau und Olmütz bis vor die Tore Wiens gestoßen, das Abendland wie nie zuvor zum Osten hin aufgerissen, schutzlos.

Wieder in Rom, läßt Otto III. eine Urkunde aufsetzen, in der die angeblichen Konstantinischen und Pippinischen Schenkungen sowie Rechtsabtretungen als Fälschungen für ungültig erklärt werden; auf der Tiberinsel die dem hl. Adalbert geweihte Basilika errichten, in Subiaco ein Kloster. 1001 Aufstand in Rom, Otto III. schlägt sich zur Engelsburg durch, verläßt mit dem Papst und Getreuen die Stadt und macht sich nach Ravenna auf. Drei Jahre später will er Mönch werden, dann fordert er neue Truppen aus Deutschland an, jedoch die deutschen Fürsten und Bischöfe verweigern sie ihm; sie wollen nicht länger für die römischen Träumereien Ottos deutsche Landsleute opfern: „Durch kindliches Spiel versuchte er, Rom im Glanz seiner ursprünglichen Würde zu erneuern" (Thietmar von Merseburg, Chronik, Bd. IX, 1966). Neuerlicher Zug nach Rom, das seine Tore verschlossen hält. Am 23. 1. 1002 stirbt Otto III. in Paterno. Deutsche Truppen tragen seinen Leichnam durch das feindliche Italien nach Aachen, wo er gemäß seinem letzten Willen am 5. April im Münster Karls d. Gr. beigesetzt wird.

Grabmal Kaiser Ottos II. Rom, Grotten von Sankt Peter. 983 starb der 28jährige Fürst, der einzige deutsche Kaiser, der in Rom begraben ist.

Kaiser Otto III., Evangeliar, Reichenau, um 1100, 33,4×24,2 cm, Bayerische Staatsbibliothek.

Vor einem Baldachin sitzt der Kaiser auf einem Thron, eine überlebensgroße Gestalt, bartlos, unbewegt in Frontalität, die weitgeöffneten Augen schauen über alle hinweg. Unter dem hellgrünen Kaisermantel das reichverzierte Gewand über einem bis an die Fußknöchel reichenden Hemd. Der Inhaber des Weltkönigtums, in der Rechten eine Art Zepter, in der Linken den Weltapfel mit Kreuz, auf dem blonden Haar eine offene Krone mit drei — die vierte bleibt unsichtbar — wie Lilien geformten Zacken. Zur Linken die weltlichen Großen: ein alter Mann, das Gesicht zum Herrscher erhoben, der jüngere hinter ihm trägt Lanze und Schild —

Symbol der Wachsamkeit und Verteidigung. Rechts die Großen seiner Kirche: zwei Erzbischöfe mit Buch und Pallium; der greise Prälat schaut mit besorgtem Blick zum Kaiser auf. Auf dem Blatt gegenüber vier huldigende allegorische Frauenfiguren, die sich ehrerbietig, mit gebeugtem Körper und Kopf, eng aneinandergeschmiegt, mit der Gebärde des Darbringens dem Träger der höchsten, von Gott verliehenen Macht nahen: Roma mit Phantasiekrone und perlengeschmückter Schüssel, Gallia mit einer ähnlichen Krone und dem Friedenssymbol — einem Ölbaumzweig, als dritte Germania, jung, blond, mit Krone und goldenem Füllhorn der Fortuna — Symbol von Reichtum und Glück; als vierte Sclavinia, ein junges Mädchen, Haar, Gesicht und Augen nußbraun, mit Mauerkrone und einem goldenen

Apfel — die Vormauer der christlichen Welt im von Deutschen missionierten Osten. Größe und Macht des deutschen Reiches und seiner ausgreifen-
den Kultur- und Missionstätigkeit wollte der Reichenauer Mönch darin
zum Ausdruck bringen.

Sclavinia, aus dem dann Slavinia, Slave, wurde, hatte damals im
Mönchslatein eine doppelte Bedeutung: der heidnische Barbar im Osten und
— Sklave. Mit heutigen Vorstellungen können wir den Verhältnissen im
9. und 10. Jh. nicht gerecht werden. Durch ganz Europa zogen brennend,
mordend Sarazenen, Normannen, Avaren, Ungarn und die slavischen
Stämme aus dem Osten, alle Heiden, nicht antike gebildete, sondern barbarische Heiden, die die griechisch-römische Antike nicht kannten.

Canossa, Ruine. Die südlich von Parma gelegene Burg wurde berühmt
durch Heinrichs IV. sog. Gang nach Canossa im Januar 977, um vom Papst
die Lösung vom Kirchenbann zu erlangen.

Grabmal Gregors V., Rom, Grotten des Vatikan. Mit 24 wurde der Sohn
des Herzogs von Kärnten Papst, drei Jahre später starb er an Gift in Rom.

III. Der heimliche Kaiser der Deutschen

Friedrich von Hohenstaufen

Am 26. Dezember 1194 in Jesi bei Ancona geboren, mit zwei Jahren zum deutschen König gekrönt, mit drei verliert er den Vater, mit vier König von Sizilien und Tod der Mutter. Der Papst ist Vormund, das Königreich regiert ein „Familiarenkolleg" aus Deutschen, Siziliern und päpstlichen Legaten, die sich bereichern und den Besitz des Königs verschleudern. Der Papst vergibt aus dem Erbe Friedrichs, seines Mündels, die Grafschaften Lecce und Tarent an einen französischen Grafen, um ihn als Verbündeten gegen das Reich zu gewinnen, das er wieder einmal in einen Bürgerkrieg gestürzt hat: Gegen den rechtmäßigen Nachfolger des verstorbenen Kaisers, Philipp von Schwaben, ließ Innozenz III. den Sohn Heinrichs des Löwen als Gegenkönig aufstellen.

Im Königreich Sizilien regiert das Chaos, jeder kämpft gegen jeden und will Geschäfte machen.

Kindheit und Jugend eines deutschen Kaisersohnes in der mittelmeerischen Weltstadt Palermo. In Sagen, Legenden, 1001 Nacht erfahren wir von einem Königssohn, der als Waise sich selbst überlassen in einem Königspalast lebt, Hunger und Not leidet, von Mitleidenden gespeist wird, ohne seine angeborene Würde zu verlieren, und schließlich als echter König und Herrscher ein großes Reich regiert. Das alles hat sich bei dem Knaben Federico zugetragen, und nur dem jungen Staufer als einem bereits als Kind zum König Gekrönten ist eine solche „Erziehung" zuteil geworden: Statt der höfisch-ritterlichen Erziehung auf einer deutschen Kaiserpfalz, wie der Vater sie geplant und die Mutter verhinderte, der Markt, die Gassen und Plätze, Hafen und Moscheen der halborientalischen Stadt, in der Rassen und Religionen durcheinanderwirbelten — Deutsche, Sizilianer, Apulier, Franzosen, Griechen, Juden, Genuesen, Pisaner, päpstliche Legaten und Soldaten, Spanier, Sarazenen. In dieser durch den plötzlichen Tod des Kaisers aus den Fugen geratenen Welt ist der Knabe Federico herangewachsen und lernte sich behaupten, ohne von ihr aufgesogen oder verbildet zu werden. Bei edler Abstammung ist Blut stärker als die Umwelt, von der sich der junge Staufer auch rein äußerlich unterschied: Der Vater — Schwabe, Sohn eines Schwaben und einer blonden Burgunderin; die Mutter — Normannin, Tochter eines Normannen und einer Lothringerin. Die beiden Großväter: Kaiser Friedrich Rotbart, Schwabe, eine blonde Männerschönheit, und der geniale König Roger II., eine normannische blonde Reckengestalt. Nicht ein Tropfen italienisches oder südländisches Blut, Friedrich — weder Sizilier noch Italiener — ein nordischer Deutscher, blond und helläugig, ein geborener Herrscher, durchdrungen von seiner Würde als König und riesenhaft im Zorn, wer diese anzutasten wagte. Frühreif, hochbegabt, von unbeugsamem Willen, lernt er reiten, fechten, Strapazen ertragen, lesen und schreiben, Mathematik und Sprachen. Nur von einem Magister Franciscus ist die Rede; welchen Lehrern er sonst sein phänomenales Wissen verdankt — vielleicht griechischen, arabischen, jüdischen, französischen, spanischen Philosophen, Mathematikern, Naturkundigen, Astronomen und Astrologen vom einstigen kaiserlichen Hof —, erfahren wir nicht. Bereits als Kind lernt er die Sprachen Palermos: Das Französisch der Normannen, das Deutsch der Grafen und Ministerialen, das Griechisch der Gebildeten, das Arabisch der Moscheen und Sterndeuter, Latein der Kanzleien, Hebräisch und das werdende Italienisch, das Volgare.

1208 endet die Regentschaft des Papstes, Königssöhne werden mit 14 mündig. Im gleichen Jahr wird sein Onkel, der deutsche König Philipp von Schwaben, ermordet; ob Rom dabei die Hand im Spiel hatte, wird bestritten, aber erst jetzt kann der päpstliche Gegenkönig triumphieren! Friedrich ist nun der letzte Staufer. Die deutschen Fürsten fragen in Rom an, wer in Deutschland König sein soll: der Welfe Otto IV. oder Friedrich, der Enkel Barbarossas? Triumph des Autokraten Innozenz III.: Dem Welfen gebühre die Krone, so der Pontifex, weil „kein Papst einen Staufer lieben könne"! — Die deutschen Fürsten wählen gehorsam und einstimmig Otto IV. Vor der Kaiserkrönung muß der Welfe ein umfangreiches Vertragswerk unterzeichnen, in dem er dem Papst die alleinige Verfügungsgewalt über die Reichskirche überträgt, d. h. auf eine selbständige Reichspolitik verzichtet. Von Canossa bis Heinrich VI. hatten die deutschen Könige erfolgreich diesen päpstlichen Imperialismus abgewehrt. Zudem: Italien ist als päpstliches Hoheitsgebiet anzuerkennen, lediglich Norditalien verbleibt nominell in der Oberhoheit des Kaisers. Otto IV. unterschrieb und empfing die Kaiserkrone, 1209.

1209 heiratete Friedrich auf Drängen des Papstes die 10 Jahre ältere Konstanze von Aragon, das ebenso wie Sizilien — päpstliches Lehen war. Der Papst wollte damit verhindern, was die staufische Partei in Deutschland anstrebte, daß der letzte Staufer eine Deutsche heimführe und seine beiden Lehen vereine. Friedrich durchschaute die Pläne Innozenz III., hoffte aber, mit der Morgengabe seiner Frau von 500 spanischen Rittern den Grundstock zu einer eigenen schlagkräftigen Hausmacht legen zu können.

Das „Werkzeug" Otto IV. erwies sich als ebenso skrupellos wie sein päpstlicher Macher, besetzte die eben abgetretenen Reichsgebiete in Mittelitalien und bereitete die Eroberung Süditaliens vor, um den staufischen Thronerben in Sizilien zu fangen. Eine Union von Deutschland und dem sizilischen Königreich in der Person des Kaisers bedrohte die päpstlichen Weltherrschaftspläne auf der Basis eines vom Papst regierten Gesamtitaliens. Statt sich um Kirche, Religion, Moral der Christenheit zu kümmern, beeilt sich nun der Papst in geradezu besessenem Eifer, sein welfisches Werkzeug noch schneller zu vernichten, als er es geschaffen hatte. Bedenkenlos wechselte er die Seite, informiert per Rundschreiben vorsorglich die deutschen Bischöfe, daß sie im Falle der Exkommunikation des Kaisers alle Untertanen vom Treueid zu lösen hätten. Ein weiteres päpstliches Rundschreiben an den französischen König „enthüllt" angeblich finstere Pläne des mit den Engländern verwandten Otto IV., der sich im vertraulichen Gespräch recht abfällig über Frankreich und seinen König geäußert habe — und schlägt gemeinsames Vorgehen gegen den Kaiser vor. Nun drängen die päpstlichen Legaten und der französische König die deutschen Fürsten, den erst auf Wunsch des Papstes einstimmig gewählten Otto IV. wieder abzusetzen. Nach diesen Vorbereitungen verkündet der Papst im September 1210 in einer feierlichen Zeremonie den Höllenfluch über den vor Jahresfrist zum Kaiser Gekrönten und löste alle Untertanen vom Treueid. Der Bann wird auch über alle Anhänger des Kaisers verhängt. Otto IV. marschiert inzwischen unbeirrt weiter, erobert Unteritalien und bereitet das Übersetzen auf die Insel vor, da gelingt dem fieberhaften Mühen, Intrigieren, Drohen des Papstes in letzter Minute der entscheidende Schlag: Auf einem Reichstag in Nürnberg 1211 erklären die deutschen Fürsten Otto IV. für abgesetzt und wählen Friedrich in Sizilien zum Gegenkönig. Das bewährte alte Spiel der Päpste und aller Feinde des deutschen Volkes und des Reiches: Die Deutschen gegeneinander zu hetzen, denn anders ist diesem Volk nicht beizukommen. Otto IV., den sicheren Sieg vor Augen, bricht den Feldzug ab und kehrt nach Deutschland zurück, um seine Herrschaft zu verteidigen.

Im Palermo erscheint ein Bevollmächtigter der deutschen Fürsten, um Friedrich von seiner Wahl zu unterrichten und zu bitten, dem Ruf Folge zu leisten und nach Deutschland zu kommen. Friedrich nimmt an, läßt seinen im Februar 1211 geborenen Sohn Heinrich zum König von Sizilien krönen, anerkennt noch einmal die Oberherrschaft des Papstes über das Königreich und zieht im März 1212 nach Rom. In seiner Begleitung sizilische und deutsche Standesherren und der Erzbischof Berard von Palermo, der von nun an bis zu seinem Tod sein treuer Berater sein wird. Der Papst empfängt sein neues Werkzeug mit allen Ehren des zukünftigen Kaisers. Der

18jährige Staufer durchschaut das Spiel und die Absichten von Innozenz III. und seines engsten Beraters, Kardinal Hugo, der spätere Gregor IX., der selber in Deutschland alle Manöver und Machenschaften eingefädelt und durchgepaukt hatte. Nachdem er das gleiche unterschrieben wie Otto IV., verließ Friedrich Rom mit einem neuen Titel: „Erwählter Kaiser von Gottes und Papstes Gnaden". Über Genua, Pavia, Cremona, Verona, Trient — auf unwegsamen Bergpfaden im Engadin — die Brennerstraße war von Ottos Anhängern gesperrt — erreicht er im September 1212 Chur. Von nun an gab es keine Wegschwierigkeiten mehr. Konstanz gewährte ihm Einlaß, als Erzbischof Berard die Exkommunikation des Kaisers verkündete. Friedrich war in Deutschland. Drei Stunden später erschien der Kaiser und mußte vor den verschlossenen Toren wieder abziehen.

Im Land der Väter

Mit Windeseile verbreitete sich die Nachricht von dem wunderbaren Erscheinen des jungen Staufers aus dem fernen Sizilien, und als er nach einem Blumen-Triumphzug in Basel eintraf, befinden sich in seinem Gefolge die Bischöfe von Chur und Konstanz, die Äbte von Reichenau und St. Gallen, Ritter und Grafen aller Gaue. Abgesandte des Böhmenkönigs machen ihre Aufwartung und bitten um die Bestätigung der Krone ihres Herrn. Unaufhaltsam zieht Friedrich — strahlend wie das Königsbild der Minnesänger — durch das obere Rheintal ins Elsaß; in Hagenau hält er seinen ersten Hoftag auf deutschem Boden. Innerhalb weniger Wochen war er ohne Kampf und Blutvergießen Herr des deutschen Südens von Burgund bis nach Böhmen geworden. Eine Fürstenversammlung wählt ihn am 5. Dezember 1212 in Frankfurt zum König, vier Tage später ist die Ersatzkrönung in Mainz, Aachen ist noch in der Hand des Welfen. Der von den deutschen Fürsten erwählte „König der Römer" erlangt mit der Wahl das Herrschaftsrecht in Deutschland, Italien und Burgund sowie die Anwartschaft auf die Kaiserkrone; nur der Papst kann zum Kaiser krönen.

„Bei der Kaiserwahl soll der erste sein der Bischof von Trier, der zweite der von Mainz, der dritte der von Köln. Von den Laienfürsten ist der erste bei der Wahl der Pfalzgraf von Rhein, des Reiches Truchseß, der zweite der Marschall, der Herzog von Sachsen, der dritte der Kämmerer, der Markgraf von Brandenburg. Des Reiches Schenk, der König von Böhmen, hat keine Kur, weil er nicht deutsch ist.

Wenn die Deutschen einen König wählen und er zur Weihe nach Rom zieht, dann sind die sechs Fürsten verpflichtet mit ihm zu ziehen, welche bei der Königswahl die ersten sind. Der Bischof von Mainz, der von Trier und der von Köln, der Pfalzgraf vom Rhein, der Herzog von Sachsen und der Markgraf von Brandenburg, wodurch dem Papst die Rechtmäßigkeit der Königswahl erkennbar werden soll." (Sachsenspiegel, um 1226)

Friedrich und der französische König Philipp II. schließen ein Bündnis gegen England, dem Bundesgenossen Otto IV. England beherrschte einen großen Teil Frankreichs und bedrohte dessen Unabhängigkeit. 1214, in der blutigen Schlacht bei Bouvines nahe Lille, beendet der französische König durch einen überlegenen Sieg die englische Vormacht in Frankreich. Otto IV., der auf seiten der Engländer kämpfte, floh nach Köln, der englische König auf seine Insel und muß, um die Krone zu retten, sein Land vom Papst als Lehen nehmen. Philipp II. schickt Friedrich die erbeutete Kaiserstandarte Otto IV. zu, den nun die letzten Anhänger verlassen und der vier Jahre darauf unbeachtet auf der Harzburg stirbt.

1215: Laterankonzil, auf dem Innozenz III. sich als Herr der Welt feiern läßt, erbärmlicher Triumph eines Managers der Macht, der Kirche und Religion verwüstet und die Christenheit in Kriege und Not gestürzt hat. Das Konzil setzt Kaiser Otto IV. feierlich ab und anerkennt Friedrich den Staufer. — Die Juden müssen den gelben Fleck tragen und sich einen Bart wachsen lassen, verfügt das Konzil. Das Papsttum entschied nicht nur die politischen Angelegenheiten der damaligen Welt, es war auch durch den Ausbau des kirchlichen Finanzsystems, rigorose Eintreibung der Steuern, und durch die Kreuzzüge zur größten Finanzmacht des Abendlandes geworden.

Die Kreuzzüge entwickelten sich zu einem gigantischen Geschäft für die Kirche: Das Kreuzzugsgelübde konnte gegen eine Geldzahlung an die Kirche abgelöst werden. Aus diesem Kreuzzugsablaß bildete sich später der skandalöse Ablaßhandel. In Deutschland mit seinem geringen Geldumlauf konnte man den Kreuzzugsablaß auch durch Übertragung von Grundbesitz und anderer Rechte abgelten, was im Laufe der Zeit geradezu eine Verschiebung von Vermögen und Grundbesitz zur Folge hatte.

Im Juli 1215 krönte der Erzbischof von Mainz — der Kölner Stuhl war unbesetzt — Friedrich in Aachen auf Karls des Großen Marmorthron. Nun war der Staufer auch dem Rechte nach deutscher König und der Weg frei zum Kaisertum; erst von diesem Tag an zählte Friedrich II. seine Regierungsjahre. Nach der Krönungszeremonie ließ sich Friedrich von einem Kreuzzugs-Prediger das Kreuz auf den Mantel heften und setzte sich damit an die Spitze der christlichen Ritter des Abendlandes. Grollend nahm es der päpstliche Imperator in Rom zur Kenntnis.

In den folgenden Jahren lernte das Sprachgenie Friedrich die deutsche

Sprache ebenso zu beherrschen wie die arabischen Idiome und erwarb durch Reisen im gesamten Reichsgebiet und eifriges Studium eine gründliche Kenntnis der deutschen Belange und Kräfte, von Hagenau, Worms, Speyer, Augsburg, Ulm, Würzburg, Nürnberg, Regensburg bis Eger. 1218 hebt Friedrich II. Rudolf von Habsburg, der einst nach seinem Tode die Reste des zertrümmerten Reiches wieder zu einem Ganzen fügen wird, aus der Taufe.

Die große Epoche der deutschen Weltkräfte, geistige Öffnung zum Mittelmeer und Orient durch den deutschen König im hellenisch-römisch-deutschen 13. Jahrhundert. Die Antike hatte der Deutsche nun im Inland, das bis Sizilien reichte. Die arte sueva, staufische Kunst in Architektur und Bildhauerei, verdrängte den normannisch-byzantinischen Stil und die Gotik. Und in der Dichtung die Fülle der Zeiten: Nibelungen- und Gudrun-Lied, der Sagenkreis um Dietrich von Bern, Herzog Ernst und Ortnit, Parzival, Tannhäuser, Eneide, Tristan, der Minnesang.

Das Bauwesen vertraute Friedrich den Zisterziensern an, in deren Gebetsgemeinschaft er 1215 eingetreten war. Die Staufer hatten den 1098 in Burgund gegründeten Orden von Anfang an gefördert, der sich im Zug der deutschen Ostsiedlung und Missionierung hervortat. Allein im deutschen Sprachgebiet stehen bis zum Tode Friedrichs II. 1200 Männer- und 235 Frauenklöster der Zisterzienser unter dem Schutz des Kaisers. Sie sollten, so Friedrichs Anweisung, die Eintracht zwischen Kaiser und Papst hüten. In Apulien übertrug er den Zisterziensern die Leitung und Verwaltung seiner Güter und ihren Baumeistern den Bau seiner Kastelle, Schlösser und Städte; ein geschlossenes geistliches Heer, das die Handarbeit wieder einführte gemäß der ersten, strenge Regel des hl. Benedikt, keine Lehen wollte und in Schwaben treu zu den Staufern stand.

Nach der Erhebung in Aachen 1215 hatte Friedrich II. seine Gemahlin Konstanze mit Sohn Heinrich kommen lassen, den die deutschen Fürsten 1220 zum römischen König wählten; da er bereits sizilischer König war, konnte Sizilien nunmehr dem Reich angeschlossen werden, ohne die vom Papst erzwungenen Verträge zu verletzen. Friedrich II. hatte sich verpflichten müssen, nach seiner Krönung in Aachen zugunsten seines Sohnes auf sein sizilisches Erbreich zu verzichten — die Probleme der Stellvertreter Christi im 13. Jh. Die väterliche Vormundschaft über den achtjährigen König Heinrich war damit nicht verhindert; bei der Persönlichkeit des Kaisers bedeutete dies letzten Endes, daß Friedrich II. über Deutschland und Sizilien gebot.

Sizilien — Brücke zum Morgenland

Im August 1220 — nach acht Jahren in Deutschland — bricht Friedrich II. vom Augsburger Lechfeld nach Rom auf zur Kaiserkrönung. Danach kehrt er in sein sizilisches Erbland zurück.

In Deutschland, wo ein thüringischer Landgraf über eine größere reale Macht verfügte als der König, war eine starke Zentralgewalt nicht zu verwirklichen. Die deutsche Kleinstaaterei konnte, wenn überhaupt, nur von außen her überwunden werden; so hatte Friedrich der Heimat nur bestimmte Kräfte entnehmen können. Da lagen die Verhältnisse im Süden einfacher. Sizilien — mit Apulien und Calabrien — war das geschlossenste Machtgebiet innerhalb des Gesamtreiches und durch seine geographische Lage die gegebene Basis für eine Neuordnung im Norden. Hier gab es die wirtschaftlichen Kräfte, um Italien in einer Hand zu vereinen — das Mittelmeer war die größte aller Handelsstraßen —, um die Sondergewalt der deutschen Fürsten auszuschalten, die Reichslande aus der päpstlichen Umklammerung zu lösen und die Macht des Kaisertums wiederherzustellen.

Dem Kaisertum eignete eine Doppelstellung: Die weltlich-politische Herrschaft als König und gemeinsam mit dem Papst Einheit und Frieden in der Christenheit zu erhalten. Da die Päpste jedoch auch die weltlich-politische Herrschaft beanspruchten, kam es zu Konflikten. Die Deutschen sind deshalb als letzte zur Nation geworden, weil die Bereitwilligkeit deutscher Bischöfe — unter Gewissenszwang und aus Glaubensgründen —, die politischen Forderungen der Päpste selbst um den Preis von Bürgerkriegen zu erfüllen, die deutsche Nationwerdung verhinderten.

Für Sizilien war Friedrich II. entschlossen, diese Einmischung nicht weiter zu dulden. Das kleine Königreich zählte 21 Erzbischöfe und 124 Bischöfe, ein Viertel der damaligen Weltkirche, ergebene Vollzugsbeamte des Papstes. Bei Vakanzen vermochte der Kaiser niemals seinen Kandidaten durchzubringen, ja — Rom warnte ihn mit dem Hinweis auf seine Vorfahren, die Ähnliches versucht und deshalb elend umgekommen seien, was auch ihm geschehen könne! Da verbot Friedrich II. die Einsetzung solcher einseitig vom Papst berufener Bischöfe.

So gelang es ihm, binnen weniger Jahre das sizilische Chaos zum Staat zu bändigen, die Einmischung des Papstes in innere Angelegenheiten zu beseitigen, die Macht der widerspenstigen Festlandsbarone und Verbündeten Roms zu brechen und ihren gesamten Burgenbestand zu übernehmen und ein straffes, nur ihm verantwortliches Beamtenkorps zu schaffen.

In den Hafenstädten der Insel, Palermo, Messina, Catania, Syrakus,

Agrigent, saßen die Vertreter der Seemächte Genua, Pisa, Venedig und zogen aus alten Handelsverträgen ungeheure Gewinne, die dem Staat verlorengingen. Friedrich II. hob diese Verträge auf, beschlagnahmte sämtliche Werften und den in den Häfen liegenden Schiffsraum — gegen Entschädigung — und richtete eine Admiralitätsbehörde ein für das gesamte Schiffswesen unter dem Oberbefehl eines erfahrenen Piraten.

Danach wandte sich der Staufer dem Problem der Sarazenen zu, die im Innern der Insel in bisher uneingeschränkter Souveränität herrschten und durch zahlreiche Überfälle und Raubzüge das umliegende Land verunsicherten. Während die neue sizilische Flotte den Zuzug von Verstärkungen aus Afrika unterband, wurden die einzelnen Stützpunkte der Sarazenen in den Bergen in harten Kämpfen niedergerungen und die Moslems in Lager umgesiedelt. Am Ende des zweijährigen Feldzuges schickte Friedrich alle Gefangenen, mehr als 20 000, auf das Festland nach Lucera. An der Grenze des Kirchenstaates entstand trotz wütender Proteste aus Rom Friedrichs berühmte Mohammedaner-Stadt mit Moscheen, Minaretts, arabischen Springbrunnen und einem riesigen Tierpark. Eine Bekehrung lehnte der Kaiser ab, die Araber sollten frei in ihrer Religion und nach ihren Sitten ihr Leben einrichten. So gewann Friedrich II. aus einstigen fanatischen Feinden die treuesten Untertanen, bei seinem Tod etwa 35 000 waffenfähige Männer, die auch seinen Söhnen und Enkeln die Treue bis in den Tod hielten: Ein stehendes Heer, unempfindlich gegen päpstliche Bannflüche. Friedrich weilte oft in der Sarazenen-Kolonie, wo er vor päpstlichen Mordanschlägen sicher war. Aus den sarazenischen Weberinnen in der kaiserlichen Kammer von Lucera machte die römische Propaganda einen Harem. Die Kunde von dieser bisher unbekannten Toleranz eines christlichen Herrschers gegen „Heiden und Ungläubige" drang bis in den Orient und nach Afrika und wird später einer der kühnsten Unternehmungen Friedrichs zum Gelingen verhelfen.

Während des Feldzuges gegen die Sarazenen verstarb Kaiserin Konstanze. Friedrich II. ging eine neue Ehe mit der Tochter des Königs von Jerusalem ein, Isabella von Brienne, die eigentliche Erbin nach dem Tode ihrer Mutter. 1225, nach der glanzvollen Hochzeit mit der 14jährigen Königin von Jerusalem in Brindisi, nahm Friedrich den Titel des Königs von Jerusalem an, den er hinfort in den Urkunden nach dem des römischen Kaisers anführte. Johann von Brienne, der weiterhin König sein wollte und nicht konnte, floh zum Papst nach Rom, wo sich seit Jahren alle Feinde des Kaisers zusammenfanden.

Kaiser und Heiliger, Franziskus und Friedrich II.

Die beiden größten, einander ebenbürtigen Persönlichkeiten ihrer Zeit empfingen über dem gleichen Taufstein in Assisi, 1182 und 1194, die Taufe auf den dreieinigen Gott. Und beide, Kaiser wie Heiliger, mußten sich bis an ihr Lebensende mit dem gleichen Feind und Gegner auseinandersetzen: Die vom Evangelium abgefallene Machtkirche, den Cäsaro-Papismus.

In seinem klassischen Werk über Kaiser Friedrich den Zweiten hat Ernst Kantorowicz dieses Faktum — vielleicht aus Unkenntnis des theologischen Hintergrundes — nicht erkannt oder anerkennen wollen. Hier geht es nicht um eine mögliche Verschiedenheit der Auffassung, sondern um eine objektiv falsche Perspektive, wenn der geniale Historiker meint, die Sache des Papstes in der Auseinandersetzung mit dem Kaiser sei auch die des Franziskus. Zwischen den damaligen Päpsten und dem Heiligen gab es keine Gemeinsamkeit. Franziskus lebte die Nachfolge Christi in einer letzten Vollkommenheit, was die Päpste taten und wie sie lebten, widersprach dem Evangelium in allem. Deshalb war Franziskus gesandt worden, nicht — um die Welt der Könige und des Kaisers zu reformieren, sondern ausdrücklich zur Rettung der verwüsteten Kirche.

Friedrich hat weder Kirche noch Christentum noch das Papsttum als Institution auch nur angetastet, er wollte weder die Religion noch das Papsttum abschaffen noch selber Papst werden, er hat Kirche und Religion immer gegeben, was der Kirche und der Religion gehört. Es waren die Päpste, die dem Kaiser und den Königen vorenthielten, was des Kaisers ist, weil sie selber Kaiser sein wollten und jeden Widerstand gegen ihr schändliches Treiben als Widerstand gegen Christus und seine Kirche denunzierten. Der französische Bischof Jacob de Vitry berichtet einem Landsmann i. J. 1216 aus Rom: „Während der Zeit meines Aufenthaltes bei der Kurie sah ich vieles, was mir herzlich zuwider war; alle waren sie von weltlichen und zeitlichen Angelegenheiten, von Politik und Rechtsfragen so in Anspruch genommen, daß es kaum möglich schien, ein Wort über geistliche Dinge einzuschalten. Eines nur tröstete mich dort: Viele Frauen und Männer, darunter Reiche und Weltliche, haben um Christi willen alles aufgegeben und der Welt entsagt. Sie werden Minderbrüder genannt ..."[20]

Friedrichs II. Kampf war ein Abwehrkampf gegen päpstliche Cäsaren, die sich nicht um Moral, Seelenheil und Verbreitung der Religion kümmerten, sondern Kriege führten um Burgen, Städte, Länder, um Besitz und Herrschaft zu vergrößern.

Die Päpste beanspruchten einen eigenen Staat, im Namen Christi. Die Päpste beanspruchten die Herrschaft über Italien, im Namen Christi. Die

114

Päpste beanspruchten die Oberhoheit über Könige, Fürsten und Kaiser, im Namen Christi. Wer sich dagegen wehrte, wurde verflucht, verfolgt, bekriegt und ausgerottet.

Franziskus suchte die Kirche von innen her zu erneuern, durch sein apostolisches Leben in der Nachfolge Christi, der Kaiser war gezwungen, in der Abwehr des päpstlichen Imperialismus das gleiche von außen her zu erreichen, die Päpste auf ihr Amt als Türhüter der Kirche zurückzudrängen, um der Christenheit den Frieden zu bewahren.

Franziskus blieb in der Kirche und zwang sich selber in den Dienst Roms, nur so vermochte er sie im Geiste des Evangeliums auf ihren Auftrag zurückzuführen. Er wich nicht aus wie jene Zahllosen, die wegen der Lüge und Heuchelei der Päpste die Kirche verließen. Franziskus nahm diesen Widerspruch auf sich und hat darunter mehr gelitten als unter den blutenden Wundmalen, ganz besonders durch Gregor IX., der seine Regel abänderte, das Armutsgelübde verwässerte und den Orden der Minderbrüder zu einem Werkzeug seines politischen Kampfes gegen den Kaiser erniedrigen wollte. Der Poverello ist nur knapp der Exkommunikation und der Verfolgung entgangen, mit denen die Päpste damals die schweigenden und lauten Ankläger ihres gotteslästerlichen Handelns ausschalteten.

Zwischen dem Kaiser und dem Heiligen bestanden keine — weder religiöse noch andere — Gegensätze, und wäre Franziskus damals Papst gewesen, es hätte weder die Bürgerkriege im Reich noch Kriege gegen das Reich noch die Totschlag-Kreuzzüge gegeben. Friedrich II. forderte nichts, was ein heutiger Papst, was Franziskus als Papst nicht hätte gewähren können, weil er sich niemals in seelsorgerische und religiöse Angelegenheiten der Kirche eingemischt hat, und Franziskus lehrte und lebte nichts, was der Kaiser nicht aus vollem Herzen hätte bejahen können, ohne daß sein Kaisertum dadurch Schaden genommen oder geschmälert worden wäre. Friedrich II. wollte Herr und König in seinem Erbreich sein, nicht mehr.

Wir wissen von einer Begegnung zwischen Kaiser und Franziskus im Dezember 1221 in Bari; eine Inschrift am dortigen Stauferkastell erinnert noch heute daran. Der Heilige befand sich auf einer Predigtreise in Apulien; der Kaiser kam mit seinem Gefolge, um ihn zu hören. Danach entließ Friedrich II. sein Gefolge und verbrachte viele Stunden im ernsthaften Gespräch mit dem Poverello, dem er zum Abschied sagte: „Franziskus, mit dir ist wahrhaftig Gott und Sein Wort in deinem Munde ist wahr, in dir hat Er seine Größe und Kraft gezeigt."[21]

In einer damals weltbewegenden Frage kamen der Kaiser und der Heilige — unabhängig voneinander und im Gegensatz zu Papst und Kurie — zu einer vollständigen Übereinstimmung: Die Kreuzzüge.

115

1219 hatte sich ein Kreuzheer unter dem Oberbefehl des Kardinals (!) Pelagius — eines rohen und gewalttätigen Patrons — der Stadt Damiette vor Alexandria in Ägypten bemächtigt. Der hochgebildete Sultan Al-Kamil bot gegen die Räumung seines Hafens die Herausgabe Jerusalems an! Eine friedliche Dauerlösung der Kreuzzüge-Bewegung schien möglich, aber Papst und Kurie wollten einen Endsieg, und zwar mit Hilfe des Kaisers und seiner Truppen: Die Deutschen an die Front! — und lehnten ab.

Bei den Kolonnen des Kardinals Pelagius befand sich auch ein waffenloser Kreuzfahrer, Franziskus mit Gefährten.

Die heuchlerische Verwendung von Kreuz, heilig, christlich für kriegerische Unternehmungen hat er verabscheut. Die Mordlust und Raubgier des mitziehenden Gesindels im Lager der Kreuzfahrer, der Fanatismus und Haß der sogenannten Idealisten forderten den „Narren in Christo" heraus: „Brüder, besinnt euch, nicht die Moslems versperren euch den Weg, sondern euer eigener Teufel, euer Haß und eure Habsucht. Ihr habt vergessen, daß ihr ein Kreuz auf eurer Rüstung tragt, tragt es auch in euren Herzen. Wenn ihr aus Liebe handelt, werden die Moslems ihre Zelte von selbst abbrechen. Jetzt fürchten sie euren Haß und eure bösen Absichten. Schwerter gewinnen Blut, Liebe aber gewinnt die Seelen. Ich bete zu Gott, daß ihr das Heilige Land nicht eher betreten sollt, als bis eure Seelen seiner würdig sind ... Reinigt eure Seelen!" Die Kreuzfahrer überhäuften ihn mit Schmähungen und Spott, als er ihnen die Niederlage voraussagte: „Ein Ende mit Schrecken pflegt dreister Übermut zu nehmen, da er durch sein Vertrauen auf die eigene Kraft keine Unterstützung verdient. Wenn nämlich der Sieg von oben erhofft werden soll, dann müssen die Schlachten mit dem Geiste Gottes geschlagen werden" (2 Celano 2, 30).

Der Jesusmensch hat die politische Religiosität der Kreuzzüge verurteilt: „Die Brüder, die aus Liebe zu Christus zu den Ungläubigen ausziehen, können auf zweierlei Weise mit ihnen verkehren. Die eine, daß sie nicht mit Worten streiten oder zanken, sondern um Gottes willen allen Geschöpfen untertänig sind und dabei bekennen, daß sie Christen sind. Die andere, daß sie Gottes Wort verkünden — wenn sie sehen, daß es Gott gefällt — und dazu auffordern, an Gott den Vater, den Sohn und den Heiligen Geist zu glauben und sich taufen zu lassen und Christen zu werden."[22]

Am 5. November 1219 fiel Damiette. Das päpstliche Heer unter Kardinal Pelagius verübte unbeschreibliche Gewalttaten, plünderte, brandschatzte, mordete, stritt und schlug sich um die Beute.

Franziskus hat damals die „siegreichen" Kreuzzügler verlassen. Seine amtlichen Biographen schweigen sich bezeichnenderweise über die folgenden acht Monate konsequent aus!

In Erwartung der deutschen Truppen und um dem Kaiser nicht den Triumph des Sieges zu überlassen, suchte Pelagius mit seinem Kreuzheer schnell Alexandrien zu erobern und erlitt dabei im August 1221 eine vernichtende Niederlage. Die von Friedrich II. entsandte Flotte hatte die Küste erst nach der Kapitulation des päpstlichen Heeres erreicht. Das Auftauchen der kaiserlichen Flagge rettete den gefangenen Kreuzfahrern das Leben, der Sultan ließ sie aus Achtung vor Friedrich II. ziehen. Am 7. Sept. 1221 durften sich die letzten Kreuzritter einschiffen, nachdem Pelagius einen achtjährigen Waffenstillstand unterzeichnet hatte, der nur vom Kaiser gekündigt werden durfte — eine deutliche Geste der Verachtung des damaligen Papsttums seitens des Islam.

1227 erneuert Gregor IX. den Bannfluch über Friedrich II. nach dem fehlgeschlagenen Kreuzzug des Pelagius, weil er nicht rechtzeitig mit seinen Truppen in den Kampf gegen die „Heiden" eingegriffen hatte. Ganz Rom erhob sich damals gegen den hassenden Papst, den nur rasche Flucht vor Mißhandlungen in der Peterskirche rettete.

1228 trat der gebannte Kaiser — trotz einer skrupellosen Verleumdungspropaganda der Kurie — seinen „Kreuzzug" an. Friedrich genoß durch sein im besten Sinn christliches Vorgehen gegen die besiegten Sarazenen in seinem Königreich in der islamischen Welt hohes Ansehen. In für die damalige Mentalität unerhörten Direktverhandlungen mit den „Ungläubigen", zuerst durch Abgesandte und schließlich persönlich in arabischer Sprache, gelang es Friedrich nach Ablauf des Waffenstillstandes und ganz im Geiste des Franziskus — ohne Gewalt und Blutvergießen —, die Stätten des heiligen Landes für die Christenheit zu gewinnen[23].

Der Staufer eröffnete damals in der Politik und im Zusammenleben der Völker eine neue Dimension, in die zu folgen oder nur zu verstehen den gerissenen päpstlichen Politikern in Rom die Voraussetzungen abgingen. Für sie hieß es nach wie vor: Bekehren oder ausrotten.

Eine gewaltige Erweiterung des Denkens, eine neue Zeit mit neuen Horizonten: Die friedliche Begegnung mit dem Islam. Der Moslem, der Araber, Sarazene, der Ungläubige wird verständlich und menschlich. Er wird zum Partner und Nachbar mit seiner eigenen Ordnung, seinen religiösen, kulturellen und sittlichen Bindungen, seinem Lebensstil, in Lucera Wirklichkeit geworden innerhalb der Christenheit. Der edle Heide, der heidnische Held wird in der verklärten Darstellung des weisen Harun al Raschid und Saladins zu einer vertrauten Figur im neuen Ritterepos. Der deutsche Kaiser leitete die geistige Durchdringung mit dem Orient ein, der selber mit den Gelehrten und dem feinsinnigen Sultan Al-Kamid in arabischer Sprache über Philosophie, Theologie, Mathematik, Falkenjagd, Sternkunde disputierte, eine Ausnahmeerscheinung unter den europäischen Königen. Über sein Königreich Sizilien hat die arabische Hochkultur auf Deutschland, Italien, Frankreich und Spanien eingewirkt.

Gregor IX. benützte die Abwesenheit des Kaisers, um in Deutschland Aufstände anzetteln zu lassen und die Wahl eines Gegenkönigs zu verlangen. Von den aus aller Welt gespendeten Kreuzzug-Geldern ließ er ein eigenes Söldnerheer aufstellen und das Königreich Sizilien erobern. Um das legendäre Ansehen Friedrichs II. bei der Bevölkerung zu überwinden, verbreitete Rom das Gerücht — der Höllenfürst sei im Heiligen Land umgekommen, weil er es als Gebannter betreten. Die Fürsten und Könige des Abendlandes warnte der Papst, der Kaiser plane nach Ausrottung der Kirche die Eroberung ihrer Länder und sie sollten deshalb dem Stuhl Petri Geld und Truppen für den Kampf gegen Friedrich zur Verfügung stellen.

Als der Totgesagte mit der Krone Zyperns und Jerusalems zurückkehrte, flohen die päpstlichen Söldner in wilder Panik. Binnen weniger Wochen konnte Friedrich II. sein vom Papst usurpiertes Königreich zurückgewinnen, mit Hilfe deutscher Kreuzfahrer. An der Grenze des Kirchenstaates bat der Sieger den Besiegten — der Kaiser den Papst — um Frieden. Wie gehässig muß dieser Papst gewesen sein, als er — unbekümmert um die seelischen Ängste und Nöte Unschuldiger am Konflikt nicht Beteiligter — alle Aufenthaltsorte Friedrichs II. in dessen eigenem Königreich mit dem Interdikt belegte! Am 23. Juli 1230 wurde in Ceprano das Friedensdokument unterzeichnet und in der Kirche San Germano beschworen. Die Welt bewunderte den Kaiser, der sich als weiser Staatsmann gezeigt und durch den Friedensschluß dem Papst eine moralische Niederlage bereitet hatte. Nur wenige Jahre vermochte Friedrich den Frieden zu erhalten und der Welt das Beispiel einer glanzvollen Kaiserherrlichkeit zu bieten, die dann jäh abbrach.

In Deutschland hatten die Intrigen Roms und der verbündeten Lombarden wieder einmal Unruhen ausgelöst und Friedrichs Sohn Heinrich zum Abfall von seinem Vater verleitet.

Gesetzgeber der Deutschen

1235 zog Friedrich ohne Heer, mit einem nie gesehenen prächtigen Gefolge über die Alpen nach Deutschland. Um ihn waren versammelt die Ritter fast der ganzen Welt. Sizilische Edle, apulische Barone, Gesandte lombardischer, toskanischer und umbrischer Städte, ein Legat des Dogen,

Ritter aus Cypern, byzantinische Vornehme, provenzalische und kastilische Herren, Grafen von Burgund, Brabant und England, Emire aus Damaskus, Tunis und Ägypten. Nie hatten die Deutschen solche Pracht gesehen. Das Volk lief zusammen, den Kaiser anzuschauen, der kam, die Gerechtigkeit und den Frieden wiederherzustellen. Ritter, Fürsten, Bischöfe, Äbte, Erzbischöfe eilten herbei und versicherten dem Kaiser ihre Ergebenheit. Je weiter Friedrich kam, um so größer und mächtiger wurde diese Schar. Friedrich empfing die weltlichen und geistlichen Fürsten, hörte sie an, beriet und entschied endgültig! Sein Erscheinen genügte, um den Aufruhr hinwegzufegen.

Im Juli 1235 hielt Friedrich II. Einzug in das festliche geschmückte Worms, das sich nicht den Aufständischen angeschlossen hatte. König Heinrich gab auf, erschien in Worms vor dem Reichstag, legte Krone, Zepter, Schwert und Reichsadler dem Kaiser zu Füßen und bat um Gnade. Das Leben wurde ihm geschenkt, die Freiheit nicht; er starb unrühmlich in Gefangenschaft, 1242. Die in alle Winde geflüchteten Anhänger Heinrichs empfing Friedrich II. zur Begnadigung und verzieh den meisten.

Statt eines blutigen Bürgerkrieges, der ohne Schwertstreich vermieden werden konnte, feierte der Staufer mit Isabella von England, der 21jährigen schönen Schwester des englischen Königs, Hochzeit.

Von Worms zog Friedrich zu einem Reichstag nach Mainz, um dort das ganze Volk in einer Zeltstadt zu Gaste zu laden und fürstlich zu bewirten, ein mit sizilisch-orientalischem Gepränge noch nie gesehenes Fest.

Der erste Punkt der Satzung des Reichstages vom August 1235 lautete: „Da man in ganz Alemannien nach ungeschriebenem Gewohnheitsrecht lebt, hat der Kaiser beschlossen, diesem wirren Zustand, der den Landfrieden immer wieder bedrohte, ein Ende zu bereiten." Darum ließ er einen aus 29 Titeln bestehenden Reichslandfrieden in deutscher Sprache auf Pergament schreiben und verkünden, eine Zusammenfassung und Ergänzung des bisherigen Gewohnheitsrechtes.

Zum erstenmal in der deutschen Geschichte wurde ein Gesetz in deutscher Sprache niedergelegt, verkündet und dann erst aus dem Deutschen ins Lateinische übertragen. Späteren Zeiten sollte dieses Gesetz als Vorbild dienen bei der Regelung von Rechts-, Verwaltungs- und Verkehrsfragen. Friedrich hatte damit das Werden einer deutschen Eigenform auch im Staate und ein Besinnen auf das Deutsche angebahnt. Die ersten Zeilen der deutschen Fassung des Reichslandfriedens von 1235 lauten: „Ditz ist der friede und es gesetze, daz der Keiser hat getan mit den fursten rat über alle Diutschiu rich. Swelch sun sinen vater von sinem eigen oder von sinem erbe oder von sinem gut verstozzet oder brennet oder raubet, ider wider in

zu sinen vienden swert mit eiden, daz uf sins vater ere gut of sine ver-
derbnusse, beziuget ez sin vater ze den heiligen vor dem rihter mit zwei
sentbarn mannen, der sun sol sin verteilet eigens und lehens und varends
gutes und berlichen alles des guten, des er von vater und von muter erben
solde, ewichliche, also daz im weder rihter noch der vater wider gehelfen
mag, daz er dehein reht ze den gute gewinnen muge."[24]

Im Sinn des germanischen Treu- und Ehrbegriffes wird gleich zu Beginn
die Auflehnung des Sohnes gegen den Vater als schändlicher Treubruch ge-
kennzeichnet, weil ein solch verräterischer Sohn „erloss und rechtloss
ewiglichen sei, also daß er nimmer wider komen muge zu sinen recht".

Der Kaiser als oberster Gesetzgeber und Gerichtsherr; wie Karl d. Gr.
in Aachen, wie in seinem Erbland Sizilien mit Foggia, so setzte der Staufer als letzte Instanz ein Oberstes Hofgericht jeweils für ein Jahr ein, das
im Namen und in Vertretung des Kaisers alltäglich und kostenlos Recht
spreche.

Einen Höhepunkt des Reichstages bildete der kaiserliche Beschluß, ein
neues welfisches Herzogtum Braunschweig-Lüneburg zu errichten, das der
Enkel Heinrichs des Löwen vom Enkel Barbarossas kniend empfing, der damit die uralte Geschlechterfehde beendete.

Dann leisteten die versammelten Landesherren den großen Schwur, dem
Kaiser Heeresfolge zu leisten, um die Lombarden und den hinter diesen
agierenden Papst in die Schranken zu weisen. Vergeblich hatte Gregor IX.
per Rundschreiben an die einzelnen Fürsten versucht, diese Einheit von Kaiser und Fürsten mit Drohungen und Versprechungen zu verhindern und aus
der deutschen Zwietracht Vorteile für die eigenen, politischen Pläne zu ziehen.

Friedrich traf damals das deutsche Edelfräulein Adelheid wieder und
das Kind ihrer Liebe, den Knaben Heinz-Enzio, „von Wuchs und Antlitz
unser Ebenbild", den er zu sich nahm, um sich niemals wieder von ihm
zu trennen.

1236 nahm der Kaiser an der Grablegung der 1231 verstorbenen, 1235
heiliggesprochenen Elisabeth von Thüringen, die mit ihm verwandt war,
teil. In Gegenwart der Erzbischöfe von Mainz, Trier, Bremen, des Landgrafen von Thüringen und angeblich einer Million Menschen schritt Friedrich barfuß, in der Franziskanerkutte, an der Spitze der Prozession zu dem
kostbaren Schrein, der die Gebeine der frommen Franziskanerin barg. Eigenhändig hüllte der Kaiser sie in kostbare Gewänder, schmückte ihr Haupt
mit einer Krone und legte einen goldenen Becher in ihre Hände. Dann
schloß er selbst den Deckel und half den Schrein an der Stelle niedersetzen,
über der das neue Gotteshaus, vom Deutschen Orden errichtet, erbaut

wurde. Vier Jahre später fand hier der Landgraf Konrad von Thüringen als Meister des Deutschritterordens seine letzte Ruhestätte; auf seinem Grab in der Marburger Elisabethkirche ist er in Ordenstracht dargestellt.

Im Gegensatz zu dieser frommen Aktivität des Kaisers, den die römische Kurie immer wieder als Ketzer und Antichrist zu denunzieren suchte, brachte sich der Papst wieder einmal als Dalai-Lama in Erinnerung, unter schändlichem Mißbrauch des Namen Gottes: „Der Statthalter Christi, der auf der ganzen Erde über die Kirche und die Seelen gebietet, muß ebenso die Herrschaft über alle übrigen Dinge besitzen . . ." (Enzyklika, 1236) Gleichzeitig mit dieser verschlüsselten Kriegserklärung ließ Gregor IX. dem Kaiser eine Warnung zugehen, nicht länger die Geduld des heiligen Petrus, so nannte sich dieser haßerfüllte Kriegstreiber, auf die Probe zu stellen.

Friedrich II. bewilligte damals dem Deutschen Ritterorden für Missionierung und Kolonisierung im Osten eine gewaltige Geldsumme.

Ende des Jahres zog der Staufer nach Wien. Der Babenberger Friedrich der Streitbare hatte gemeinsame Sache mit den Verschwörern um Heinrich gemacht und war trotz aller Ladungen auf den Reichstagen nicht erschienen und deshalb in die Reichsacht getan. Im Februar 1237 erklärte Friedrich II. die Herzogtümer Österreich und Steiermark als Reichslande für eingezogen und Wien zur freien Reichsstadt: „Niemand während unserer oder unserer Nachfolger Regierung soll die Stadt Wien zum Vorteil irgend eines anderen aus unserer und des Reiches unmittelbarer Souveränität entlassen werden." Einstimmig wählten die in Wien versammelten Fürsten, unter ihnen der Salzburger Erzbischof Eberhard II., den neunjährigen Sohn Konrad zum „römischen König und künftigen Kaiser der Römer". Dem Erzbischof von Salzburg gelang 1240 die Aussöhnung zwischen dem Kaiser und dem Babenberger, der wieder feierlich in den Besitz seiner Länder eingesetzt wurde.

Ein Reichstag in Speyer bestätigte die Wiener Königswahl.

Nun rüstete Friedrich II. zum Zug gegen die lombardischen Städte, um in Norditalien die Reichseinheit wiederherzustellen. Während der Papst offiziell vom Kaiser als „unseren lieben Sohn" sprach und schrieb, hatte er bereits einen unterirdischen Krieg gegen ihn entfesselt. Inoffiziell erhielten alle Feinde und Gegner des Reiches die Mitteilung, daß der Papst beim ersten Mißerfolg oder Schwächeanzeichen des Kaisers diesen sofort bannen und exkommunizieren und alle Untertanen des Treueides entbinden würde.

Die päpstliche Verleumdungskampagne, der Kaiser wolle alle anderen Königreiche vernichten und die Welt beherrschen — seit damals bis heute eine immer wieder wirksame Propaganda gegen das deutsche Volk —, fand in Frankreich, England, Spanien kein Gehör mehr, zu oft war es vom gleichen Papst schon behauptet worden. Mit einer riesigen Bestechung, welche der Kurie ihre gesamten Barmittel kostete, hatte Gregor mit den Seestädten Genua und Venedig ein Geheimabkommen geschlossen: Sogleich nach der neuerlichen Bannung sollten ihre Flotten den Krieg gegen Sizilien beginnen. Einmal seiner Basis verlustig, würde der Kaiser unterliegen und das Reich endgültig vernichtet werden.

Am 27. November 1237 errangen die deutschen Ritter und Friedrichs Strategie in der Schlacht bei Cortenuovo einen glänzenden Sieg über das lombardische Bundesheer. Der berühmte Fahnenwagen „Carroccio" fiel in die Hände des Kaisers, der ihn nach Rom schickte und auf dem Capitol aufstellen ließ. Die Mailänder boten Kapitulation, Auflösung des lombardischen Bundes und Anerkennung von Reichsitalien an. Friedrich beharrte auf bedingungslose Unterwerfung. Zu oft waren in der Vergangenheit, auch seinem Vater und Großvater und anderen deutschen Königen gegenüber, die von den Italienern feierlich verbrieften und beschworenen Verträge gebrochen worden, hierin bestärkt und aufgewiegelt von der römischen Kurie. Letzten Endes führten die lombardischen Städte seit Jahrhunderten mörderische Kriege gegen Kaiser und Reich im Auftrag des Papstes und seiner angestrebten und verkündeten Weltherrschaft.

In dieser Situation griff Gregor IX. ein und bannte am 20. März 1239, nach langen, scheinheiligen Friedensverhandlungen mit Friedrichs Vertretern, neuerlich den Kaiser: „Im Namen des allmächtigen Gottes ... bannen und exkommunizieren wir Friedrich, den man den Kaiser nennt und der sich dem Teufel verschrieben hat und entbinden alle Untertanen des Treueides ..." Damit trat der Geheimvertrag mit den Seemächten Genua und Venedig in Kraft. Aber noch ehe die Flotten zu den vom Papst bezahlten Raubzügen gegen Sizilien die Segel lichten konnten, „erstarrte das Königreich wie ein Igel. In einer an moderne Generalstabsarbeit erinnernden Systematik war das Land durch ein einziges Befehlswort nach einem einheitlichen Mobilisierungsplan in den Kriegszustand versetzt, binnen weniger Tage alle Grenzen gesperrt, die bisher nur von Kastellanen bewachten Burgen und Sperrforts bemannt, die Häfen abgeriegelt, Ein- und Ausreisen unter schärfsten Paßzwang gestellt; im Ausland befindliche Sizilier erhielten ihre Mobilmachungsorder und hatten unverzüglich heimzukehren. Ausländer wurden mit sofortiger Wirkung ausgewiesen, die päpstlichen Bettelmönche ausnahmslos vertrieben ... Gregors kostspieliges Unternehmen gegen Sizilien war gescheitert, bevor es noch begonnen ... Venedig und Genua bedauerten, von dem Vertrage zurücktreten zu müssen."[25]

Der Papst wurde Mittelpunkt und Einiger aller kaiserfeindlichen Strömungen. Jetzt bot sich für Friedrich Gelegenheit, die Fülle seiner Kräfte großartig zu entfalten: kreuz und quer eilte der Kaiser durch Oberitalien, um seine Positionen zu sichern. Überall herrschten Verrat und Abfall, von der Kirche angezettelt. Nach einem erfolgreichen Feldzug gegen Bologna zog Friedrich nach Parma. Inzwischen war ein neues Bündnis zwischen dem Papst und den norditalienischen Städten abgeschlossen mit der Absicht, Sizilien, Friedrichs Grundlage, zu erobern. Den Raub hatte man bereits geteilt, der Papst sollte das ganze Königreich erhalten. Sizilien, wo Friedrich seit 1235 nicht mehr gewesen war, mußte nun aus der Ferne in Kriegsbereitschaft versetzt werden. In kürzester Zeit war eine einheitliche Reichsverwaltung, eine Reichsfinanzbehörde, eine Reichskanzlei und eine Reichsflotte unter einem Reichsadmiral geschaffen. Die ganze sizilische Verwaltung lief am Hofe des Kaisers in Oberitalien zusammen. Entlastet wurde Friedrich durch die Kanzlei, die eine riesige Arbeit leistete, denn der schriftliche Befehlsweg war die einzige Möglichkeit, die Verbindung mit dem Königreiche aufrechtzuerhalten, da der Kirchenstaat sich zwischen Kaiser und Reich schob. Die Kanzlei mußte überall dem Kaiser folgen, in die Städte, ins Feld; dadurch erlitt die Regierungsarbeit keine Unterbrechung. Ein Schnellverkehr mit Sizilien wurde mit Jachten eingerichtet, alle Kastelle mit Mannschaften belegt und das Land abgeriegelt.

Das Königreich Sizilien glich nach außen hin einer Festung: allgemeine Grenzsperre, Paßzwang, Unterbindung des Verkehrs mit Rom. Schiffe durften nur in bestimmten Häfen einlaufen, Briefe nur mit kaiserlicher Genehmigung ins Land befördert werden. Jede geistige Vergiftung wollte der Kaiser damit vermeiden. Das Land wurde von verdächtigen Elementen gesäubert. Die sizilischen Geistlichen in Rom mußten in die Heimat zurückkehren oder auf ihre Güter verzichten, in Sizilien wurde ein von Rom unabhängiger Episkopat geschaffen, die Bischofsstühle nur mit verläßlichen Anhängern besetzt, Rebellen und mit Rebellen Verwandte ausgewiesen, in den Rüstungswerkstätten straff gearbeitet. Jetzt kannte Friedrich keine Rücksicht mehr gegen den Papst. Der Kirchenstaat wurde dem Reich einverleibt, aus Italien in wenigen Monaten eine Einheit geschaffen, regiert vom eisernen Willen Friedrichs. Für Italien war das in langen Jahrhunderten die einzige große Gelegenheit, aus der leidvollen Zerklüftung heraus zum straff organisierten Einheitsstaat zu gelangen. Das italienische Volk hatte die blutigen Segnungen seiner jahrzehntelangen „Freiheit" gründlich satt. Wie gesund Friedrichs Ordnungsarbeit in Italien war, zeigte die Fortentwicklung seines Werkes nach seinem Tode.

Das alles wurde zwischen 1239 und 1240 mitten im Kriege geschaffen, die kirchliche Hierarchie durch ein kaiserliches Beamtenkorps ersetzt.

Damals schwebte das Abendland in furchtbarer Gefahr.

Aus dem Osten stürmten Mongolenhorden heran. Das unter Dschingis-Khan geeinte Asien stand vor den Toren Europas. Eines Tages erschienen sie in Ungarn, Polen, Schlesien, auf flinken Gäulen, klein, schlitzäugig, häßlich. Sie brachten das Chaos, Jammer, Zerstörung, Tod. Die Saaten wurden zerstampft, Dörfer, Märkte und Städte gingen in Flammen auf, die Männer erschlagen, die Frauen geschändet, die Kinder gemartert. Häßliche Unholde in Menschengestalt, ohne Glauben, Ehrfurcht und Gefühl, steckten Europa in Brand. Deutsche Ritter warfen sich der Mongolenflut entgegen und fielen, Mann für Mann. Ihr Sterben gab Europa eine Atempause. Kaiser Friedrich rief alle Könige und Fürsten auf, sich um ihn zu sammeln, die Bedrohung aus dem Osten abzuwenden. Aus Deutschland, Frankreich, Spanien, England, Italien, Burgund, Griechenland eilten Ritter herbei, die Weltgefahr zu bannen. Doch der Papst war in seinem unversöhnlichem Haß nicht zu bewegen, Frieden zu schließen.

Im Jahre 1240 zog Friedrich gegen Rom, das bereits in seiner Reichweite lag, als der Papst starb. Friedrich brach das Unternehmen ab und zog in sein Königreich. Über die Wahl des neuen Papstes Innozenz IV. war der Kaiser sehr erfreut. Nun glaubte er endlich Frieden machen zu können mit der Kirche. Das sollte sich als ein verhängnisvoller Irrtum herausstellen. Der neue Papst, ein eiskalter glatter Rechner, skrupellos in seinen Methoden und Mitteln, war ein echter Vertreter der Theokratie. Es hat lange gedauert, bis Friedrich Innozenz IV., dessen Wahl er mit Gottesdiensten feierte, als seinen Feind erkannte. Der Papst ging, solange er im Machtbereich des Kaisers war, auf dessen Vorschläge ein, um bei der ersten Gelegenheit nach Lyon zu flüchten. Hier konnte er frei und unbeschränkt gegen den Staufer arbeiten. Der Kaiser war bereit, alle Bedingungen des Papstes zu erfüllen, denn er wollte um jeden Preis Frieden. In Enzykliken schmähte Innozenz die Person des Kaisers in ungeheuerlicher Weise. Auf einem theatralisch aufgezogenen Konzil in Lyon erklärte der Papst Friedrich für abgesetzt, löste alle Untertanen und Länder vom Treueid und verfügte die Wahl eines neuen Kaisers.

Entschlossen stellte sich der Staufer der Herausforderung: „Lange genug war ich Amboß, jetzt will ich Hammer sein."

Päpstliche Greuelpropaganda

Bald nach der Geburt Friedrichs verbreiteten päpstliche Publizisten das Gerücht, er sei der Sohn eines Metzgers und einer Magd in Jesi, der 50-, manche schrieben 60jährigen, gebärunfähigen Konstanze untergeschoben; tatsächlich stand Konstanze bei der Geburt im 40. Lebensjahr. Deshalb ließ Heinrich VI. auf dem Marktplatz in Jesi ein Zelt errichten, in dem die Kaiserin in Gegenwart von Edelleuten — ein Brauch, der sich modifiziert bis heute in Europa erhalten hat — entbunden habe. Rom und Stauferfeinde wollten damit die Erbansprüche des jungen Friedrich auf Sizilien streitig machen.

Als dieses Manöver nicht verfing, begannen kirchliche Kreise den „Nachweis" zu erbringen, Friedrich II. sei von Kind an zum Antichristen bestimmt gewesen und Heinrichs VI. Gemahlin Konstanze von einem Dämon geschwängert worden; in Friedrich II. sei das siebente Haupt des Drachens, in seinem Sohn das achte Haupt des apokalyptischen Untieres erschienen und alle von den Päpsten Alexander III., Gregor IX. und Innozenz IV. inszenierten Mordanschläge gegen Friedrich Barbarossa, Heinrich VI. und Friedrich II. daher gerechtfertigt!

Gegen den Propagandaapparat der römischen Kirche — einer Armee von Kanzelrednern, Wanderpredigern, Bettelmönchen unter dem Volk und vom päpstlichen Legaten und Sondergesandten bei den Äbten, Bischöfen, Fürsten, die bis in die entlegensten Siedlungen und Städte und an Fürstenhöfen wirkten mit ihrer dämonisierten Sprache von Himmel, Fegefeuer, Hölle und ewiger Verdammnis unter entsetzlichen Qualen, mit Versprechungen, Angeboten von Pfründen bis zur massiven Bestechung — konnte keine Macht aufkommen. So gelang es Rom immer wieder und ganz besonders im Reich, das Volk zu Abfall, Verrat, Treuebruch, Sabotage und Aufstand gegen die eigene Regierung aufzuwiegeln.

Nach dem Bannfluch von 1239 richtete Gregor IX. weitere Anklagen gegen den Kaiser „als Stellvertreter Christi auf Erden": „Eine Bestie sei dem Meer entstiegen, mit den Pfoten eines Bären, dem Rachen eines dräuenden Löwen, dem übrigen Leib eines Pardels, gekommen, um sogar den Namen des Herrn von der Erde zu vertilgen . . ., dieses Ungeheuer, der sogenannte Kaiser Friedrich . . .“[26]

Schrecken und Angst verbreiteten die päpstlichen Hinweise auf den Kaiser als apokalyptisches Untier. Viele deutsche Bischöfe und Erzbischöfe weigerten sich, diese ungeheuerlichen Haßausbrüche und Anschuldigungen von den Kanzeln zu verlesen. Überall regten sich Abscheu und Widerstand gegen den tyrannischen Papst. Eine anonyme Flugschrift warf Gregor IX. seine Prunk- und Verschwendungssucht vor: „Petrus gab alles hin und besaß dafür alle Schätze im Herzen. Du aber, Gregor, willst alles verschlingen und die ganze Welt ist nicht imstande, deinen gierigen Rachen zu füllen. Warum predigst du Armut, wenn Du selber Schätze auf Schätze häufst?"

Das Echo dieser berechtigten Vorwürfe gegen den allgemein als geldgierig bekannten Papst bedeutete eine schwere Niederlage für Gregor IX., der gerade das Armutsgelübde und die verpflichtende totale Besitzlosigkeit des Franziskaner-Ordens aufgehoben hatte. Damals bot sich Friedrich II. eine Chance, den aufgezwungenen Krieg mit dem Cäsaro-Papismus endgültig zu gewinnen: Die Patarer, eine sozialreligiöse Sekte in Norditalien, besonders in Mailand, die den Mißbrauch der Religion durch herrschsüchtige Päpste bekämpfte und deshalb starken Zulauf hatte, stellte sich überraschend auf die Seite des Kaisers. Ein Bündnis mit Mailand gegen die päpstliche Machtpolitik schien möglich. Friedrich II. lehnte es ab, er kämpfte nicht gegen das Papsttum, sondern gegen unwürdige, vom Evangelium abgefallene Nachfolger Petri, die sich gotteslästerlich an die Stelle von Christus gesetzt hatten. Sein Kaisertum faßte er als eine religiöse Verpflichtung auf. Hätte er nur einen Bruchteil der Skrupellosigkeit jener Päpste besessen, wäre es zu einem Interessenbündnis mit der rom- und papstfeindlichen Bewegung gekommen und damit vielleicht die Ausrottung seines Geschlechts durch die Päpste vermieden worden.

Aber nicht nur in Rom und in Norditalien, auch im Ausland verlor Gregor IX. Achtung und Ansehen als ein Papst, der die Völker ununterbrochen in neue Kriege hetzen wollte. Nacheinander offerierte Gregor IX. dem Dänenkönig, dem ungarischen König, dem französischen König die deutsche Königskrone! Alle wiesen ihn ab, der französische König wandte sich schärfstens dagegen, einen Kreuzzug gegen den Kaiser zu führen und dafür die bisherigen Zurüstungen für einen Kreuzzug ins Heilige Land zu verwenden; auch England weigerte sich, für einen solchen „Kreuzzug" gegen Friedrich II. die vom Papst geforderte Verdopplung seines „Zehnten" zu zahlen.

Im Kreuzzug gegen die Gegner der politischen Kirche hatte Gregor IX. auch einem ergebenen Anhänger in Deutschland, dem Erzbischof Hartwig von Bremen, genehmigt, der die Stedinger Bauern deshalb zu Ketzern erklärte. In einem mörderischen fünfjährigen „Kreuzzug" rottete der romhörige Erzbischof die sächsisch-friesischen Bauern an der Unterweser wegen ihres Widerstandes gegen seine politischen Machenschaften aus.

Walther von der Vogelweide schrieb damals:

Ihr hochwürdigen Bischöfe und Geistlichen seid verführt:
Seht doch, wie Euch der Papst mit dem Netz des Teufels fängt.
Sagt Ihr, daß er Sankt Peters Schlüssel in Händen halte
so sagt auch, warum er dessen Lehre aus der Schrift radiert.
Gottes Gabe irgend zu kaufen oder zu verkaufen,
das wurde uns in der Taufe verboten.

Vor seinem Tod setzte Gregor IX. Matteo Orsini, einen Gewalttäter, zum Diktator von Rom ein mit dem Auftrag, keine Mittel zu scheuen, um die Wahl eines kaiserfreundlichen Papstes zu verhindern. Gregor IX. hinterließ nicht nur in der Christenheit ein Chaos, auch in Rom — und der Kirche Schulden von mehr als 60 000 Pfund Silber!

Der neue Papst Sinibald Fiesco, ein Genuese, wählte den Namen Innozenz IV., und damit ein Programm. Das hätte Friedrich warnen sollen. Aber die drohende Mongolengefahr und der Wunsch nach Frieden ließ ihn hoffen, daß „Gott nunmehr einen Mann erheben wird, der Gregors Verfehlungen wieder gutmacht, der Welt den Frieden schenkt und uns wieder in den Schoß der Kirche aufnimmt".

Der neue Papst entzog sich allen vom Kaiser angestrebten Verhandlungen durch die Flucht nach Lyon, um von dort aus die Kampagnen gegen den „Fallen stellenden Satan", den deutschen Kaiser, weiterzuführen. Seine Anklagerede im Juli 1245 wiederholte alle alten Verleumdungen gegen die deutschen Könige insgesamt und fügte neue hinzu: Friedrich II. sei ein Kirchenschänder, ein heimlicher Mohammedaner, treibe es mit arabischen Sirenen, während seine christlichen Frauen von Eunuchen gefangengehalten werden, und sei deshalb „nunmehr durch Gott aller seiner Würden beraubt; wir verbieten jedem Christen, ihm von nun an als Kaiser und König zu gehorchen". Schmählicher ist selten der Name Gottes mißbraucht worden! Überall wurden Stimmen laut, die den Papst als Antichristen bezeichneten und seinen Namen „Innozenz papa" mit der kabbalistischen Zahl 666 gleichsetzten! Die Kirche solle wieder apostolisch, christlich, evangelisch werden und nicht herrschen wollen in Stadt, Land, Welt.

Von Mainz und Köln aus ergoß sich eine Armee geschulter Kleriker über das ganze Reich, um die Verlesung des Bannfluches gegen den Kaiser zu erzwingen. Prediger, Priester, Bischöfe, die sich sträubten, verfielen der Exkommunikation wie der Erzbischof Eberhard von Salzburg.

Gleichzeitig erging die öffentliche Aufforderung zu einem Kreuzzug gegen den „ketzerischen Satan", „Haupt der Ungläubigen"! Römische Agenten hetzten in Deutschland die Deutschen zum Krieg gegen ihren König auf! Niemals hat Rom Ähnliches in einem anderen Land und unter einem anderen Volk gewagt — nur in Deutschland von den Deutschen, das „deutsche Phänomen". Wer sich weigerte wie die Bischöfe von Worms, Regensburg, die Äbte von Kempten, Reichenau, Ellwangen, St. Gallen — wurde abgesetzt und über die Städte das Interdikt verhängt. Blindwütige Verfolgungssucht tötete jede menschliche Regung; bald stand der größte Teil Deutschlands unter dem Interdikt, es gab keine Gottesdienste, weder Taufen noch Trauungen noch Begräbnisse. Lehnte sich ein Geistlicher auf, erschienen die päpstlichen Schergen und vertrieben ihn. Das deutsche Volk erstarrte in Schrecken und ließ sich knechten. Alle frei werdenden Stellen und Pfründe wurden von päpstlichen Kreaturen und Überläufern annektiert. In einem Breve erklärte der Papst, kraft seiner Machtvollkommenheit dürfe er alles gewähren oder verbieten, auch was er als Statthalter Christi verweigern oder erlauben müsse. Zynischer können Gott, Religion, die Menschheit nicht verhöhnt werden.

Aus einer erpreßten Sondersteuer für den „Kreuzzug" gegen Friedrich II. stellte der Papst seinen Kreaturen im Reich riesige Summen zu Bestechungszwecken zur Verfügung. Mit 25 000 Pfund Silber wurde Heinrich Raspe von Thüringen für die Rolle als Gegenkönig gewonnen unter der vertraulichen Versicherung, der Kaiser werde bald ein toter Mann sein. Eine päpstliche Verschwörung konnte kurz danach in Parma aufgedeckt werden: die Ermordung des Kaisers in Parma, König Enzios in Cremona und Herzog Ezzelinos in Verona sollte das Signal für einen Aufstand in Sizilien und Norditalien und für den Einmarsch eines päpstlichen Söldnerheeres in Sizilien sein. Friedrich, Enzio und Ezzelino handelten schnell und erstickten das von Lyon aus inszenierte Komplott im Keim.

Angesichts dieser fanatischen Vernichtungswut Innozenz' IV. erklärte sich Friedrich II. bereit, um des Friedens willen für immer nach dem Orient zu gehen und zugunsten seines Sohnes Konrad auf die kaiserliche Würde zu verzichten. Der französische König Ludwig der Heilige überbrachte dieses Angebot nach Lyon. Der Papst nahm es nicht an! Angewidert von solchem Haß verließ der französische König wortlos den obersten Priester der Christenheit. Damals schrieb Friedrich seinem Schwiegersohn, dem byzantinischen Kaiser Vatatzis: „Glückliches Asien, glückliche Herrscher des Morgenlandes, die ihr den Dolch eurer Getreuen und die Schurkerei eurer Priester nicht zu fürchten habt."

1246 begann der gekaufte Gegenkönig den Bürgerkrieg in Deutschland gegen König Konrad; in Burgund stand ein päpstliches Söldnerheer bereit, um in Schwaben einzufallen. Während der Entscheidungsschlacht bei Frankfurt liefen mit 7000 Silberpfund bestochene schwäbische Ritter zu Heinrich Raspe über, der aber danach den Tod aller Verräterkönige erlitt. Das burgundische Söldnerheer des Papstes lief auseinander. —

1247 gab Friedrich II. seinen Entschluß bekannt, in Lyon, das zum Reich gehörte, einen Reichstag abzuhalten, um sich persönlich von allen Anklagen zu reinigen und den Kampf zwischen ihm und dem Oberhaupt der Kirche zu beenden. Diese Ankündigung versetzte Papst und Kurie in Angst und Schrecken. Nun ging es darum, den Reichstag in Lyon mit allen Mitteln zu verhindern. Und es gelang. Als Friedrich bereits unterwegs war, wurde das kaiserliche Parma durch Verrat von päpstlichen Truppen erobert. Der Kaiser kehrte um, schloß Parma ein und ließ vor den Mauern eine neue Stadt, Vittoria, bauen. So war der Papst zunächst einmal vor einem Zusammentreffen mit ihm vor den Augen der Welt und vor neuen Friedensangeboten „gerettet".

Friedrich blieb gelassen, der Reichstag konnte auch nach dem Fall Parmas abgehalten werden. Während der Belagerung widmete er sich seinen politischen, wissenschaftlichen und künstlerischen Tätigkeiten. Als die Belagerten eines Tages (8. 2. 1248) erfuhren, daß der Kaiser auf der Falkenjagd, sein Sohn und Feldherr Enzio abwesend und nur wenige Truppen Vittoria schützten, lockten sie durch einen Scheinausfall den Großteil der Besatzung weg, um dann die Stadt zu überfallen, anzuzünden und zu zerstören. Der Kaiser hörte von ferne die Sturmglocken läuten, eilte mit seinem Gefolge herbei, vermochte aber die schwerste Niederlage seines Lebens nicht mehr abzuwenden. Er hatte seine besten Leute, den Staatsschatz, kostbare Kunstwerke und Edelsteine, seine Prachtkrone, Reliquien, den berühmten Tierpark und das Handexemplar des Falkenbuches mit hunderten Miniaturen und seinem Bildnis verloren.

Um neue Kräfte zu sammeln, zog sich Friedrich II. nach Foggia zurück. Schwere Enttäuschungen mußte er in den nächsten Monaten hinnehmen: Sein erster Berater und Vertrauter, Petrus de Vinea, wurde gigantischer Unterschlagungen überführt. Sein Leibarzt, vom Papst bestochen, reichte ihm einen Gifttrank — Friedrich war jedoch gewarnt worden. Sohn Enzio, der beste Feldherr und Waffengefährte des kaiserlichen Vaters, fiel in die Gefangenschaft der Stadt Bologna; der Papst vereitelte alle Versuche, ihn auszulösen.

Ungebeugt überwand Friedrich die harten Schicksalsschläge und zeigte alsbald wieder die gewohnte Überlegenheit. In seinem letzten Lebensjahr erzielten seine Statthalter bedeutende Erfolge im Reich und in Italien. Die Sache des Papstes stand schlecht; Innozenz verlor den Atem der weiteren Kriegführung. Die verbissene Ablehnung aller Friedensvorschläge des Kaisers ließ ihn vor aller Welt als Kriegstreiber erscheinen. Der französische König forderte ihn kategorisch zum Friedensschluß mit dem Kaiser auf, sonst würden ihn die Franzosen aus Lyon vertreiben. Der englische König verweigerte dem in England verhaßten Innozenz IV. die Übersiedlung auf englisches Gebiet. Diese Solidarität der europäischen Fürsten und des Kaisers ungebrochene Tatkraft kündeten die entscheidende Wende im Kampf gegen den päpstlichen Imperialismus an — „in diesem Augenblick fast unverhofft glänzender Fülle, da der Welt des Reiches Macht und der Imperator kampfbereit in seiner Vollkraft erschien und mit dem kaiserlichen

Europa auch das Morgenland wieder erwartungsvoll und gespannt auf den Weltenkönig die Blicke richtete" (Kantorowicz) —, verschied er plötzlich am 13. 12. 1250 im Castel Fiorentino bei Foggia, an einer Dysenterie, wie es hieß.

Friedrich II. war immer kerngesund und überaus kräftig gewesen, den schwersten körperlichen Strapazen gewachsen. 1248 hatte er z. B. an der Spitze einer ausgesuchten Ritterschar nach einem 24stündigem Gewaltritt den ihn in weiter Ferne wähnenden lombardisch-päpstlichen Truppen in Oberitalien eine schwere Schlappe zugefügt. — Seine umfassenden medizinischen Kenntnisse garantierten sachgemäße Behandlung von Krankheiten und diszipliniertes Verhalten. Drei Tage nach dem Ruhranfall fühlte er sich so weit wiederhergestellt, daß er auf die selbstverordnete strenge Diät verzichtete und eine nach besonderen Rezepten für ihn zubereitete Speise — eine kandierte Frucht — aß und daran starb. War er zuletzt doch einem der vielen päpstlichen Mordanschläge zum Opfer gefallen? Und sein neuer Oberkoch — der alte bewährte Magister Theodor war wenige Monate zuvor verstorben — von der römischen Kurie bestochen? Die Einzelheiten vom Sterben des deutschen Kaisers, die Innozenz IV. in hämischer Genugtuung per Rundschreiben der Christenheit mitteilte, lassen auf Eingeweihtsein und Gift schließen. „Der Verfluchte", so schrieb dieser Statthalter Christi auf Erden, „hat mit den Zähnen knirschend, sich zerreißend und brüllend vor Schmerz sein elendes Leben ausgehaucht." Am 10. Dezember hatte Friedrich testamentarisch verfügt: dem erstgeborenen Konrad das Königreich Sizilien; Heinrich, Sohn der englischen Isabella, Jerusalem oder Burgund; Friedrich, der Enkelsohn, wird Herzog von Österreich und Steiermark. Wenn König Konrad abwesend ist, vertritt ihn Manfred, Fürst von Tarent, als Statthalter. Der Kirche sollen ihre Besitzungen zurückgegeben werden, aber nur wenn sie dem Reiche gibt, was des Reiches ist.

In eine Zisterzienserkutte gehüllt, empfing Friedrich II. vom Erzbischof von Palermo die Sterbesakramente sowie die Absolution vom Bann, auch im Tode eine Majestät; Mönchsgewand und letzte Ölung strafen zum letzten Mal die päpstliche Hetzpropaganda vom antichristlichen Staufer Lügen. — Manfred überführte den Leichnam nach Palermo.

Vom Wirken eines Übermenschen

Karl d. Gr., der einzig Ebenbürtige zu Friedrich II. unter den abendländischen Herrschern, bedeutete den aufsteigenden Anfang einer Epoche, für die das Christentum noch formendes Neuheitserlebnis war, der

Staufer kennzeichnet ihr Ende. In den dazwischenliegenden 450 Jahren war das Christentum von Polit-Päpsten zu einem das Reich bedrohenden und schließlich vernichtenden Vorwand erniedrigt worden. Auch die Kreuzzüge, von Rom zu politisch-geschäftlichen Machenschaften pervertiert, verloren durch den welthistorischen Schurkenstreich der Zerstörung des altchristlichen Byzanz durch päpstliche Kreuzfahrer 1202/04 die Glaubwürdigkeit eines religiösen Unternehmens.

Mit Friedrich II. — und Franziskus — endet das Mittelalter und beginnt die Neuzeit, im Religiösen und im Bereich des staatlichen Lebens, in Kunst, Wissenschaft, Forschung. Mit dem Stauferkaiser und dem heiligen Franziskus tritt die abendländische Menschheit in das Stadium des grandiosen Kampfes um die Freiheit des Christenmenschen auf allen Gebieten des Lebens, gegen die geistige, geistliche und schließlich auch physische Tyrannei des Papismus. Friedrichs unendliche geistige Überlegenheit provozierte „den hassenden Verdacht gegen alles Schöpferische und Freie" (Heidegger), weil er die bisher gültigen Maßstäbe und Gewichte veränderte und damit das System der anerkannten Machthaber in Frage stellte.

In einer Zeit schwelgender Mystik, gewalttätiger Bekehrungssucht und frommen Kinderglaubens wirkte das mühelose Überschreiten des Bisher-Gültigen unheimlich und verdächtig. Alles an ihm war unerhört, daß er im Mittelpunkt des Weltgeschehens sich behauptete — als Knabe im fernen Sizilien, als Jüngling gegen den welfischen Goliath, als König gegen die allmächtige Kirche, als gebannter Kaiser, der das Heilige Land befreite und einen im Haß versteinerten Papst zum Widerruf seiner Exkommunikation und des Interdiktes zwang.

Genies sind immer verdächtig und unbequem. Ein Kaiser, der dazu noch ein Genie ist, „von unstillbarem Sehnen, alle Dinge im Himmel und auf der Erde zu erforschen, erfüllt" wird schnell zum Monstrum, Ketzer, Antichrist. Ein Jahrtausend lang hat die Kirche unbequeme, überlegene Geister zum Ketzer erklärt und damit zum Abschuß freigegeben. Friedrich II. ist der Wegbereiter für die großen Denker, Naturforscher und Physiker, die als Ketzer indiziert, eingekerkert und verbrannt worden sind: Kopernikus, Giordano Bruno, Galilei... Die Gedenktafel im Rathaus zu Jesi spricht es aus: Friedrich II., König und Kaiser, Denker und Dichter, hat die Freiheit und Menschenrechte wiederhergestellt im Kampf gegen die Theokratie.

So lebte Friedrichs II. Staats- und Herrscherbild im tatsächlichen Raum nur in den verkleinerten Spiegelungen der Städte und Stadtstaaten fort, im geistigen aber erfuhr es jene ungeheure Ausweitung durch Dante: in der „Monarchia" so gut wie in dem Staats- und Weltbau der „Göttlichen Komödie". Es ward oft genug gezeigt, wie Dante immer wieder das Nämliche verkündete, was Friedrich gelebt, und da der Ketzer Friedrich II., sein Leben, Handeln, Denken, auch das Dantesche Staatsbild mitbestimmte, so konnte es nicht ausbleiben, daß der Dichter selbst schließlich als Ketzer galt. Die ghibellinische (staufische) Schrift „De Monarchia" wurde durch den päpstlichen Legaten als ketzerisch verdammt und öffentlich verbrannt und kam auf den Index. Selbst die Gebeine des Dichters wollte man „zur ewigen Schande und Vernichtung seines Andenkens" aus der Franziskanergruft in Ravenna herausreißen und verbrennen!

„Anonym und illegitim hat Friedrich II. die Renaissance regiert, von der das Glück oder der Fluch des Illegitimen auch nimmer wich ... Friedrich II. aber, Staatsmann und Philosoph, Politiker und Krieger, Heerführer und Jurist, Dichter, Diplomat, Bauherr, Zoologe, Mathematiker, der 6 oder gar 9 Sprachen beherrschte, antike Kunstwerke sammelte, Bildhauer anleitete, die Natur selbständig erforschte, Staaten organisierte, war in dieser Allseitigkeit durchaus das Renaissance-Genie auf dem Kaiserthron und zugleich der geniale Kaiser. Und nicht ohne tieferen Sinn hat dieses erste Renaissance-Genie das wirkliche Diadem der Kosmokratoren auf dem Haupte getragen ... Die unerhörte Spannweite Friedrichs II. und die Weltgeltung eines Kaisers hat dem Renaissance-Thyrannen freilich gefehlt."[28]

Friedrich hat nie den christlichen Glauben in Frage gestellt, wohl aber inzwischen längst aufgegebene Ansprüche, er hat nie die Existenz Gottes bestritten; im Gegenteil, wie alle großen Naturforscher und Wissenschaftler von Duns Scotus bis zu Planck und Heisenberg hat er Gott an Anfang und Ende seiner Erkenntnisse gestellt. Der so gern zitierte Spruch von den drei Betrügern der Menschheit, Moses, Jesus, Mohammed, entstand um 1000 im Orient; die päpstliche Propaganda hat Friedrich II. für den Urheber ausgegeben, eine für die damalige Zeit wirksame Verleumdung. Friedrichs II. Kampf gegen den Cäsaro-Papismus, den er in unendlicher Geduld immer wieder vermeiden wollte, vermochte nicht, ihn vom christlichen Glauben zu trennen. Er hat weder die Kirche noch das Christentum abgelehnt, sondern die Anmaßung der Päpste, über Kirche und Welt unumschränkt zu gebieten. Seine Bewunderung der arabischen Welt, seine Toleranz gegen „Ungläubige", „Heiden", Moslims, seine Abscheu vor gewaltsamer Bekehrung sind Ausdruck seiner Humanität und im Grunde christlich. In seinen Manifesten zur Abwehr päpstlicher Lügen hat und konnte sich Friedrich stets auf das Evangelium berufen, für ihn das Fundament seiner Idee des Kaisertums und seines Weltbildes. Daß Glaube, Wissen, Erkennen und Natur eins sein und übereinstimmen können, galt zu seiner Zeit als Ketzerei und Einflüsterung des Bösen, ja der Hölle. Daß in diesen das Abendland verwüstenden Kriegen die Päpste ihre Gegner als Antichristen und Gottesfeinde bezeichneten, degradiert sie zu Heuchlern. Gregor IX. und Innozenz IV. erbrachten sogar den „Nachweis", daß der Kaiser ein Geschöpf des Teufels sei, der die Kirche wie die ganze Welt zerstören möchte.

Eine Fülle von Legenden — nicht zuletzt wegen der maßlosen Beschuldigungen Roms — hatte sich schon zu Lebzeiten um Friedrich II. gerankt; die Menschen trauten ihm einfach alles zu, magische Fähigkeiten wie die Kenntnis der letzten Geheimnisse. Aber der Kaiser lehnte Magie und Aberglauben ebenso ab wie Sektierer, die sich bei ihm anzubiedern versuchten. Mit Stolz nennt er sich einen Kenner der natürlichen Dinge, und er suchte, was alle großen Denker beschäftigt und gesucht haben: Antworten auf die Frage nach dem Gesetz in der Natur, nach der Unsterblichkeit der Seele und Leben nach dem Tode. Jene Experimente mit lebenden Menschen und Tieren, die ihm schaudernd zugeschrieben werden, sind Anekdote.

Erwiesen ist, daß er gegen den Protest des Papstes die Leichensektion an der weltberühmten Medizinischen Schule in Salerno eingeführt hat. Mindestens einmal im Jahr, so seine Verfügung, soll sie vor allen Studenten und Professoren geschehen; er selber hat öfter daran teilgenommen.

Nur Studenten mit einer vorherigen Pflichtausbildung in Logik durften Medizin studieren, weil „niemand die ärztliche Kunst erlernen kann, der logisch ungeschult ist". Seine besten Zoologen schickt er zu Al-Kamil nach Ägypten, um Näheres über das Ausbrüten der Straußeneier zu erfahren. Nach ihrem Bericht läßt er Brutkästen konstruieren und Geflügelfarmen auf den königlichen Gütern anlegen.

In seiner Sammlung seltener Steine aus aller Welt sei einer aus Indien gewesen, mit dessen Hilfe er Menschen verzaubern konnte; ein Zauberring soll ihn unsichtbar gemacht haben. 1497 hat man angeblich in Heilbrunn einen Karpfen mit Kupferring und griechischer Inschrift gefangen: „Ich bin der Fisch, den Kaiser Friedrich in den See aussetzte."

Astronomische und astrologische Studien betrieb er mit einem ihm vom Sultan Al-Kamil geschenkten Planetarium. Zu seiner engsten Umgebung gehörte der Schotte Michael — mit dem Amt eines Hofastrologen. Michael, ein Universalgelehrter — Astronom, Mathematiker, Philosoph, Übersetzer, Schriftsteller —, übertrug Werke des Aristoteles aus dem Griechischen und des Averroes aus dem Arabischen ins Lateinische und verfaßte ein Handbuch der Physiognomie — PSI im Dienste des Kaisers vor 750 Jahren —, das er als eine Art Geheimlehre benutzte.

Nach dem frühen Tod des Schotten ernannte Friedrich II. einen vielseitig gebildeten syrischen Juden zum Hofastrologen und Philosophen an seinem Hofe. Theodor übersetzte ein arabisches „Geheimbuch der Geheimnisse", Aristoteles' Traktat über Hunde und Falken, führte die arabische Korrespondenz seines Herrn, fungierte als Unterhändler und vor allem als Leibarzt.

Diese Toleranz Friedrichs II. gegenüber Arabern, Heiden, Juden, Moslems, die er als Gleichberechtigte und nicht als unterentwickelte Ungläubige behandelte, sowie seine Praxis, Ämter nicht nach Abstammung, sondern nur nach Persönlichkeit und Können zu vergeben, lieferte der römischen Propaganda „Beweise" für seine antichristliche Einstellung.

Logik und die Kenntnis von Naturgesetzen anstelle von kritiklosem Wunder- und Aberglauben haben Friedrichs Gelehrte, Forscher, Wissenschaftler mit ihren Übersetzungen, Abhandlungen, Forschungen und der Kaiser selber mit seinen eigenen Werken dem Abendland erschlossen. Der jüngere Zeitgenosse, der Schwabe Albert von Bollstädt, Albert der Große genannt, der größte Universalgelehrte seiner Zeit und sein bedeutendster Schüler, der mit den Staufern verwandte Thomas von Aquin, haben auf dem Boden dieser neuen Wissenschaft und Betrachtung der Natur ihre Lehre entwickelt. Die Begründung ihrer Methode der Forschung entspricht beinahe wörtlich dem Motto Friedrich II. zu seinem Falkenbuch, das Schwäbisch-Deutsche ins Universal-Abendländische ausgeweitet.

Das erste amtliche Gesetzbuch des Abendlandes
Die erste weltliche Universität

Im Frühjahr 1224 erließ Friedrich II. das Edikt zur Gründung der Universität Neapel, der ersten nichtklerikalen Hochschule im Abendland mit sämtlichen Disziplinen ausgenommen Medizin, wofür Salerno zuständig war. Die erste reine Staatsuniversität, nicht für angehende Kleriker, sondern um kluge, fähige Beamte für den kaiserlichen Dienst zu bilden. Die Leitung, Einsetzung der Lehrer und ihre Besoldung, der Studienplan oblag allein dem Staat. Ab sofort durfte kein Untertan mehr außerhalb Neapels studieren, denn die Besten sollten im Lande bleiben und alles, was bisher das Ausland bot, dafür wollte Friedrich II. auch in seinem Königreich sorgen. Und an alle Bewohner des Römischen Reiches erging die Einladung, in Neapel zu studieren. Ein unerhörtes Geschehen in der damaligen Welt: An die Spitze aller Freiheitsbestrebungen gegen die erstarrte, überkommene geistige Ordnung trat der Kaiser höchstpersönlich, ohne Kirche und

Religion auch nur anzutasten. Bisher hatten allein Kleriker bestimmt, wer was wo studieren dürfe und wer zu lehren habe.

Für die medizinische Fakultät in Salerno wurden verschärfte Examensbedingungen erlassen: Mindestens ein achtjähriges Studium; das Staatsexamen mußte in Gegenwart der gesamten Professorenschaft und eines königlichen Beamten stattfinden; gelegentlich fand sich der Kaiser selber dazu ein. Erst nach weiteren fünf Jahren erhielt der neue Arzt das Recht auf eine eigene Praxis. Chirurgen brauchten eine Sondergenehmigung und eine Sonderprüfung mit dem Nachweis von der vollständigen Kenntnis der menschlichen Anatomie. Kein Arzt durfte Apotheker sein, aber die Ärzte hatten die Apotheker zu kontrollieren. Nur der approbierte Apotheker durfte Gift im Hause haben, jeder andere, der Gift hielt, verfiel dem Galgen. Nicht nur die sog. Gottesurteile als jedem Rechtsbegriff widersprechend wurden abgeschafft, auch die sog. Liebes- und Zaubertränke bei Todesstrafe verboten.

1231 erschienen die berühmten Konstitutionen von Melfi, ein Gesetzbuch, das die staats- und verwaltungsrechtlichen und weltanschaulichen Probleme eines Gemeinwesens regelt. Die Präambel gibt eine philosophisch-religiöse Begründung von Friedrichs Weltanschauung. Erbsünde ist demnach die Gesetzlosigkeit, Willkür, die verlorene Fähigkeit zu einem gesitteten Zusammenleben wegen Besitz, Macht, Herrschaft. Gott setzte daher die Regierenden ein, um jedem seinen Platz in der Gemeinschaft anzuweisen und für Frieden und Gerechtigkeit zu sorgen. Aber der Fürst und Regierende kann nur in Verbindung mit der „heiligen Kirche, der Mutter des christlichen Bundes" die Verantwortung vor Gott tragen. Die am Normannenhof noch übliche Proskynese, das Niederwerfen vor dem Herrscher, hat Friedrich II. abgeschafft. Die Vereinfachung des Staatsbildes durch ein einheitliches Verwaltungssystem und ein einheitliches Staats- und Verwaltungsrecht — das Privatrecht blieb unangetastet — schuf von außen her einen neuen Staatsbau, gelöst aus der klerikalen Verklammerung. Auch im Wirtschaftsleben eine neue, übersichtliche Ordnung, der gesamte Salz-, Eisen-, Stahl-, Pech-, Schwefel-Handel verstaatlicht. Das gesamte Färbereigeschäft, den Seidenhandel und die Anlage neuer Plantagen übertrug Friedrich II. den Juden (von Trani), die in seinem Königreich längst nicht mehr die vom Konzil 1215 anbefohlene Unterscheidung — Bart und gelben Fleck — tragen mußten.

Das neue einheitliche Zollsystem ist für das ganze Abendland vorbildlich geworden. In den Seestädten und an den Grenzübergängen im Norden richtete Friedrich II. staatliche Fondachi ein, Kaufherrenhöfe, in denen der Handel — Import und Export — unter der Kontrolle der Beamten abgewickelt werden mußte, ein System, das die Handelsrepubliken Pisa, Genua und Venedig vor allem im Orient praktizierten. Berühmt für die deutsche Kultur und Wirtschaft ist der Fondaco dei Tedeschi in Venedig geworden. In dieses System einbezog der Kaiser auch die Wechselstuben, Bäder, Schlachtbänke, Maße und Gewichte, das Markt-, Messe- und Geldwesen sowie Teilgebiete der Landwirtschaft, den Getreidehandel und den Anbau neuer Kulturen — Henna, Indigo, Zuckerrohr, Dattelhaine.

Überaltertes hatte in dem neuen Staatswesen nirgends mehr Platz, die kaiserliche Umgebung, Hof, Staat, Verwaltung, Gerichte, war nicht nur dem Geiste, auch dem Alter ihrer Träger nach unvergleichlich jung — im Gegensatz zu der vor solcher Vollblütigkeit bangen römischen Kurie. Als Gregor IX. von der neuen Staatsverfassung erfuhr, in der Nation und Staat als unabhängig von Kirche und Papsttum proklamiert werden, wollte er die Veröffentlichung verhindern. Friedrich II. wies den Protest des Papstes zurück und ließ das Gesetzeswerk als gültig und bindend für das Königreich Sizilien verkünden. Das Rechtsmonopol der päpstlichen Kleriker war damit gebrochen, Laien waren fortan die geistigen Träger des Staates. Ein Sieg der neuen Laienbildung und das programmierte Ende der kirchlich-päpstlichen Allmacht über Nationen und Staaten, das geglückte Wagnis der Freiheit, Beginn der Neuzeit. Da die damaligen Päpste dem auf staatlich-weltlichem Gebiet nichts entgegenzusetzen hatten im Geistigen, wollten sie Friedrich II. und alle, die seines Geistes und seines Blutes waren, physisch vernichten[29]. Die Anwendung der Konstitutionen von Melfi, des Liber Augustalis, wie die Gesetzessammlung offiziell hieß, schränkte den bisherigen Einfluß Roms auf die inneren Angelegenheiten der Staaten ein. Die höheren Ämter im Königreich bekleideten Adlige und kirchliche Herren, Barone, Äbte, Bischöfe mit Sonderrechten und ergiebigen Pfründen; durch die neue Verfassung wurden die bisherigen Bestimmungen aufgehoben und alle Untertanen ausnahmslos den neuen Staatsbehörden unterstellt. Gleichheit vor dem Gesetz! Wie Karl d. Gr. richtete Friedrich zur Vermeidung von Mißbrauch und Beamtenwillkür Kontrollen auf. Rechtspflege und Verwaltung wurden getrennt, alljährlich Landtage abgehalten, wo Klagen gegen die Beamten vorgebracht werden konnten. Über den Provinzialjustitiaren wachte als oberste Behörde das Großhofgericht in Foggia. Alle Beamten und sizilischen Staatsangehörigen waren in einer Kartei erfaßt.

Zur Durchführung seiner Anordnungen auf jedem Lebensgebiet des Volkes schuf Friedrich ein Beamtenkorps, das er als Orden der Offizialen bezeichnete. Die Aufgabe dieses Beamtenkorps bestand darin, die von Friedrich gewollte Einheit von Menschen-, Natur- und Gottesgesetz, die er selber vorlebte, auf ein ganzes Gemeinwesen zu übertragen. Haupt des straff gegliederten und in Grade eingeteilten Ordens war der Kaiser. Jeder Beamte war seinem Vorgesetzten, der den Kaiser repräsentierte, zu strengem Gehorsam verpflichtet. Nur mit dessen Erlaubnis z. B. durfte er sich verehelichen. Die Besoldung war bescheiden; für den aufreibenden Dienst gab es keine andere Gegenleistung als die Ehre, für den Kaiser tätig zu sein. Alles an dieser Staatsschöpfung war neu und zukunftsträchtig. Der Staat wurde zur Gesamtheit aller Lebensinteressen des Volkes, der das Diesseits erhellte. Volkswirtschaft, Handelspolitik, Erziehung, Volksgesundheit waren die Probleme, mit denen sich der Kaiser beschäftigte. Das Gerichtswesen wurde vom kirchlichen Ballast befreit, Folter und Gottesurteile abgeschafft, wie in der Reichsverwaltung das schriftliche Verfahren eingeführt. Besonderes Augenmerk schenkte der Kaiser dem Finanz- und Steuerwesen. Die Höhe der Abgaben setzte er selbst fest, ebenso die Verteilung auf die einzelnen Provinzen. Eigene Schätzungskommissionen bestimmten die Umlagen. Steuerrollen wurden angelegt, um Veruntreuung und Bestechung zu unterbinden.

Friedrichs Beamte und Ratgeber waren im Gegensatz zu denen anderer Regierungen ungewöhnlich jung. Bei ihrer Auswahl kam es nicht auf Herkunft und Rang an, sondern ausschließlich auf Persönlichkeit und Leistung. Sein Hauptratgeber Petrus de Vinea, einer der wortgewaltigsten Männer der Zeit, hatte sich aus bescheidenen Verhältnissen zum höchsten Beamten des Kaisers emporgearbeitet. Vergeblich hatte Gregor IX. ihn für sich zu gewinnen versucht, indem er ihm Geld, Ruhm und Ehren in Aussicht stellte.

Der modern anmutende Grundsatz eines Herrschers im 13. Jahrhundert, daß Können und Leistung vor Geburt geht, erklärt er in einem Brief an seinen Sohn Konrad in Deutschland: „Den Großen der Erde und Königen reicht die berühmte Abkunft nicht hin, wenn dem ausgezeichneten Geschlecht nicht adliges Wesen verbunden ist und erlauchter Eifer das Fürstentum verherrlicht; nicht nur weil sie höher gesetzt sind, unterscheidet man Könige und Herrscher von anderen, sondern weil sie tiefer blicken und größer handeln."

Begründer der modernen Naturwissenschaft

Ein Monument seines Genies — wie Castel del Monte und wie dieses einzigartig in der Geschichte — ist das von Friedrich in jahrzehntelangen Studien und Forschungen verfaßte sog. Falkenbuch, „De arte venandi cum avibus = Über die Kunst, mit Vögeln zu jagen". Ursprünglich als Lehrbuch für die Falkenjagd geplant, ist es im Laufe von 30 Jahren zu einer Gesamtdarstellung der Vogelkunde geworden. Friedrich hat das Manuskript stets mit sich geführt und sogar während politischer und diplomatischer Tätigkeit oder auf Kriegszügen damit beschäftigt. In einem klassischen Latein ist darin zum ersten Mal das bekannte Schrifttum über Vogelkunde des Abend- wie des Morgenlandes verarbeitet, von den Abhandlungen des Aristoteles bis zu den Traktaten arabischer Naturwissenschaftler und Falkenjäger; erstaunlich seine umfassenden tier- und pflanzengeographischen Kenntnisse, wenn er von den Raubvögeln spricht, die ihm aus Spanien und Bulgarien, dem nahen Orient und Indien, aus Britannien und Island geschickt wurden. Besonderen Wert erhält das Werk durch die hunderte naturgetreu bis in die Einzelheiten farbigen Zeichnungen von Friedrichs Hand. Es besteht aus zwei Teilen mit 137 Kapiteln, in denen das Leben, die Gewohnheiten und die Jagd mit Vögeln ausführlich behandelt werden. Für die vielen arabischen oder provenzalischen Kunstausdrücke mußte er synonyme lateinische Worte finden. Im Vorwort heißt es programmatisch: „Unsere Absicht ist es, sichtbar zu machen die Dinge, die sind so wie sie sind." Ein Wendepunkt des abendländischen Denkens und der Beginn der modernen Erfahrungswissenschaften[30].

Das Werk, eine Schule des Sehens, von Albertus Magnus mehrfach benutzt, ist in zahlreichen Abschriften und Übersetzungen verbreitet; der Autor — kein Gelehrter, sondern der Kaiser der christlichen Welt, einzig in der Geschichte. Die Vatikanische Bibliothek besitzt das von König Manfred nach dem Verlust des Originals vor Parma 1248 — zusammengestellte Exemplar.

Nicht nur die erste abendländische Vogelkunde, auch die erste abendländische Veterinärkunde stammt von Friedrich II., der Jordanus Ruffus aus Calabrien damit beauftragte. Ausdrücklich erwähnt der Verfasser, daß er vom Kaiser als Kenner der Materie nicht nur Auftrag und Anregung, sondern ferner über alle beschriebenen Dinge genaue Hinweise und Informationen empfangen habe. Die in vielen Sprachen übersetzte „Hippiatrik" ist lange Zeit das Standardwerk auf diesem Gebiet geblieben, denn — so spürten die Humanisten — „in der Hand Friederici II. habe eine sonderbare Lebenskrafft gestecket".

Der Kaiser sei, so hieß es, auch der beste Arzt und kenne die Heilmittel gegen jede Krankheit — er hatte die Schriften des Leibarztes von Sultan Saladin, des arabischen Juden Maimonides, studiert. — Mit bestem Erfolg erprobte er seine medizinischen Kenntnisse an sich. Mäßig im Essen und Trinken, heilte er sich und andere bei Erkrankung durch Aderlaß, Diät oder Fasten und Ruhe. Das tägliche Bad mit Massage ist von der römischen

Propaganda als Beispiel seiner Verworfenheit bezeichnet worden. Bis zuletzt blieb er geistig und körperlich mobil und den härtesten Strapazen gewachsen in Hitze, Kälte, im Panzerhemd und auf dem Pferd. Unermüdlich tätig, kam er mit wenig Schlaf aus und begann den Tag früh, selbst wenn er bis in den Morgen hinein mit seiner Akademie disputiert hatte. Friedrichs II. geistig-moralische Verfassung muß — im großen wie im kleinsten — kaiserlich genannt werden, unerschütterlich war er Herr seiner selbst. Auch die schlimmsten Nachrichten und bittersten Enttäuschungen konnten seiner Sicherheit nichts anhaben, er blieb gelassen und von einer gelösten Geistigkeit und Heiterkeit, die seinen Feinden unheimlich schien. Wer und was mittel- und unmittelbar in seiner Nähe lebte, geriet unter seinen Einfluß und trug seinen Stempel; er bestimmte den Charakter seiner Umwelt, zum Unterschied von allen anderen Fürstenhöfen. Nur Theoderichs und Karls d. Gr. Akademien können hier mithalten.

Bei den Turnieren an seinem Hof wurden keine Ritter vom Pferde gestochen, die Kämpfe spielten sich in der geistigen Arena seiner Akademie ab mit den Hofphilosophen, Astronomen, Astrologen, Mathematikern, Naturwissenschaftlern, Dichtern, Übersetzern, Künstlern, Baumeistern, Staatsräten. Am Kaiserhof war die Lyrik der Provenzalen bekannt, Friedrich beherrschte selber Provenzalisch — wie der hl. Franziskus. An den norditalienischen Fürstenhöfen wurde provenzalisch gedichtet, am Hofe des nordischen Kaisers zum ersten Mal in italienischer Sprache. Die Geschichte der italienischen Dichtung und Sprache beginnt mit der Lyrik des staufischen Hofes, mit der sizilischen Dichterschule. Kein Geringerer als Dante bekannte: „Alles, was unsere Vorfahren gedichtet haben, wird sizilisch genannt" und zwei Generationen später wiederholte Petrarca: „In kurzer Zeit verbreitete sich die Sprache der Dichtung, wie sie sich bei den Siziliern bildete, über ganz Italien."[31] Da im sizilischen Staat Friedrichs II. zum ersten Mal in Italien ein Volks- und Staatsgefühl geschaffen wurde, bildete sich auch zuerst eine Volkssprache aus einer italienischen Mundart, dem Volgare. Friedrich II., seine Söhne Heinrich VII., Konrad, Enzio, Manfred, seine wichtigsten Mitarbeiter haben sich als Dichter in der neuen italienischen Sprache hervorgetan. Trotzdem hat der Staufer immer seine deutsche Abstammung betont und schließlich nicht mehr Federicus, sondern sich deutsch als Friedericus in Inschriften usw. bezeichnet.

In seinem Tierpark zu Lucera unterhielt Friedrich Leoparden, Löwen, Panther, Strauße, Affen, Giraffen, einen Elefanten. Berühmt war sein Pferdestall und sein Leibroß „der Drache", ein arabisches Vollblut. In San Lorenzo bei Foggia und in Lentini/Sizilien ließ er einen künstlichen Sumpf anlegen und Wildgänse, Kraniche, Pelikane, Reiher, Schleiereulen,

Uhus, Adler, Bussarde, alle Arten von Falken, Pfauen, Papageien ansiedeln, um die „natürlichen Dinge" selber zu schauen, zu erfahren, beschreiben und zeichnen zu können. Seine große Falknerei befand sich in der Villa Salpi am Meer, unweit von Foggia, wo die besten Jagdfalken gezogen und abgerichtet wurden. Von überallher holte er sich die edelsten Tiere zur Zucht. Apulien, besonders das Gebiet um Foggia — die Capitanata —, war damals dicht bewaldet und ein ideales Jagdgebiet. Seine Leidenschaft für die Jagd entsprang wohl hauptsächlich dem unstillbaren Verlangen, Anschauung, Belehrung und Erfahrung aus der Werkstatt des Lebendigen, der Natur, zu gewinnen. Ein zeitgenössischer Chronist versucht es zu deuten: „Dieser Kaiser glaubte, er könne den himmlischen Göttern ähnlich werden durch seine Erkenntnisse in der Naturwissenschaft."

An der Idee einer Gemeinschaft der abendländischen Kulturwelt hat der Kaiser festgehalten. Ein wirklich europäisches Großreich war seit den Tagen Ottos I. unmöglich geworden. Die Nationen gestalteten ihr Leben im Staate. Friedrich II. anerkannte die nationale Eigenart der Völker, zugleich aber gestaltete er diese Vielfalt zu einer Einheit, die vom Kaiser des Reiches geführt wurde. Er nannte sich Sachwalter der Fürsten und Könige. Sein Plan: eine Staatengemeinschaft gegen die Theokratie und ihre Verbündeten zu gründen. Alle Glieder dieser Gemeinschaft sollten einen Angriff auf die Sache des Kaisers einmütig als Angriff auf die gemeinsame Sache verstehen und bekämpfen. Wiederholt rief er den Fürsten und Völkern zu: „Die Dinge der weltlichen Gewalt dürfen nicht der Kirche unterworfen werden. Euch Edle und Fürsten des Weltrundes beschwören wir und schrecken wir auf, nicht weil zur Abwehr solcher Schmach unsere Waffen nicht reichten, sondern daß da erkenne die ganze Welt, wie an aller Ehre gerührt wird, wer immer Kränkung erfährt aus der Gilde der Fürsten." Warnend fährt er fort: „Mit uns wird begonnen, aber seid dessen gewiß, geendet wird mit den anderen Königen und Fürsten, deren Macht die Priester, wie sie sich rühmen, gar nicht mehr fürchten, sind wir erst bezwungen. Darum verteidigt mit unserer Sache Euer Recht."

Den Zusammenschluß der abendländischen Fürsten hat Friedrich bis zuletzt angestrebt. Seine Idee des Imperiums empfing von dieser Vorstellung Inhalt und Gestalt. Friedrich II. hat die angemaßte Übermacht des Papstes gebrochen, den Gang nach Canossa und den Fußfall von Venedig getilgt und das Abendland davor bewahrt, eine Provinz Roms zu werden. Er hatte bereits eine Reform zur Gesundung der Kirche und Rückführung der Geistlichen zum apostolischen Leben entworfen, als ihn ein plötzlicher Tod hinwegführte.

* * *

Friedrich II. hat vier Ehen geschlossen, 1209 mit Konstanze von Aragon: Sohn Heinrich VII., 1225 mit Isabella von Brienne-Jerusalem: eine Tochter und Sohn Konrad IV., 1233/34 mit Bianca Lancia, Tochter des Landgrafs dei Lancia (Trauung in articulo mortis): zwei Töchter und König Manfred — den ehelichen Kindern gleichgestellt durch die ‚legitimatio per matrimonium subsequens‘ —, 1235 mit Isabella von England: vier Kinder. Neben den gültigen Ehen bestanden eine Reihe kürzerer und längerer freier Verbindungen — nicht alle sind uns bekannt —, ausnahmslos mit Frauen des Adels, meist des Hochadels. Nachweisbar sind 19 Kinder. Während seines ersten Aufenthalts in Deutschland 1212—1220 liebte er Adelheid von Urslingen-Marano, Friedrich nannte sie Alayta, die ihm eine Tochter und den strahlend schönen Heinz-Enzio gebar. Friedrich von Antiochien ist, so wird vermutet, der Sohn aus seiner Beziehung zu einer arabischen Prinzessin, vielleicht Schwester des Sultans Al-Kamil. — Von den 19 starben drei noch im Kindesalter, zwei blieben ehelos, zwei waren kinderlos verheiratet. Bis heute hat sich die Nachkommenschaft erhalten von drei Söhnen und drei Töchtern: Margarethe von Meißen, Violante von Caserta und Margaretha von Schwaben-Aquino; des Sohnes König Manfreds, des Sohnes König Enzios und Friedrichs von Antiochien. 40 Enkelkinder sind namentlich bekannt. Von den Söhnen der Margarethe von Meißen stammt das Haus Sachsen mit allen Verzweigungen der Wettiner bis heute. Der älteste Enkel Friedrichs II., Heinrich, kam zwischen 1228 und 1234 zur Welt, der jüngste uns bekannte, Ansolino, letzter Sohn König Manfreds, 1264 geboren, wurde bereits als Zweijähriger in einem Felsenverließ angekettet, wuchs in Ketten heran, erblindete und starb wie ein Tier nach 52 Jahren, in Buchstaben: zweiundfünfzig Jahren Kerker anno 1318!

Chronik der Unmenschlichkeit

Wenige Wochen nach Friedrichs II. Tod kehrt Innozenz IV. triumphierend nach Italien zurück, um von Perugia aus den Kampf gegen die Staufer unter dem Motto: „Rottet aus Namen und Leib, Samen und Sproß dieses Babyloniers!" (1251) fortzusetzen.

Päpste, Bischöfe oder Priester, die eine solche Parole ausgeben und bis zur letzten Konsequenz mit allen Mitteln und Möglichkeiten der katholischen Kirche durchpeitschen — die physische Liquidierung von Kleinkindern und Hilflosen wegen ihrer staufisch-deutschen Abstammung —, sind eine Schande für die Christenheit. Innozenz IV. und seine Nachfolger haben durch Bestechung mit Land und Krone in dem finsteren, bigotten Tyrannen Karl von Anjou den Henker gefunden, der 2-, 3- und 4jährige Kinder in Ketten legen, darin aufwachsen und sterben ließ in dunklen Burg-verliesen. Dante heißt ihn einen „Schüler der Habgier" und „Schind-knecht", Friedrich II. und seine Söhne „erlauchte Heroen, dem wahrhaft Menschlichen stets gefolgt, das Viehische verachtend"[32].

Konrad IV. zog nach seines Vaters Tod nach Italien. All seine Be-mühungen um Frieden scheiterten am fanatischen Vernichtungswillen des Papstes, der schon in England und Frankreich ihm genehme Kandidaten für das Königreich Sizilien suchte. Konrad starb 1254, seine Leiche ver-brannte beim Brand der Kathedrale von Messina. Für seinen zweijährigen Sohn Konradin übernahm Manfred die Regentschaft. Im gleichen Jahr starb Innozenz IV. Die Inschrift auf seinem Grabmal rühmt ihn als Ver-nichter der „Schlange Friedrich II.".

Sein Nachfolger Alexander IV. (1254—1261) führt den Kampf gegen die Staufer weiter, unterstützt den Gegenkönig in Deutschland — wieder einmal Bürgerkrieg im Reich — und belehnt den achtjährigen Sohn des englischen Königs mit dem Königreich Sizilien, um Feindschaft zwischen den Staufern und England zu säen. 1258 wird Manfred im Dom zu Pa-lermo zum König von Sizilien gekrönt und vertreibt die eingefallenen päpstlichen Söldner. Da ruft Papst Urban IV. (1261—1264), ein Franzose, den entsetzlichen Karl von Anjou nach Italien und macht ihn zum König von Sizilien. Um den Krieg gegen die Staufer finanzieren zu können, leiht sich der Papst Geld von florentinischen und sienesischen Banken und ver-pfändet sogar den Kirchenschatz.

Manfred fällt auf dem Schlachtfeld bei Benevent am 26. 2. 1266. Fran-zösische Ritter baten Karl von Anjou um ein ehrenvolles Begräbnis für den tapferen Gegner, das er auf Befehl des Papstes verwehrte; der Leichnam wurde bei der Calore-Brücke verscharrt. Dante berichtet, der päpstliche Haß sei auch jetzt noch nicht befriedigt gewesen: die Gebeine Manfreds wurden wieder ausgegraben und an der Grenze zwischen dem Königreich beider Sizilien und dem Kirchenstaat bei Ascoli Piceno auf freiem Feld ver-streut oder in den Fluß Verde geworfen. Eine Inschrift bei der Calore-Brücke in Benevent erinnert an ihn. — Manfred hat die Stadt Manfredonia gegrün-det, die nach seinem Plan erbaut wurde. Zum Schutz des Hafens ließ er einen hohen Damm anlegen (auch in Salerno). Stadt und Golf tragen noch heute seinen Namen. Papst Clemens IV. (1265—1268) befahl, die Ge-mahlin und die 2-, 3- und 4jährigen Kinder König Manfreds in Ketten zu legen. Die 24jährige Helena starb nach fünfjähriger Haft. Die drei Söhne und die Tochter erlitten ein grausames Schicksal, „zu leben, als seien sie nie zur Welt gekommen, zu leben, nur um zu sterben" (Clemens IV.). Beatrice

142

wird nach 18 Jahren von staufischen Anhängern der „Sizilianischen Vesper" befreit, die Söhne verreckten nach 30, 40 und 50 Jahren im steinernen Kerker wie Tiere, blind und taub, im Wahnsinn[33]. Der Henker Karl Anjou führte die vom Papst angeordnete Endlösung der Staufer, „der giftgeschwollenen Natternbrut" ohne Wimpernzucken durch.

Die Franzosen waren in Italien verhaßt. 1267 erschienen Gesandtschaften aus Pisa, Pavia, Verona, Palermo, Lucera vor Konradin, um ihn zum Kampf gegen die französische Herrschaft in Italien zu bewegen. Als Konradin diesem Ruf folgte, predigte Clemens IV. den Kreuzzug gegen Konradin: „Aus dem Stamme des Drachen ist ein giftiger Basilisk entsprossen. Durch raffinierte Lügen putzt er seine Flitter auf; die einen sucht er durch Bitten, die anderen durch Gelder vom Weg der Wahrheit abzulenken. Dies ist der unbesonnene Knabe Konradin, Enkel Friedrichs, einstmaliger Kaiser der Römer, der von Gott wie von seinem Vikar durch gerechtes Urteil Verdammte."

Am 23. 8. 1268 verlor Konradin die Schlacht von Tagliacozzo in den Abruzzen gegen Karl von Anjou, flüchtete und geriet dann durch Verrat mit seinen Angehörigen und Freunden in die Hände des Siegers: Thomas Aquino und die Lancias wurden hingerichtet; Heinrich von Kastilien starb nach 20 Jahren, Konradin von Caserta nach 32 Jahren Kerker im Castel del Monte. Am 29. 10. 1268 wurde Konradin mit 10 Gefährten in Neapel auf dem Fischmarkt enthauptet. Drei von den vier Richtern stimmten gegen die Hinrichtung, aber Anjou führte den Befehl des Papstes aus, der nun feststellte: „Der letzte Sproß des Babyloniers ist vernichtet." Die Mutter Konradins wollte auf seinem Grab — er war in der Nähe des Judenfriedhofs im Sand verscharrt worden — ein Denkmal errichten. Anjou ließ es nicht zu, um die Erinnerung an die Herrschaft der Staufer auszulöschen. In der Kirche S. Maria del Carmine, wo Konradins Gebeine schließlich beigesetzt wurden, steht seine Statue von Thorwaldsen, vom Kronprinz von Bayern 1841 gestiftet. Konradins Mutter spendete damals die Mittel zur Vergrößerung des Gotteshauses und für die Gedächtniskapelle; in Tirol stiftete sie das Kloster Stams zum Andenken an ihren Sohn.

„Wie können Deutsche, so ein venezianischer Dichter, nur leben mit einem solchen Ende vor Augen? Ihr Edelstes haben sie in Manfred und Konradin verloren. Wenn sie nicht bald Rache nehmen, sind sie entehrt."[34] Die Schande hat die südlichen Völker mehr gerührt als die Deutschen. Als 1282 die französische Herrschaft durch die „Sizilianische Vesper" hinweggeschwemmt wurde, gedachten die Sizilianer des Ortes, wo man den unglücklichen Konradin 1268 auf der Flucht an die Franzosen verraten hatte: Astura in der Campagna. 1286 unternahmen sie einen Rachezug gegen das

Kastell Astura, bestraften die Familie des Verräters und zerstörten die Burg, allein der Turm blieb stehen. Er erzählt heute noch von einer deutschen Tragödie auf italienischem Boden.

Kaiser Friedrich II., der Bauherr

Geschichte und Universalität des staufischen Kaisertums wird verständlicher, wenn man Italien und insbesondere Unteritalien kennt. Nach der geographischen Lage und den politisch-wirtschaftlichen Möglichkeiten war das Königreich Sizilien—Kalabrien, Apulien und die Insel Sizilien — in der damals bekannten Welt die gegebene Basis für die Vorherrschaft im Abendland. Das deutsche Kaisertum konnte sich in Nord-Reichsitalien nur halten, wenn es Unteritalien einschloß.

Nicht nur als Staatsmann und Politiker, auch als Anreger und Gründer einer neuen Kunst — arte sueva, staufische Kunst — wird Friedrich II. lebendig, wer die Meere, Häfen, Berge und Landschaften seines Erblandes mit seiner uralten Hochkultur kennt, von der die staufische Kunst Glanz, Farbe, Ausdruck gewonnen und durch das nordische Genie des Kaisers zu einem Neuen werden konnte, das sich auch auf die deutsche Baukunst und Bildhauerei auswirkte. Friedrichs Bauten sind Denkmäler der Reichsgeschichte.

Die Gestalten im Naumburger Stifterchor, der Kopf mit der Binde in Mainz, der Bamberger Reiter sind ebenso arte sueva wie die Bildwerke vom Brückentor zu Capua, vom Kastell in Bari oder Lagopesole und Castel del Monte. Der Bauherr der Erneuerung des Bamberger Domes wie des verschwundenen Residenz-Palastes in Foggia heißt Friedrich II. Nationale Gegensätze oder ideologische Vorurteile heutiger Historiker waren der weltoffenen staufischen Epoche fremd, ihre Sprache der Baukunst ist eine Weltsprache.

Überwiegt auch der kirchliche Anteil in der staufischen Baukunst in Deutschland, so stellen die Burgen und Pfalzen von Hagenau, Trifels, Gelnhausen, Wimpfen, Nürnberg bis Eger eine Blüte des Profanbaus und der höfischen Kultur dar. In Süditalien ist es umgekehrt.

Friedrichs II. baukünstlerische Initiative war hier entscheidend von politisch-militärischen Gesichtspunkten bestimmt. Er ließ Burgen, Städte und befestigte Anlagen errichten auf Bergen, Pässen und Flußübergängen zur Beherrschung des umliegenden Gebietes und zur Sicherung der Heerstraßen, so in L'Aquila, Gualdo Tadino, Celano; baute Talsperren und Klausen in Sizilien, befestigte Flußübergänge wie in Capua, verstärkte die Häfen —

144

Bari, Brindisi, Otranto, Syrakus, Augusta, Catania, Neapel, Gaeta — durch Seekastelle, schützte die Grenzen zum Kirchenstaat — Monselice, Rocca Janula bei Montecassino, Lucera. Von diesen umfassenden Verteidigungsmaßnahmen geben seine Briefe, Verfügungen und Urkunden ausführlich Bericht. Das staufische Kastell als eigentümliche bauliche Schöpfung aus einer zielbewußten Entwicklung der Architektur ist Abbild der ritterlich-staufischen Welt.

Friedrich hat in einem ungeheuren Tempo sein Erbland nach allen Seiten hin gesichert; 1239/40 wurde gleichzeitig an den Kastellen in Messina, Catania, Lentini, Caltagirone, Augusta und Syrakus arbeiten, 1241 in Cervia, Faenza, Cesena, Bertinoro in der Romagna.

Burgen waren die Garanten von Macht und Herrschaft, ein bedrohtes Land konnte nach innen und außen mit Burgen gesichert werden. Die Burgen des Adels demonstrierten Selbstherrlichkeit und bedeuteten eine Einschränkung der militärischen Hoheit des Königs. Friedrichs erste Handlung nach Rückkehr aus Deutschland 1220 war daher ein Gesetzeserlaß — „De novis edificiis deruendis" —, der die Zerstörung oder Einziehung aller in den letzten Jahrzehnten erbauten Burgen gebot und die Errichtung neuer untersagte. Gnadenlos bekamen die Lehensträger die ganze Härte des Gesetzes zu spüren, wenn sie die Übergabe solcher Burgen verweigerten.

Friedrich II. hatte bald erkannt, daß er sein Erbland gegen die Päpste und deren Verbündete wird verteidigen müssen. So unterstellte er die mehr als 200 Kastelle und Jagdschlösser unmittelbar der Krone und schuf für sie einen neuen Beamtenzweig zur Landesverteidigung: In Friedenszeiten waren die Kastelle ohne Besatzung, im Krieg mußten die benachbarten Lehensträger und Ortschaften sie besetzen und für die Lasten aufkommen.

Der König regierte auf Reisen, wie Karl der Große vom Sattel aus, im Zug von Kastell zu Kastell oder Jagdschloß, und nicht von seiner Residenz in Palermo, sondern von Apulien aus. Palermo lag an der Peripherie, die Entfernungen nach Deutschland oder Oberitalien waren zu groß, deshalb wurde in Foggia eine Residenz erbaut. Hier weilte er 35mal, in Melfi 15-, in Capua 18- und in Lucera 7mal, ohne daß die Dauer des Aufenthaltes daraus ersichtlich wird. Zum Vergleich: Hagenau im Elsaß besuchte er 24-, Regensburg 16mal.

Mit dem Bau der kaiserlichen Anlagen entwickelte sich ein neuer Stil. Da es sich nicht um Wohn- sondern um Verteidigungsanlagen handelte, also nur für Männer, konnte nach einem einzigen, mit geringen Änderungen durchgeführten Grundriß gebaut werden: Ein steinernes Recht- oder Vieleck mit Türmen an den Ecken; im Innern verschiedene Schmuckformen, gewölbte Gemächer mit reich durchgebildeten Türen und Fenstern. Meterdicke Ringmauern rundherum erschwerten den Zugang zum eigentlichen Kastell.

Mit Recht hat man in diesen süditalienischen Stauferburgen das Vorbild für die Burgen des Deutschen Ritterordens in Preußen gesehen, nicht für die Familie, sondern für einen ritterlichen Männerbund angelegt zu Angriff und Verteidigung; in der Konstruktuion das Äußerste an mathematischer Klarheit und Zweckmäßigkeit.

Die Mittel für Burgenbau, Unterhaltung ständiger Truppen und eines Verwaltungsapparates verschaffte sich Friedrich II. mit der Verstaatlichung des Handels, für den er eine eigene Flotte mit neuen Hafen- und Werftanlagen baute — allein 1231 in Neapel, Brindisi, Nicotera und Messina — und dessen Steuern und Zöllen. Innerhalb weniger Jahre hatte er ganz Süditalien in eine gesicherte Festung verwandelt, deren Ausgänge nach dem Meer und landeinwärts jederzeit geschlossen und verteidigt werden konnten. Aus dieser steten Anspannung erklärt sich wahrscheinlich die Tatsache, daß wir nur von einem einzigen, allerdings großartigen Kirchenbau Friedrichs Kenntnis besitzen.

In Sizilien benützte Friedrich II. die Burgen und Schlösser der Normannen, die er als Erbe und Nachfolger übernahm, besonders in Palermo. In Deutschland hat er sich — wie im Süden — auch als Städtegründer verewigt. Während seines ersten Aufenthaltes von 1212 bis 1220 gründet Friedrich II. in Schwaben Rottweil, Biberach, St. Gallen, Kaufbeuren, Nördlingen, Annweiler, Pfullendorf; Zürich und Freiburg i. Ü. werden 1218 freie Reichsstadt, 1219 Nürnberg. Bei seinem zweiten Deutschland-Aufenthalt gründet er Reutlingen, Leutkirch, Kempten ... und vollendet als reichsunmittelbare Städte aus der Ferne 1226 Lübeck, Wien 1237, Schwyz 1241. 1233 gründet der Deutsche Orden Thorn und Kulm nach Magdeburger Recht.

In Reichsitalien und im Königsreich Sizilien hat Friedrich II. eine Reihe von Städten gegründet: Celano und l'Aquila in den Abruzzen, Caesarea Augusta, Flagella, Altamura in Apulien, Augusta, Regalbuto, Piazza Armerino, Gela in Sizilien ...

Friedrich selbst besaß in hohem Maße künstlerisch-schöpferische Fähigkeiten. Keines der zahllosen Bauwerke wurde ohne seine bestimmende Mitarbeit aufgerichtet. Er suchte und fand in der Beschäftigung mit der Architektur Erholung von den Staatsgeschäften und Feldzügen. Wo immer er auch weilte, in Sizilien oder im Norden, stets mußte ihm über den Fortgang der Bauarbeiten Bericht erstattet werden. Der Entwurf von Maniace in Syrakus, des Brückenkastells Capua und des unvergleichlichen Castel del Monte stammt von Friedrichs eigener Hand. Wir kennen nicht die Namen seiner Baumeister, Bildhauer und anderer Künstler, sie waren ausführende Werkzeuge des schöpferischen Genies ihres Herrn. Sie haben in Materie geformt, was sein Geist schaute und verwirklichen wollte. Wo Namen genannt werden, handelt es sich um Kontrollorgane für Materialbeschaffung, Überwachung oder für Rechnungen. Nirgends wird ein Architekt, ein Verantwortlicher erwähnt, der die Pläne oder Entwürfe gemacht hätte, weil — wie der bedeutende französische Kunsthistoriker Emile Bertaux feststellte: „Der Kaiser selbst war der eigentliche Architekt und Bildhauer."

Die Schlösser und Burgen, die erhaltenen Plastiken seiner Bildhauerschule, das Falkenbuch und die Gesetzessammlung sind der sichtbare Ausdruck der Persönlichkeit Friedrichs II. Der Einfluß seiner Baukunst auf die eigene und spätere Zeit ist überhaupt nicht abzuschätzen. Die schönsten Kathedralen Apuliens, die in seiner Epoche errichtet oder umgebaut wurden, atmen in ihren mächtigen Portalen des Staufers Geist (z. B. Trani, Giovinazzo, Bitonto, Ruvo). Ohne Kaiser Friedrich und seine Bauten, ohne Castel del Monte, die Triumphpforte in Capua, wären verschiedene der großartigsten Schöpfungen der Renaissance nicht denkbar gewesen. Das Castel Nuovo in Neapel, das Schloß in Caserta-Vecchia und die Burg Mussomeli in Sizilien sind zugegebenermaßen Bauwerke in seinem Geist und Stil.

Kaiser der deutschen Sehnsucht

Die Menschen glaubten nicht an seinen Tod, zu oft hatten die Feinde sein Hinscheiden verkündet — und damit das Reich gemeint —, um die magische Wirkung seiner Person als Übermensch zu bannen; nach den Zeitgenossen „der Größte unter den Fürsten der Erde, das Staunen der Welt und ihr wunderbarer Verwandler"[35]. Er sei gar nicht gestorben, sondern in einer verklärten Gestaltwandlung entrückt. Das Gerücht gelangte auch nach Deutschland, wo Gegenkönige einander bekämpften. Im Süden glaubten sie ihn samt seinen Getreuen im Ätna, die Deutschen — er sei nicht im Süden gestorben, sondern sitze im Berg Kyffhäuser wie Karl d. Gr. im Untesberg, um auf die Auferstehungsstunde zu warten und das Reich zu erneuern. Aus dem bärtigen Ahn Barbarossa wurde allmählich Friedrich II., aus dem Greis und eisgrauen Schläfer, dessen Bart den Tisch durchwachsen hat, der ewigjunge, strahlende, heitere Heilskaiser, der wiederkommen werde, das Reich der Deutschen wieder erstehen zu lassen und den Frieden zu bringen.

Auch wenn Friedrich II., der „Adler aus dem Osten", wirklich gestorben sei, schrieb ein Jahr nach dem Tod des Kaisers Petrus von Prece, lebe er in zahlreichen Jungen weiter. Damals entstand der Spruch der erythräischen Sybille: „In einem verborgenen Tod wird er die Augen schließen und weiterleben. Singen werden die Völker: Er lebt und lebt nicht, denn eines der Jungen von den Jungen und den Jungen der Jungen wird überleben." Befreiung der Lehre Christi aus der Gefangenschaft einer korrupten Kirche und des politischen Herrschaftsanspruchs des Papsttums und Sehnsucht nach einem Retter aus der geistigen und physischen Not kommen darin zum Ausdruck. Als Kind, so erzählt Luther in seiner Schrift „Vom Mißbrauch der Kirche", 1523, habe er oft von einer Prophezeiung gehört, daß Kaiser Friedrich wiederkommen und das Heilige Grab erlösen werde. Das Heilige Grab bedeute die Kirche Christi. — Dieses Sehnen machten sich in der „schrecklichen kaiserlosen Zeit" viele Betrüger in Italien und Deutschland zunutze: Immer wieder tauchten falsche Friedrichs auf und immer wieder glaubte man ihnen.

1273 wurde der schwäbische Graf Rudolf von Habsburg, Patenkind Friedrichs II., zum deutschen König gewählt — die heilige Kontinuität der deutschen Geschichte. Der neue König, wie sein Vater trotz Bannfluch und Interdikt stets staufertreu geblieben, verstand sich als Erbe der Staufer. Nach seinem Sieg über Ottokar von Böhmen 1278 feierte eine Prophetie Rudolf als „Sohn des Adlers", Nachfolger der Staufer und rechtmäßiger Inhaber der Reichsgewalt.

> Vor allem aber strahlte von der Staufischen
> Ahnmutter aus dem Süden her zu gast
> Gerufen an dem Arm des schönen Enzio
> Der Größte Friedrich, wahren Volkes Sehnen:
> Zum Karlen- und Ottonen-plan im blick
> Des Morgenlandes ungeheurem Traum:
> Weisheit der Kabbala und Römerwürde
> Feste von Agrigent und Selinunt.
>
> (Stefan George)

Jesi, Platz Friedrichs II. Lt. Inschrift an dem Palazzo rechts:

Re di Sicilia e Gerusalemme,
Imperatore, vero genio in tutti i campi
della scienza e del sapere,
seconda un antica tradizione nacque in questa piazza
sotto una tenda, il 26 Dicembre 1194.

Der König von Sizilien und Jerusalem,
Kaiser, wahres Genie auf allen Gebieten der
Wissenschaft und des Wissens,
wurde nach einer alten Tradition unter einem
Zelt auf diesem Platz am 26. 12. 1194 geboren.

Übergabe des neugeborenen Kindes, Friedrich II., durch seine Mutter, Kaiserin Konstanze, an die Gemahlin Konrads von Urslingen, des Herzogs von Spoleto, in Foligno. Nach ihrer Niederkunft zog Konstanze mit dem Kaiser nach Palermo. Friedrich verbrachte die ersten drei Lebensjahre in Foligno und Assisi. — Aus einem Kodex, 1195/96 in Palermo verfaßt, Bern, Burgerbibliothek.

Jesi, Stadtwappen mit Krone am Rathaus. Am 26. 12. 1194 wurde Friedrich II. in Jesi bei Ancona geboren. Die Stadt nannte sich in der Folge königliche Stadt („reggia città") und trägt seitdem die Krone im Wappen. Im Rathaus erinnert eine Tafel an die Geburt des Herrschers.

153

Palermo, Hafen und Monte Pellegrino. Hauptstadt des Normannenreiches. Residenz von Kaiser Heinrich VI. Friedrich II. verbrachte hier Kindheit und Jugend, bis er 1222/23 seine Residenz nach Foggia in Apulien verlegte.

Palazzo Reale, Palermo. Residenzpalast der normannischen und deutschen Könige. Von den Arabern als militärische Anlage erbaut, von den Normannen und Staufern erweitert und verschönert, unter Heinrich VI. und Friedrich II. ein Zentrum der europäischen Politik, Kultur und Zivilisation. Im zweiten Geschoß die königlichen Gemächer, an einer Mosaikdecke die staufischen Adler.

155

Cappella Palatina, Palazzo Reale, Palermo, die Hauskapelle der Normannen und Staufer, 1132 von Roger II. gegründet, ein Meisterwerk norman-
nisch-arabischer Kunst, mit herrlichen Mosaiken, einer Decke aus Zedern-
holz, 10 antiken Säulen, Marmorkadelabern, Skulpturen, acht schönen
Fenstern. In der Kuppel der Pantokrator, in der Apsis der segnende
Christus.

La Zisa, Palermo. Erbaut von den Normannen. Friedrich II. ließ verschiedene Umbauten ausführen und benützte es als Jagdschloß.

La Zisa, Vorhalle, quadratisch, die gewölbte Decke auf vier antiken Säulen, an den Wänden Mosaiken. Über einer Quelle im Hintergrund der Staufische Adler als Mosaik.

La Magione, Palermo. Die 1163 erbaute Kirche schenkte Heinrich VI. 1193 dem Deutschen Ritterorden, der sie bis 1491 behielt und daher mansia Teutonicorum hieß, italienisch: La Magione dei Tedeschi. Auf den Grab-platten im Fußboden Deutsche Ordensritter mit Schwert und Tracht.

La Cuba, Palermo, ein Jagd- und Wasserschloß mit Kuppel, von den Nor-mannen erbaut, von Friedrich II. als Wohnsitz und Jagdschloß verwendet.

163

Foggia

Nach der Niederwerfung und Umsiedlung der Inselsarazenen auf das Festland verlegte Friedrich II. seine Residenz nach Apulien, in die Capitanata genannte Landschaft, um Rom und dem Reich näher zu sein. Das Landstädtchen Foggia, damals umgeben von einer dichten Waldwildnis und Waldsümpfen in der Ebene — der nordische Mensch sucht mit Vorliebe die Waldgegend —, wird zum Mittelpunkt der Weltpolitik. Kanzlei und Archive waren in Foggia, die Finanzverwaltung in Melfi, die Garnison in Lucera. Warum das simple Foggia und nicht Neapel, Capua, Salerno oder Bari Regierungssitz wurde, können wir nur vermuten; vielleicht weil diese Regierungtradition besaßen, während in der abgeschiedenen Capitanata alles noch nach Friedrichs eigenen Vorstellungen gestaltet werden konnte. So entstanden dort Kastelle, Schlösser, Paläste, Villen, Türme, Aquädukte, ein ummauerter Tierpark, Vogel- und Tierstationen mit hydraulischen Reservoirs und Kanalisation zur Regulierung des Wasserstandes in der Sommerhitze.

Von der 1223 begonnenen weitläufigen Residenz existiert heute nur mehr ein fein skulptierter, auf Adlerkonsolen ruhender Halbbogen, in die Außenwand der Musei Civici von Foggia eingelassen; darin eine lateinische Inschrift: Nach den Anweisungen Friedrichs II. habe der Protomagister Bartholomäus von Foggia den Palast erbaut und so das königliche Städtchen zum weltberühmten Kaisersitz erhöht.

Wo die Residenz stand, wie sie ausgesehen und ausgestattet war, wissen wir aus Beschreibungen. Mit ihren zahllosen Sälen, Gemächern, Hallen, Höfen, geschmückt mit farbigem Marmor, Mosaiken, antiken Kunstwerken und solchen der friderizianischen Bildhauerschule, war sie 30 Jahre lang Mittelpunkt des Heiligen Römischen Reiches Deutscher Nation, der Weltpolitik, aber auch eines neuen Zeitalters für Naturwissenschaften, Architektur, Bildhauerei, Dichtung und Sprache. Zeitgenossen schildern die Herrlichkeit des Palastes und die glanzvollen Feste mit Tausenden Gästen in seidenen Zelten und in den weiten Innenhöfen, in den vom Schein unzähliger Lichter schimmernden Marmorsälen, mit Rittern, Edelleuten, Astronomen, Mathematikern, Philosophen, Theologen, Magistern, Sterndeutern, Naturwissenschaftlern aus der damals bekannten Welt, deren verschiedene Sprachen allesamt wahrscheinlich Friedrich II. als einziger verstand und beherrschte, von Pagen und schönen Sarazeninnen bedient, während Musikanten aufspielten. Stets, wie die Zeugen zu sagen wissen, ohne Ausschweifung, Roheit oder Formlosigkeit, für die in dieser geistigen und vornehmen Atmosphäre kein Platz war. Er lebte in kaiserlicher Prachtentfaltung und Würde, sein persönlicher Lebensstil blieb jedoch einfach und maßvoll.

Aus diesem Umgang mit den bedeutendsten Gelehrten seiner Zeit und aus dieser Umgebung — auf der Jagd, bei Naturbeobachtung in seinen Wäldern und Stationen für Tier- und Pflanzenzucht, bei der Dressur von Falken, Hunden, Pferden, bei Studien an seltenen Sträuchern und anderen Gewächsen — schöpfte Friedrich seine nie versiegbar geistigen und physischen Kräfte, ein Übermensch, der sich jeder Definition, Deutung und Darstellung entzieht, weil immer ein Unfaß-, Undeutbares, Undurchdringliches um ihn bleibt, das Geheimnis des schöpferischen Universalgenies. — Der ihm zugeschriebene Ausspruch: „Hätte Gott Apulien gekannt, Palästina wäre niemals das gelobte Land geworden", ist eine Kathederblüte der päpstlichen Propaganda.

Wie erwähnt, ist außer dem Halbbogen vom Palast nichts erhalten. Was nicht der frömmelnde, dumpfe Tyrann Karl von Anjou aus Haß gegen das Staufergeschlecht zerstörte, wurde im Laufe der Jahrhunderte geraubt, verschleppt und für Neubauten und Ausschmückung verwendet. Vor der Kathedrale von Foggia stand ein Grabmonument mit dem Herz des Kaisers, 1731 durch ein Erdbeben zerstört.

Die Residenz war nicht auf Verteidigung eingerichtet, die gefährdete Grenze zum Kirchenstaat im Westen sicherte die unbezwingbare Festung

und Stadt Lucera, deren 30 000 waffenfähige Männer — Sarazenen — die Garnison bildeten und die Leibwache stellten.

Das Kastell Lucera ist ein Beispiel der Wehrbaukunst Friedrichs II., eine Anlage von fast stadtähnlichem Umfang, zwischen 1223 und 1233 erbaut. Innerhalb des Kastells befanden sich der kaiserliche Palast, die Schatzkammer und der Tierpark Friedrichs, die Feldzeugmeisterei, ferner Magazine, Werkstätten und Stallungen. Karl von Anjou hat die Umfassungsmauer teilweise erneuern lassen. — Die Angriffsseite zeigt die stärkste Verteidigungseinrichtung. Hier stehen dicht gedrängt sieben spitzwinklige Türme, mit der scharfen Ecke gegen den Feind. Der Haupteingang liegt tief zurück, von zwei Türmen flankiert. Die Wehrmauer wird heute sogar noch von den Resten des Palastes überragt. Vor diesem war die im Süden unerläßliche Zisterne eingebaut, so daß also die strategisch wichtigsten Anlagen, Wasserreservoir, Ein- und Ausgang, Wohnung des Befehlshabers in einer Ecke eng beieinander, sich gegenseitig schützten. An der Nord-, Ost- und Südseite ist je ein weiteres Tor in der Festungsmauer.

Ins Kastell Lucera ließ Friedrich II. den Normannenschatz, den Heinrich VI. in Trifels aufbewahrt hatte, und in Krisenzeiten den Staatsschatz sowie alle wichtigen Dinge schaffen. Hier war er sicher vor bewaffneten Anschlägen der römischen Kurie — die ihn gehässig „Sultan von Lucera" nannte —, und in diese Geborgenheit brachte man während seiner Fahrt nach Jerusalem 1228/29 die Kaiserin, als der mit päpstlichem Geld angeheuerte Pöbel in Apulien und Kalabrien einfiel, plünderte und raubte. Lucera trotzte allen Angriffen.

Der zweistöckige Palast des Kaisers, unten quadratisch, oben ein Achteck — Vorläufer von Castel del Monte —, hatte 16 gleich große Wohngemächer, der Unterbau mit schrägen Flächen 35 Schießscharten für die sarazenischen Bogenschützen und einen offenen Wehrgang. Festung und Stadt waren ursprünglich ein Ganzes, erst der Anjou zog den trennenden Festungsgraben und erweiterte den Mauerring. Zu Füßen des Kastells dehnte sich die Sarazenenstadt aus mit 60 000 Einwohnern. Nach der Ausrottung der letzten Staufer zerstörte der päpstliche Knecht Karl von Anjou Palast und Stadt und schlachtete die Bevölkerung als Anhänger der Staufer ab. Keine Spur ist von ihren Häusern, Moscheen, Minaretts und Brunnen, von den antiken Kunstwerken in Marmor und Bronze geblieben.

Lucera, Palast Friedrichs II. Rekonstruktion. Die riesige quadratische, 30 m hohe Anlage inmitten der Sarazenenkolonie hatte in den zwei Stockwerken je 16 gleich große Räume.

Lucera, Palast Friedrichs II. Rekonstruktion. Blick in den Innenhof. Das Viereck des Grundrisses erweitert sich oben zu einem Achteck.

Tisch Friedrichs II. aus seinem Palast in Lucera, das einzige erhaltene Objekt der kostbaren Innenausstattung, heute als Altar im Dom verwendet. Eine historische Ironie, der Tisch des „Antichristen", „Tier aus der Tiefe", „Sohn Satans" als Altar in einer Kirche.

Kastell Lucera, Turm der Königin

Lucera; hinter dem Turm die Reste des kaiserlichen Palastes

Kastell Lucera, Turm des Löwen

Siegel Kaiser Friedrichs II. Zur Erinnerung an den Stifter werden die Diplome und Promotionsurkunden der Universität Neapel mit dem Bildnis des Kaisers gesiegelt.

Fassade der Universität Neapel. 1224 gründete der deutsche Kaiser die erste weltliche Universität des Abendlandes. — Im Tympanon die Gründungszeremonie, in der Mitte Friedrich II. Bedeutende Gelehrte aus Toledo, Kairo, Griechenland, Bagdad lehrten in Neapel, wo ein Albertus Magnus und ein Thomas von Aquin studierten.

172

Das Brückentor zu Capua — „Eingangspforte zum Königreich"

Schutz und Schmuck der Stadt bedeutete das mächtige, nach den Plänen des Kaisers ab 1233 errichtete Bauwerk am Ufer des Volturno. Nach fünf Jahren war der Torbogen fertig, noch einmal fünf Jahre brauchte man für die Skulpturen auf der 8 m breiten und ebenso hohen Marmorfassade: Die Brücke als Bildträger. Staufische Stadttore gab es in vielen deutschen Städten; in Köln sind heute noch drei erhalten, ebenso in Speyer, Metz, Trier, Regensburg . . .

Aus verschiedenen Beschreibungen ist uns ein genaues Bild des friderizianischen Prachtbaues in Capua überliefert. Den Torbogen, der den Übergang über den Volturno zugleich freigab und schützte, verstärkten zwei wuchtige Rundtürme aus Travertin auf massivem achteckigen Sockel; ihretwegen nannte man den Bau auch „Castello delle Torri". Die künstlerische Bedeutung lag aber in den Figuren und Statuen über dem Torbogen und den achteckigen Turmfundamenten: in der Mitte die Sitzfigur des Kaisers mit gekröntem Haupt, links und rechts von ihm seine Hauptberater Thaddäus von Suessa und Petrus Vineus, darunter die Göttin Capua (Personifizierung der Stadt) mit weinlaubbekränztem Kolossalkopf, sich das Gewand aufreißend und auf dem Herzen den kaiserlichen Adler. Auf der Unterseite des Torbogens berichteten Marmorinschriften von den Taten des Herrschers. Ein besonderer Schmuck umgab die Türme, zwei Kränzen gleich, dort, wo die Rundung aus dem achteckigen Sockel hervorwuchs. Das an jeder der vorspringenden Ecken entstandene Vakuum war mit einem Dreieck gefüllt, auf dessen Scheitel eine Skulptur aufgesetzt war. Von diesen 16 Figuren (2×8 Ecken der Turmsockel) sind 6 erhalten und im Museum von Capua aufbewahrt; von erlesener Schönheit ein Jupiterkopf, der trotz Anlehnung an das antike Vorbild charaktervolle individuelle Züge hat und auf die Renaissance hinweist, welche der deutsche Genius und mit der von ihm gegründeten Bildhauerschule in Capua einleitete.

Vier Hexameter, in den Stein des Bauwerks gemeißelt, kündeten von des Staufers Geist und Wille:

„Ich bin der Wächter des Reiches auf des Kaisers Geheiß.
Wehe denen, die die Treue brechen.
Ruhig mögen eintreten, die reinen Herzens sind.
Der Neider aber fürchte, daß er ausgeschlossen
und in den Kerker geworfen werde."

Über dreihundert Jahre lang stand das durch Form und Ausschmückung berühmt gewordene Tor am Ufer des Volturno. 1557 ließ der Vizekönig von Neapel das herrliche Brückentor niederreißen. Die Kaiserstatue erlitt dabei schwere Schäden: ohne Hände und Füße, mit abgeschlagener Nase, lag sie jahrzehntelang auf der Abbruchstelle. 1584 restauriert und seitdem erneut aufgestellt an der Ponte Romana, wo früher das Brückenkastell stand, wurde sie 1799 von französischen Soldaten geköpft. Heute befindet sich der Torso mit den anderen übriggebliebenen Skulpturen im Museo Campano zu Capua. Die Büsten messen 90,5 cm, der Kopf der Göttin Capua allein 77,5 cm. — Von der unvergleichlichen Triumphpforte Friedrichs II. als Eingang zu seinen Erblanden steht nur mehr der Unterbau der Türme.

Rekonstruktion nach vorhandenen Abbildungen

Marmorfassade vom Brückentor zu Capua, Museo Campano. Rekonstruktion. In der Mitte der Torso der Kaiserstatue, oben der Kopf der Justitia imperialis und die sog. Richterbüsten, unten ein Jupiterkopf und Gipsabgüsse.

Figuren vom Brückentor zu Capua, Museo Provinciale Campano. Moderne Bildwerke aus der Schule Friedrichs II.

FEDERICO II
MARMOREÆ TVRRIVM CORONIDIS
RESTITVTORI
HIS AD NOVAM PROPVGNACVLI FORMAM
REDACTIS
VETVSTAM REPONIT STATVAM
ORDO POPVLVSQ. CAMP.
M·D·LXXXV

Porträt Friedrichs II., die sog. Raumersche Gemme, geschnitten vom Original des Kaiserkopfes; überraschend die Ähnlichkeit mit der Porträtbüste Friedrichs II. auf dem Karlsschrein zu Aachen (Capua, Museo Campano).

Capua. Die erhaltenen Statuen der Marmorfassade des Brückentores.

Capua, erhaltene Reste des Brückenkastells Friedrichs II.

179

Gelnhausen, Ruine der staufischen Kaiserpfalz, 1170 von Friedrich Barbarossa zugleich mit der Stadt errichtet, von Friedrich II. erweitert.

Eger, Kaiserpfalz, unter Friedrich Barbarossa 1180/90 begonnen, von Friedrich II. vollendet. 1213 unterzeichnete Friedrich II. hier die Goldene Bulle von Eger, die dem Papst die von Otto IV. gemachten Zugeständnisse bestätigt. 1634 wurde hier Wallenstein ermordet.

Lagopesole

Das Jagdschloß Lagopesole, 829 m hoch, 1245/50 erbaut anstelle eines einfachen Gebäudes, in dem der deutsche Kaiser Lothar und Papst Innozenz II. am 18. 7. 1137 eine Zusammenkunft hatten. Friedrich weilte gern in Lagopesole wegen seiner günstigen Lage und der waldreichen Jagdgründe in der Umgebung. Später hat auch Manfred hier gewohnt. Karl V. schenkte es den Dorias.

Der Grundriß, ein langgestrecktes Rechteck, ist regelmäßig mit niedrigen quadratischen Türmen an den Ecken und den Längsseiten nach Norden und Süden. Der Kalkstein hat durch atmosphärische Einwirkung eine rötliche Färbung angenommen; im großen Hof eine einschiffige Kapelle ist von Karl von Anjou hinzugefügt; eine Doppeltreppe führt zum kleinen Hof mit einem massiven 12 m hohen Bergfried, ungefähr in 7 m Höhe ein großes Fenster, darüber Plastiken: ein Männerkopf — wahrscheinlich Friedrich II. — und ein Frauenkopf mit langen Zöpfen. Das Volk von Avigliano, dem Städtchen in der Nähe des Kastells, besingt in einem Lied den Männerkopf als Friedrich Barbarossa und den weiblichen als seine Gemahlin Beatrix. Obwohl seit mehr als 750 Jahren Wind und Wetter ausgesetzt, sind die Köpfe erstaunlich gut erhalten. Früher gelangte man über eine Hebebrücke in den Bergfried und seine Gefängnisse im Kellergewölbe. Die Kragsteine, auf denen die Brücke auflag, ragen noch heute aus der Mauer.

Die Gemächer im Schloß haben gut erhaltene Ankergewölbe wie in den Burgen Catania, Maniace und Castel del Monte, kleinere Fenster, eine in Stein gehauene Toilette mit Wasserspülung, Abfluß und Nische für Beleuchtung. Durchquert man den großen Hof von Süd nach Nord — an der

Westseite ein zweiteiliges und an der Südseite ein prachtvolles dreiteiliges Spitzbogenfenster —, erreicht man durch ein guterhaltenes Portal aus rotem Marmor die sagenhaften „Vieren der Königin", riesige Säle, heute kahl und ohne den reichen Skulpturenschmuck von einst, nur einige Konsolen sind noch zu sehen.

Gleichzeitig mit dem Kastell gründete Friedrich II. Avigliano als germanische Streusiedlung und als solche bis heute erhalten, siedelte Soldaten und Lehensleute an, überließ ihnen den Genuß der Felder und schuf sich damit eine zuverlässige Garnison für Burg und die wichtige Straßenkreuzung. Die Aviglianesen, hochgewachsen und rotblond, werden von den übrigen rabenschwarzen Lukanern als razza tedesca empfunden.

Während des Rückzuges der deutschen Verbände im Zweiten Weltkrieg verzichtete das deutsche Oberkommando auf die Benutzung des Kastells mit seinem Weitblick nach allen Seiten als Beobachtungsposten für die Artillerie, um die Bombardierung des staufischen Baus durch die Alliierten zu vermeiden, wie heute in Avigliano offen zugegeben wird.

Palas im großen Hof von Lagopesole. Bianca Lancia, Mutter König Manfreds, residierte in Lagopesole. Friedrich II. heiratete sie im nachhinein, Trauung in articulo mortis, und legalisierte ihre drei Kinder. In Lagopesole schuf Friedrich II. mit seinen wichtigsten Mitarbeitern, Petrus de Vinea und Thaddeus von Sessa, die „Konstitutionen von Melfi". Nach dem Tode König Manfreds ließ Karl von Anjou die Witwe, Helena, hier gefangensetzen.

Lagopesole, Skulpturen am Palas, wahrscheinlich Friedrich II. und seine Gemahlin.

Melfi. Die Normannen errichteten hier eine Festung, die Friedrich II. erweiterte und umbaute; der „torre dell'imperatore" weist auf Friedrich II. als Bauherrn hin. Die riesige Anlage über der Stadt Melfi ist von einem tiefen Graben umgeben, die achteckigen, 25 m hohen Türme: torre di leone, dell'imperatore, della secretaria, della standarta machten Melfi zu einem uneinnehmbaren Bollwerk. Von diesem höchsten Punkt der Landschaft öffnet sich der Blick über ganz Apulien. 1231 erließ der Kaiser hier vor den Großen seines Königreiches die sog. Konstitutionen von Melfi, auch Liber Augustalis genannt, die erste moderne Staatsverfassung der Neuzeit.

Gravina di Puglia, Jagdschloß Friedrichs II. Heute sind nur mehr der recht-eckige Kernbau und Reste der Umfassungsmauer sowie ein Turm in der Nähe erhalten. Im Innern sind vor kurzem riesige Zisternen ausgegraben worden.

Oria. Über dem Städtchen gleichen Namens liegt auf dem höchsten Punkt, einem Tuffkegel in 450 m Höhe, die Stauferburg, die Friedrich II. zwischen 1227 und 1233 auf Resten einer Befestigung erbauen ließ. Die riesige, dreieckige Anlage, verstärkt durch einen Bergfried und drei Ecktürmen, wurde 1897 von einem Orkan zerstört und verfiel. Der gegenwärtige Be-sitzer, Graf Carissimi, hat das Stauferkastell in seiner ursprünglichen Form und Schönheit wiederherstellen lassen. Dabei wurden Zisternen, unter-irdische Kanäle und Gänge gefunden — zur Versorgung der Truppe. Von den Türmen ein weiter Blick, im Westen bis zum Jonischen Meer, im Osten bis Brindisi und zum Adriatischen Meer. Burg Oria ist Nationaldenkmal.

Gioia del Colle. Nach 1230 ließ Friedrich II. am höchsten Punkt der Stadt auf den Resten einer Normannenfestung einen Neubau errichten. Grundriß in Form eines Parallelogramms, Längsseiten 49 m, an der Südseite zwei mächtige, 25 m hohe Türme. Das Äußere des Kastells — braun rötlich — ist in seiner strengen Schlichtheit eine kühne Vorwegnahme florentinischer Palazzi der Renaissance mit Rustica und verschiedenen Steinarten. Staufisch die Tore, die zwei- und dreiteiligen Fenster, die schöne Treppe im Hof zur eleganten Loggia. Im Innern vier hohe Gemächer, darunter der sog. Kaisersaal mit Thron und Kamin.

Altamura in Apulien

Das Wappen der Stadt Altamura trägt die Inschrift: „Rolandus me destruxit Federicus me raparavit". Friedrich II. hat die Stadt neu gegründet. In der Gründungsurkunde, die im Gemeindehaus aufbewahrt wird, heißt es: „Im Namen unseres Herrn Jesus Christus i. J. seiner Fleischwerdung 1243, unter der Regierung unseres Herrn Friedrich, dem unbezwingbaren Kaiser der Römer, seit 23 Jahren Augustus, seit 18 Jahren König von Jerusalem, seit 43 Jahren König von Sizilien. Donnerstag, den 12. Februar, erste Fassung ... Es ist unser allerhöchster Wille, daß das Gebiet, von jeher Altamura genannt, mit neuen Einwohnern bevölkert werde; die Vertriebenen sollen zurückgerufen, registriert und bestimmt werden, sich auf die alten Plätze zu begeben und dort zu leben, damit ihnen der Wohlstand zurückerstattet werde, den die Gewesenen, Gegenwärtigen und Kommenden dort verloren haben. Wir befehlen daher dem Meister F. D. Matera, dem Schreiber, dem Contestabile di S. Quirico und dem Richter P. Beaumondo von Melfi, daß sie sich persönlich zu dem Platz begeben."

Altamura ist berühmt geworden in ganz Italien durch seine Kathedrale, die Friedrich II. 1228—1232 erbauen ließ, die einzige bekannte Kirchengründung des Staufers. Bis auf einige, durch Witterung und Erdbeben bedingte Restaurierungen ist dieses Werk Friedrichs, das wie so viele seiner Bauten zum Nationaldenkmal erklärt wurde, in seiner ursprünglichen Schönheit erhalten, ein hinreißendes Beispiel der „arte sveva". Am höchsten Punkt der Umgebung (450 m) gelegen, wirkt die Kathedrale mit ihren drei hohen Türmen wie ein sakrales Kastell. Das Mittelschiff hat allerdings durch die kultmäßige Ausschmückung und spätere Zutaten viel von seiner ersten Form eingebüßt. Über dem Hauptportal erinnert eine lateinische Inschrift an Friedrich als dem Gründer. Darüber hat Karl V. wie bei anderen Werken des Staufers in L'Aquila, Syrakus usw. das habsburgische Wappen anbringen lassen. In der Sakristei der Kathedrale hängt ein Bild Friedrichs II. aus der ersten Hälfte des 18. Jh.

Portal der staufischen Kirche Altamura, friderizianische Kunst wie die Portale und die Ausschmückung der schönsten Kathedralen Apuliens aus der Epoche Friedrichs II.: San Leonardo, Canosa, Venosa, Ruvo, Bitonto, Siponto, Troia.

Tarent, Seekastell Friedrichs II., im 15./16. Jh. umgebaut.

Prato bei Florenz, Stauferburg, zwischen 1237—48 errichtet. Quadratischer Grundriß mit vier Türmen an den Ecken und weiteren vier dazwischen. König Enzio weilte öfter in dem Kastell und kümmerte sich um dessen Ausbau. Am Hauptportal — wie auf Castel del Monte — Löwen am Torbogen.

Bitonto, Kathedrale, nach 1200 begonnen, Beispiel der staufischen Kirchen-baukunst. Über dem Portal der staufische Adler.

Kanzel in der Kathedrale von Bitonto, dargestellt Friedrich II. mit seiner Familie, 1229 von dem Protomagister Nicolaus geschaffen; unten das stau-fische Wappentier.

199

Barletta, Seekastell Friedrichs II., wie Vierflügelanlage mit vier Türmen. Über dem Portal das staufische Wappen. Im riesigen Hof eine mächtige Reitstiege bis zum Dach, von wo aus Castel del Monte zu sehen ist.

Brindisi, Seekastell, zwischen 1227—33 von Friedrich II. errichtet, quadratischer Grundriß mit Türmen an den Ecken, an den drei Landseiten von tiefen Wassergräben umgeben, dem Meer zu offen.

Bari, Seekastell, das Friedrich II. zwischen 1233—40 errichten ließ, eine Vierflügelanlage mit drei Ecktürmen und einem mächtigen Bergfried, umgeben von zyklopischen Mauern bis zu 35 m hoch. Reich die künstlerische Ausstattung, skulptierte Bogen über dem Eingang, gewölbte Gemächer, zwei- und dreiteilige Spitzbogenfenster, eine schöne Treppe — wie in Gioia del Colle, Oria — mit eleganten Arkaden in dem riesigen Hof, Kapitelle mit staufischen Adlern, die Hasen schlagen. Im 15./16. Jh. ist die Anlage teilweise umgebaut und dabei kostbare staufische Elemente zerstört worden.

201

L'Aquila, Hauptstadt der Abruzzen. Friedrich II. gründete die Stadt nach 1240, „aus Feindschaft gegen Rom" (Nietzsche) und hat sie nach seinem Wappen, den Adler, benannt. Auf verschiedenen Kirchen aus dieser Zeit ist ebenfalls der staufische Adler angebracht.

L'Aquila, Kastell, von Friedrich II. zur Sicherung der Stadt errichtet. Quadratischer Grundriß mit vier Türmen an den Ecken — eine riesige Festung — später von Karl V. umgebaut.

Turm Friedrichs II. in San Miniato al tedesco bei Florenz. Otto I. erhob San Miniato zum Sitz eines kaiserlichen Vikars, 962, daher der Beiname „al tedesco". Barbarossa, Heinrich VI., Friedrich II. weilten mehrmals in San Miniato. 1240 ließ der Kaiser die vorhandene alte Burg nach dem Entwurf des Konrad von Speyer zu einer gewaltigen Anlage erweitern, von der heute auf der Anhöhe nur noch der 37 m hohe Turm steht. Der Langobardenkönig Desiderius hatte den Ort gegründet.

Celano, Kastell Friedrichs II. in den Abruzzen. 1225 ließ Stadt und Kastell, einen quadratischen Wohn- und Wehrbau mit vier Ecktürmen, einen Torturm und einen Bergfried errichten. Herrliche Säulenhallen umschlossen den rechteckigen Hof mit vier offenen Gängen. Das hohe Untergeschoß mit 5 m hohen Arkaden, im Obergeschoß der Umgang mit doppelter Säulenanzahl. Parallel zu der Umfassungsmauer lagen die Wohngemächer — geöffnet nach den Säulenhallen. Die innere Ausstattung muß — nach den Beschreibungen — ein Wunder an Reichtum und künstlerischer Ausbildung bis in die kleinsten Details gewesen sein. 1915 zerstörte ein Erdbeben das unvergleichliche staufische Bauwerk. Nach Vermessungen, Aufnahmen, Beschreibungen — vor allem des großen deutschen Architekten Bodo Ebhardt — versuchte der italienische Staat eine Wiederherstellung.

Copertino, Kastell Friedrichs II., eine große, vierflügelige Anlage wie in l'Aquila, nach 1220 errichtet, von Karl V. umgebaut.

Tor und Turm Friedrichs II. in Montefalco, an der Innenseite eine Inschrift über den Bauherrn. Barbarossa, Heinrich VI., Friedrich II. weilten öfter in dem Städtchen, das 1249 vom Vikar des Kaisers, Graf von Aquino, er- obert und den Namen Montefalco erhalten hat.

209

Gaeta, Seekastell, von Friedrich II. 1227 auf einer vorhandenen Anlage errichtet. Quadratischer Grundriß mit vier Türmen an den Ecken; im Innern eine breite Reistiege. 1229 schlug sich Gaeta auf die Seite des Papstes, Friedrich II. eroberte es 1233 zurück, vertrieb die päpstlichen Legaten, verstärkte die Festung und ließ eine strenge Grenz- und Zollbehörde gegen den Kirchenstaat einrichten.

Rocca Janula bei Montecassino. Kastell an der Grenze des Kirchenstaates, 1230 von Friedrich II. auf einer vorhandenen Anlage errichtet. Quadratischer Grundriß mit Türmen an den Ecken und einem mächtigen Bergfried. Infolge der Lage auf dem Abhang bestand die Festung aus zwei Teilen: aus einer Vorburg und der inneren Burg. Wegen der Grenzlage Gegenstand besonderer Fürsorge des Kaisers.

Castel del Monte — die staufische Akropolis

Auf einer einsamen Höhe über der weiten apulischen Ebene steht der edelste Profanbau der Hohenstaufen. Von welcher Richtung man sich nähert, von Andria, Bitonto oder Gravina, Castel del Monte ist immer wieder ein Erlebnis. Die Landstraße zieht sich breit zwischen Steinwällen hin, und auf dem flachen Bergkegel steigt immer deutlicher die Burg der Burgen, leuchtend in der Pracht ihrer goldenen Kalksteinquadern, wie eine Vision der Vergänglichkeit und Ewigkeit des untergegangenen Heiligen Römischen Reiches Deutscher Nation in das Blickfeld.

Ein gewaltiges regelmäßiges Oktogon von 40,5 m Durchmesser und 25 m Höhe, an jeder der acht Kanten ein achteckiger, etwas über die Mauerhöhe ragender Turm, acht gleich- und trapezförmige Säle in jedem der beiden gleich hohen Geschosse, ein einst mit Skulpturen geschmückter achteckiger Innenhof mit Springbrunnen und einem achteckigen Marmorbecken in der Mitte. Ehemals war der heute allein erhaltene Kernbau von Zwingmauern und Nebenbauten umgeben.

Ein Bau ohnegleichen, ohne Vorbild und Nachfolge, das authentische Abbild der Persönlichkeit Friedrichs II. Regelmäßig wie eine mathematische Urformel, in der Konstruktion so einfach und klar wie ein gewachsener Kristall, hat hier die reine Kunstform über alle praktischen Erfordernisse, der schöpferische Geist die Materie zu Kleid und Mantel der Schönheit verwandelt.

Keinem Künstler ist jemals ein solches Werk der Raumkunst gelungen, das wie die Akropolis in Athen den Inbegriff der abendländischen Welt darstellt: das Maß und die Gestalt, durchsichtig, übersichtlich in selbstverständlichen Formen und Proportionen. Ein Wunder — nicht nur der Kunst. Der Gesang der acht Säulen des griechischen Ringtempels tönt hier aus den acht Türmen und Seiten, eine glückliche höhere Ordnung aus Zahl, Sinn, Harmonie und Rhythmus in Stein, die das Schöpferische eines einmaligen Genius in geheimnisvoller Weise anschaubar macht, ohne sich zu enthüllen. Ein Bau wie ein mächtiger gregorianischer Choral, wie ein Werk von Bach.

Zu allen Zeiten haben Dichter, Künstler und Begeisterte bewundernd bestätigt, was der zeitgenössische Chronist vor 750 Jahren vermeldete: Friedrich II. stupor mundi — das Staunen der Welt; ein deutscher Kaiser, von einer freien Gelöstheit und Heiterkeit des Geistes aus einer unvergleichlichen Kraft des Lebens, wie sie der Norden bislang nicht kannte und in dieser Vollendung nur dieses eine Mal hervorgebracht hat. Eine nie endende Faszination geht von dem einsamen kaiserlichen Monument aus, das mit dem Boden, mit Berg und Himmel und Landschaft wie verwachsen steht.

Von der ursprünglichen Pracht sind allein die äußere Hülle und die Struktur geblieben, die unzerstörbar scheint, während das Innere in Jahrhunderten ausgeplündert und geschändet worden ist, Marmor, Mosaiken, Kunstwerke verschleppt.

Unvorstellbar muß einmal die Pracht der Ausstattung gewesen sein, von der heute bloß noch kümmerliche Andeutungen vorhanden sind: kostbarer, verschiedenfarbiger Marmor zur Verkleidung der Wände, für Säulen und Fensterrahmungen, zur Einfassung der Durchgänge zwischen den Sälen und der Tore in den Innenhof, bunte Mosaike der Fußböden, die erregenden Werke der staufischen, friderizianischen Bildhauerschule als Schlußsteine, Konsolen, Reliefs und Statuen und der für damals sündige Luxus von Bädern und Toiletten mit einem perfekten Röhrensystem der Wasserleitung sowie offene Kamine mit Abzug.

Das Hauptportal aus rotem Marmor (Breccia rossa) gleicht in seinen edlen Maßen und klaren Linien einer antiken Triumphpforte mit frühgotischem Spitzbogen, von Löwen getragen. Die mächtige Platte, die über der waagerechten Türöffnung den Spitzbogen ausfüllt, ruht auf Blattkapitellen — im Giebelfeld ehedem Figuren des Kaisers, Manfreds u. a. Der Torbau, fast 12 m hoch, besteht aus glatt gearbeiteten Quadersteinen. Auf den anderen sieben Seiten des Kastells befinden sich zwischen zwei Türmen im unteren Geschoß je ein kleines Rundbogenfenster, im oberen ein größeres zweiteiliges, einmal ein dreiteiliges Spitzbogenfenster, in Einfassung und Ornamentik untereinander gleich. Die Türme haben nur schmale, schießschartenförmige Öffnungen. Ein bescheidenes zweites Tor führt von der Westseite in die Burg. Die beiden sich gegenüberliegenden Tore sind durch Fallgitter gesichert und werden von den seitlichen Türmen und einem heute verschwundenen Wehrgang bewacht. Der Hof und die oberen Geschosse sind nicht etwa vom Haupteingang unmittelbar zu erreichen, sondern man tritt aus Saal I in Saal II, von dem aus sich das erste Hoftor öffnet; vom Hof wiederum tritt man durch das zweite Hoftor in den Saal IV, der mit Saal II durch eine Türöffnung verbunden ist; rechts im Saal IV ist der Zugang zum Tor III, und erst hier gelangt man über eine kunstvolle Wendeltreppe in das erste Stockwerk.

Vom Haupteingang betritt man zunächst den ersten der acht völlig gleichen trapezförmigen Säle, die sich aus dem Grundriß zwischen dem größeren Außen- und dem kleineren Innenoktogon um den Hof ergeben. Die Anlage des unteren und des oberen Geschosses ist identisch. Die Säle im Erdgeschoß — für Gefolge und Dienerschaft — werden von kleinen Fenstern erhellt. Schwere Wandsäulen aus weißem Marmor mit frühgotischen Kapitellen tragen das von wuchtigen Graten überdeckte Kreuzgewölbe; sie

Innenhof, Castel del Monte

sind so angeordnet, daß sie in der Mitte zwischen sich genau ein quadratisches Kreuzgewölbe bilden, während links und rechts nach dem Grundriß je ein dreieckiges entsteht. Bis zum Sims waren die Wände mit Marmor verkleidet. Von Saal I, zusammen mit Saal II die Vorhalle, führt ein Tor in die achteckige Kammer von Turm I, ein weiteres in Saal II, der keine Verbindung zu den übrigen Sälen hat, dagegen ein Steintor zum Hof. Die acht Wände des geräumigen Hofes enden in Spitzbogen. In dessen Mitte befand sich früher ein kostbarer achteckiger Marmorbrunnen über einer Zisterne, die durch den Wassermangel auf der trockenen Berghöhe notwendig war.

Im Obergeschoß öffnen sich drei Balkonfenster, von Säulchen flankiert, welche einen Schwibbogen tragen und mit antikisierenden Blatt- und Knospenkapitellen geschmückt sind. Diese Fenstertüren gingen auf eine rundumlaufende Galerie im Hof, heute verschwunden; über ihnen ein schmales Rundbogenfensterchen, je zwei solcher im oberen und unteren Teil der fünf Hofwände ohne Fenstertüren. Über dem Hoftor von Saal II ist der Torso einer Reiterstatue zu sehen, die vielleicht Friedrich II. darstellte.

Im Saal III ist ein in die Mauer eingelassener Kamin mit bis zum Dach führendem Luft- und Abzugsschacht; ein kleines Tor zur achteckigen Kammer von Turm II, die von einem prachtvollen Kreuzgewölbe überdeckt wird; daneben ein steinerner Abort mit Wasserzufluß vom Dach, Entlüftung und Abfluß. Die technisch und hygienisch vollkommenen Anlagen von Kamin und Abort in den staufischen Burgen sind die ersten bekannten dieser Art im Mittelalter. Von Saal IV gelangt man in Turm III mit Wendeltreppe und durch ein Tor in den Hof. Saal V hat den zweiten Eingang der Burg von außen sowie die Zugänge zu Turm IV und Turm V, dessen Wendeltreppe direkt vom Erdgeschoß zum Dach führt. Von Saal VI betritt man Turm VI mit denselben Einrichtungen wie Turm III. Im Saal VII ist wieder ein Kamin und das dritte Hoftor, im Saal VIII je ein Durchgang zu Turm VII und Turm VIII; Turm VII enthält eine Wendeltreppe zum Obergeschoß, VIII wieder eine achteckige Kammer und einen Abort.

Auf den steinernen Wendeltreppen in Turm III, V oder VII steigt man zu den acht hochgewölbten Prunkräumen des ersten Stockwerks, parallel zu den unteren trapezförmigen angeordnet und durch Türöffnungen miteinander verbunden. Als Wohngemächer des Kaisers unterscheiden sie sich durch reichen Schmuck und kunstvolle Ornamentik von den Sälen im Erdgeschoß. Säulenbündel aus weiß-rot-grün gesprenkeltem Marmor tragen auf zierlich gearbeiteten Knospenkapitellen die hohen Gewölbegrate; Mar-

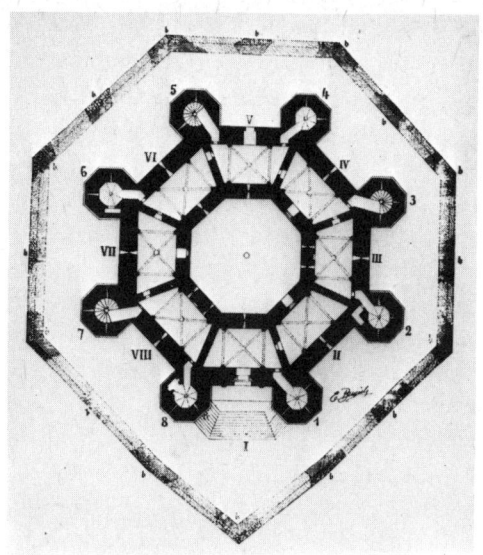

Grundriß: Erdgeschoß

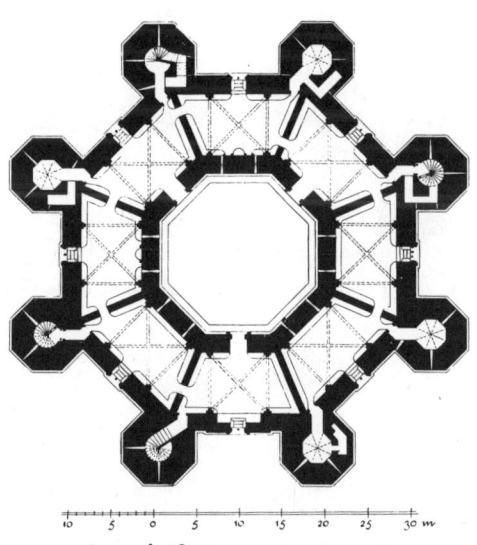

Grundriß: Erstes Stockwerk

morbänke an den Wänden entlang und in den Fensternischen, zu denen fünf Stufen emporführen. Von der Marmorverkleidung der Wände in den schönsten Farben und Maserungen ist nichts übriggeblieben. Von reichen Mosaiken, weißem Marmorfußboden, mit Porphyr eingelegt, zeugt eine Darstellung aus dem Jahre 1743. Mächtige Kamine, von einem halbrunden Mantel bis zum Gewölbe bedeckt, sind in Resten erhalten. Die Tore zwischen den Säulen schließen mit einem flachen Bogen ab, der geschliffene rote Marmor ihrer Einfassung ist stark verwittert. Durch die großen Fenster, acht nach außen und die kleineren nach innen, erhalten die Säle viel Licht. Saal I hat eine Balkontür zum Hof, Saal II Durchgänge zu Turm I und II, Turm I ist wieder mit einer achteckigen Kammer und Abort versehen, Turm II mit einer Badestube und eingebauter Wasserleitung vom Dach her. Saal II hat außerdem einen Kamin und diente, nach den Einrichtungen in Turm I und II zu schließen, als Schlafzimmer. Von hier öffnet sich auch das einzige dreiteilige Fenster nach außen gen Adria und ein Tor zu Saal III, von diesem ein weiteres nach Saal IV mit der zweiten Balkontür. Von Saal IV gelangt man zum Turm III mit Wendeltreppe, von Saal V zu Turm IV mit Kammer und Abort und in Saal VI mit dritter Balkontür sowie Durchgängen zu Turm V und VI, letzterer wie Turm IV eingerichtet; ferner Tor zu Saal VII, von da zu Saal VIII, dem Thronsaal, mit Zugang zu Turm VII und seiner Wendeltreppe. Nur von diesem innersten Gemach aus konnte das eiserne Fallgitter, das den Haupteingang abriegelte, herabgelassen werden.

Von der achteckigen Dachplattform schweift der Blick in die strahlende helle Weite nach allen Richtungen, über Apulien zur Adria, ja manchmal bis zur jugoslawischen Küste.

Früher war Castel del Monte von dichten Wäldern umgeben, in denen Friedrich jagte und die Tiere beobachtete. Seit langem ist der Waldbestand verschwunden. Unterhalb der Burg hat man jetzt wieder etwas angeforstet. In den Jahren 1528, 1686 und 1757 wurde Castel del Monte geplündert, im 19. Jahrhundert als Schlupfwinkel für Räuberbanden benutzt.

Heute ist die staufische Burg italienisches Nationaldenkmal.

Saal im Erdgeschoß mit Kamin, Castel del Monte

Thronsaal im Obergeschoß mit der marmornen Sitzbank für den Kaiser. Links die Öffnung, von der aus allein die Falltür zum Hauptportal betätigt werden konnte.

Kaisergemach im Obergeschoß

Mensolen, Verbindungsstücke zwischen zwei Gewölben, Skulpturen der Bildhauer-Schule Friedrichs II., Castel del Monte.

Staufische Bildwerke aus der Bildhauerschule des Kaisers, im Gewölbe der Türme von Castel del Monte. Darstellungen aus dem 13. Jh., die zeitlos wirken und modern anmuten.

227

228

Castel del Monte, Aufriß

Castel del Monte, Modell, maßstabgerecht 1:50, nach den von der Italienischen Akademie veröffentlichten Plänen. Angefertigt im Herbst 1940 in
Rom im Auftrag der Dienststelle Ribbentrop und der Deutsch-Italienischen
Gesellschaft, Generalkonsul Wüster und Staatssekretär von Tschammer
und Osten. Zum Jahreswechsel 1941 in Berlin dem deutschen Reichskanzler
übergeben.

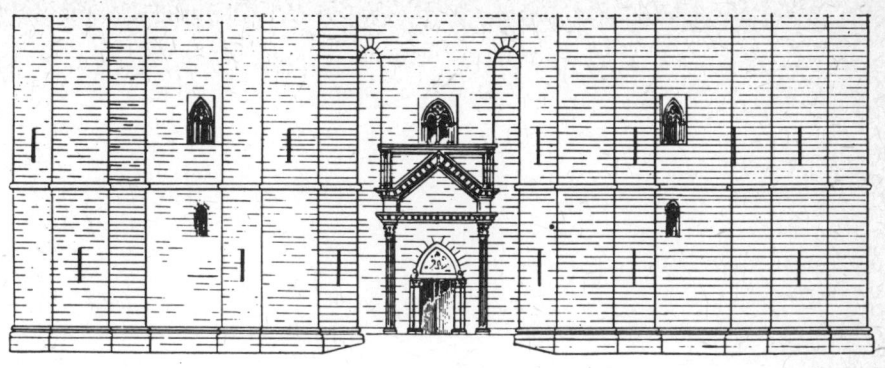

Castell Maniace, Syrakus, auf der äußersten Spitze der Halbinsel Ortygia gelegen, getrennt von der Stadt durch einen Kanal, über den heute eine Brücke führt. Nach 1230 ließ Friedrich II. die Burg nach seinen eigenhändig entworfenen Plänen errichten, eine Neuschöpfung des deutschen Kaisers. Quadratischer Grundriß, an den Ecken zylindrische Türme, in denen Wendeltreppen — mit Gewölben, Mensolen, Konsolen und Figuren geschmückt — nach oben führen. — Imponierend das Portal mit dem spitzbogigen Giebel auf Konsolen, einst geschmückt mit antiken Bronzen.

232

Überwältigend muß der Innenraum im Erdgeschoß gewesen sein, 50 × 50 m, 24 Joche von 5×5 m im Quadrat, mit sechzehn Porphyrsäulen, von Kreuzrippengewölben überdacht, in der Mitte ein offener Schacht, nach oben offen. — In den aus Kalksteinquadern fugenlos erstellten Außenmauern herrliche staufische Fenster, Biforen und Triforen, auf schlanken Säulen, umrahmt von gemeißelten Steinbändern aus farbigem Marmor, von Ranken und Reliefs. Von der unvorstellbaren Pracht der inneren Ausstattung, dem kostbaren Material und den Kunstwerken des Wohnpalastes ist nichts erhalten geblieben, ebenso ist das obere Geschoß nicht mehr vorhanden, wahrscheinlich als Steinbruch für andere Bauten benützt worden.

Milazzo, Portal zum Stauferkastell, das Friedrich II. am höchsten Punkt des Vorgebirges zum Meer errichten ließ.

Salemi, Kastell, von Friedrich II. auf dem höchsten Punkt der Gegend errichtet. Trapezförmiger Grundriß, an den Ecken von Türmen gesichert, von denen heute noch drei stehen.

Enna

Von Palermo oder Catania kommend, geht es auf malerischen, steilen Serpentinen stetig nach oben, immer mehr einen freien Blick in das umliegende Land gewährend. Wie eine einzige Felsenburg liegt Enna, geographischer Mittelpunkt Siziliens, auf einem Plateau, fast 1000 m hoch. Im Norden zieht sich ein mächtiger Höhenzug, im Nordosten leuchtet der schneebedeckte Ätna.

Friedrich II. hat oft und gern hier geweilt, was durch die natürlich-strategische und gesunde Lage des Ortes leicht verständlich erscheint. Am Rande der Stadt steht der sogenannte Turm Friedrichs II., achteckig, ca. 25 m hoch, innen und außen ein Abbild der Türme von Castel del Monte. Er hat zwei Geschosse mit je einem großen Saal, die von mächtigen Gewölben überdeckt sind. Das Erdgeschoß wird von drei Schlitzfenstern erhellt; in der Mitte befindet sich eine runde Öffnung, vielleicht ein ehemaliger Einlaß zu einem Gefängnis oder zu einem unterirdischen Gang zum Castel Lombardia. Eine Wendeltreppe führt ins Obergeschoß, aus dem sich zwei große Fenster nach außen öffnen. In einem Seitenraum ist ein in Stein gehauener Abort mit Wasserspülung und Abfluß. Die Treppe setzt sich fort bis zum flachen Dach, das von Zinnen überhöht ist. Der Turm war früher Zentrum einer großen Befestigungsanlage mit achteckiger Ringmauer, wovon noch Reste zu sehen sind.

Auch das Castel Lombardia oder Castrogiovanni ist von Friedrich II. erbaut. Seine Geschichte soll bis ins Altertum zurückreichen. Seinen Namen hat es von einer Lombardenkolonie, die der normannische Graf Roger um 1160 gegründet haben soll. Die Burg ist auf einer felsigen Hochfläche über der Stadt angelegt. Ein ebener Platz trennt Stadt und Kastell und verleiht diesem Schutz, denn im Osten und Süden fällt der Berghang ununterbrochen bis zur Talsohle ab. Das Kastell kann nur vom Südwesten betreten werden; durch das Tor der mächtigen Umfassungsmauer gelangt man in den Wehrgang und von dort in das Innere der Burg. Sie hat drei Höfe und drei Geschosse mit weiten, von Kreuzgewölben überdeckten Sälen. Die Königsgemächer an der Westmauer erstreckten sich bis zum zweiten Hof. Verstärkt wird die Anlage durch acht massige Türme, von denen „Torre Pisana" am besten erhalten ist. Planung und Architektur der Burg sind äußerst schlicht und zweckmäßig. Die riesenhaften Ausmaße verleihen dem Bauwerk, das wie ein stummer Zeuge einer großen Vergangenheit in unsere Zeit hineinragt, einen besonderen Ausdruck von Kraft und Wildheit. Der mittlere Hof ist zu einem geräumigen Freitheater umgebaut worden.

Enna, Der Turm Friedrich II.

Enna, Grundriß vom Turm Friedrichs II.

Stauferkastell in Enna

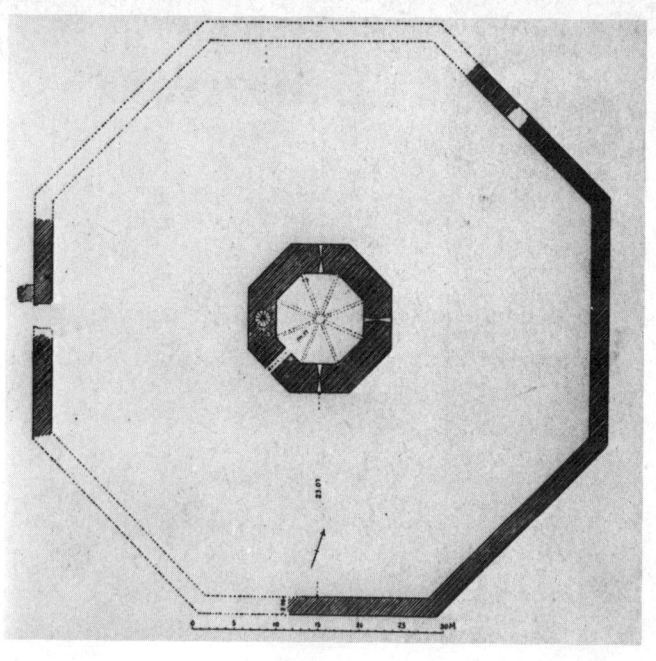

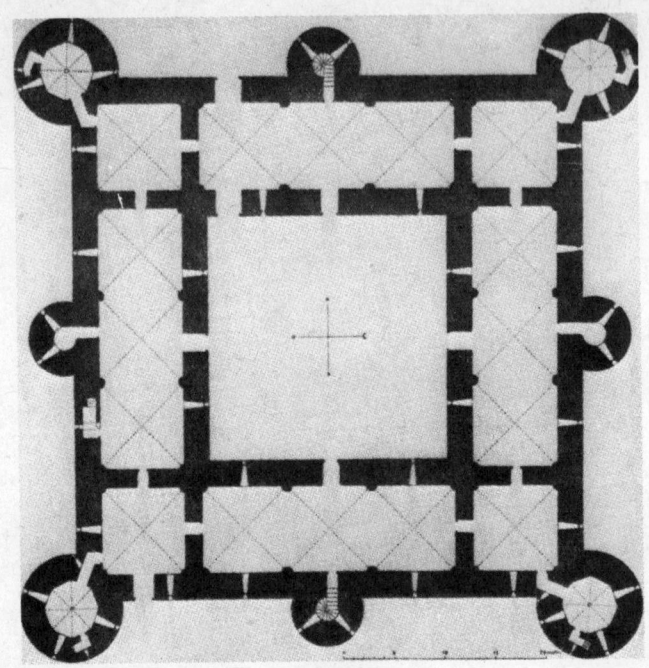

Castel Ursino, Catania, Grundriß

Castel Ursino, Catania, zwischen 1239 und 1250 von Friedrich II. errichtet. Quadratischer Grundriß, an den Ecken zylindrische Türme; zwei weitere Türme in der Mitte der Nord- und Westseite der Burg. Über dem Portal der staufische Adler. Aus dem viereckigen Hof führt eine Steintreppe in das Obergeschoß. Im Innern Kreuzgewölbe, Fenster und Tore wie in Castel Maniace. Durch steinerne Wendeltreppen in den Türmen gelangt man zu dem flachen Dach, dessen Rundgang sich aus dem Quadrat der Außenmauer und des Hofes ergibt. Blick vom Dach bis zum Ätna im Norden, im Süden über das Meer. — Bis zum Vulkanausbruch von 1669 stand die Burg am Meer; seitdem befindet sie sich mitten in der Stadt.

Der Dom zu Palermo

Im Dom zu Palermo befindet sich die ehrwürdigste Stätte der deutschen Geschichte auf italienischem Boden.

Die Anfänge des Baues reichen in das 9. Jh. zurück. Die Araber verwandelten die Kirche in eine Moschee, die Normannen wieder in ein christliches Gotteshaus. Der Dom, Schauplatz der Krönungen Heinrichs VI., Friedrichs II. und Manfreds, wurde 1185 umgebaut und restauriert. 1215 ließ Friedrich II. zwei nicht benützte Porphyrsarkophage aus Cefalù nach Palermo schaffen für sich und seinen Vater. In seinem Testament von 1250 bestimmt er den Dom von Palermo, wo Kaiser Heinrich und Kaiserin Konstanze beigesetzt sind, zu seiner Grabstätte.

Beim Eingang im rechten Seitenschiff ist die Grabkapelle. Hier stehen im Halbdunkel die Fürstensarkophage. Von schlanken Säulen getragen, erhebt sich über jedem ein marmorner Baldachin. Zuerst erreicht man das Grabmal Kaiser Friedrichs II. Seiner Zeit weit voraus, wies er kommenden Jahrhunderten die Wege und brach die Übermacht des Papstes. Im Dom zu Palermo wurde er als Kind zum König gekrönt, hierhin brachte sein Sohn Manfred in feierlichem Zug aus Apulien seinen toten Leib zur Bestattung. Auf sechs Säulen ruht das Tempeldach aus weißem Marmor, im Giebelfeld eine geschlossene Bügelkrone; auf vier Sphinxen, je zwei mit den Rücken zueinander, liegt die gewaltige Behausung des Toten. Jede Sphinx ist anders gearbeitet, jede hat zwischen den Pranken entweder ein menschliches Gesicht oder das eines Tieres. Rund um den Steinsarg unter dem Deckel ist ein sich gleichbleibendes geheimnisvolles Zeichen angebracht; auf dem Deckel sind je drei große Medaillons, Durchmesser 48 cm, mit Halbfiguren: der Pantokrator zwischen den Evangelistensymbolen Löwe und Adler sowie die Jungfrau zwischen Engel und Stier — Länge des Sarkophags: 236 cm, Breite: 96,5 cm.

Dahinter steht das Grabmal des Normannenkönigs Roger II. Der Sarkophag besteht aus glatten roten Porphyrplatten und wird von acht menschlichen Figuren verschiedener Rassen, immer zwei mit den Rücken zueinander, getragen. Neben ihrem Vater schläft die Mutter Friedrichs II., Konstanze; ihr Sarkophag gleicht dem ihres Gemahls; über sechs weißen Marmorsäulen, eingelegt mit prachtvollen farbigen Mosaiken, das Tempeldach ebenfalls aus weißem Marmor und mit Mosaiken geschmückt; rund um den Sarg ein geheimnisvolles Zeichen.

Vor diesem steht das Grabmal Heinrichs VI. auf vier Rundstreben; das Tempeldach und die sechs Tragesäulen sind aus rotem Porphyr.

Alle vier Sarkophage stehen auf Fundamenten aus grauem Marmor und sind mit einer Inschrift über den betreffenden Toten versehen. Zu Friedrich hat man im 14. Jh. in pietätloser Weise Friedrich von Aragonien gelegt.

Die Grabmäler sind vom Fuß bis zum Giebel etwa 5 m hoch.

Ein fünfter Sarkophag aus grauem Marmor ist seitlich in die Wand eingelassen. In ihm ist Konstanze von Aragonien, erste Gemahlin Kaiser Friedrichs II., bestattet; auf der Vorderseite eine antike Jagdszene, oberhalb des Sarkophags eine Tafel mit einem Privileg Kaiser Friedrichs an die Stadt Palermo in gotischen Lettern.

Beim Umbau des Domes 1781 wurden die Sarkophage versetzt und dabei geöffnet. Alle Grabbeigaben sind seitdem verschwunden.

Grabmal von Kaiserin Konstanze, Palermo, Dom. — Die Mutter Friedrichs II. hat die Phantasie der Zeitgenossen beschäftigt. Mit 30 heiratete sie den 10 Jahre jüngeren Sohn Barbarossas; nach 9jähriger Kinderlosigkeit wird Friedrich II. geboren.

246

Grabmal von Kaiser Heinrich VI., Palermo, Dom. — Nach seinem Tod 1197 in Messina wird Heinrich VI. zunächst in der dortigen Kathedrale beigesetzt, dann nach Palermo überführt und 1215 in die Grabanlage um-gebettet, die Friedrich II. für seine Familie im südlichen Querschiff er-richtete.

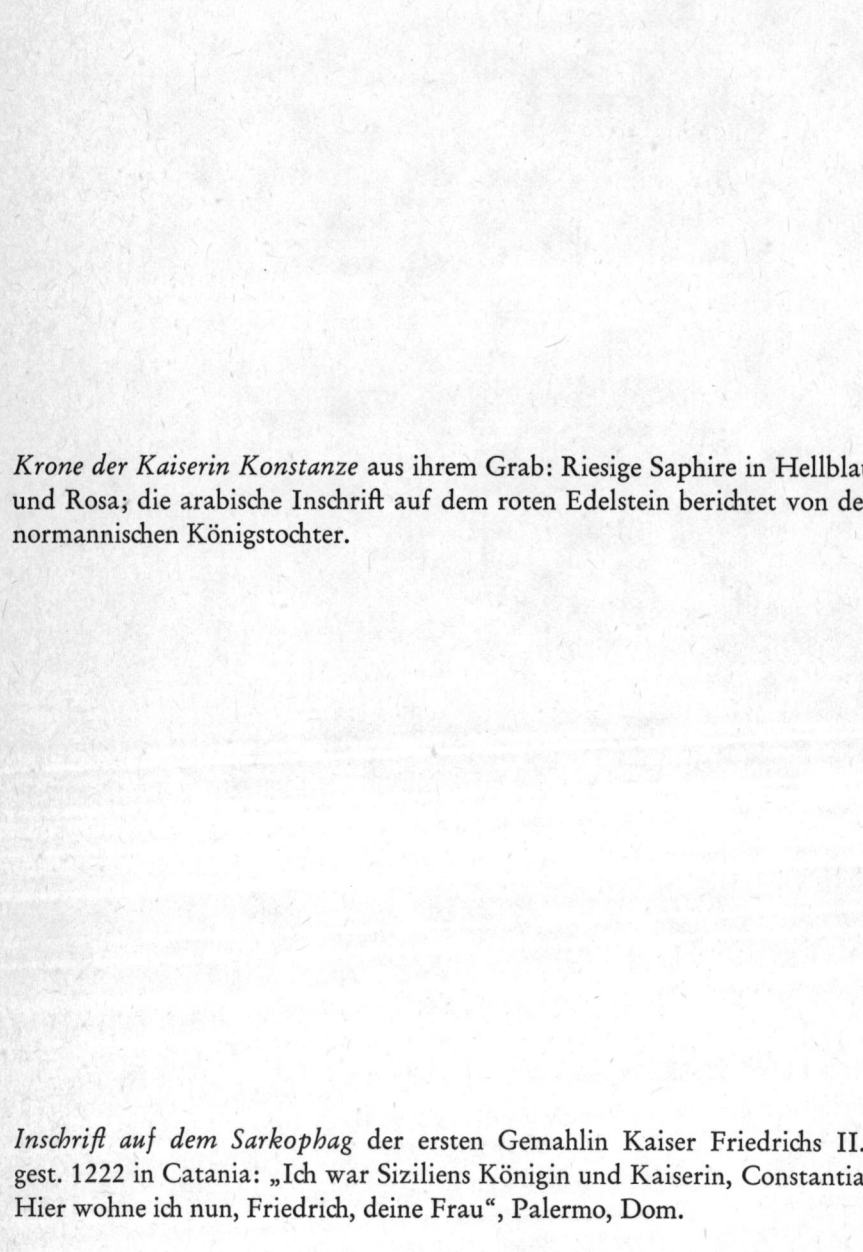

Krone der Kaiserin Konstanze aus ihrem Grab: Riesige Saphire in Hellblau und Rosa; die arabische Inschrift auf dem roten Edelstein berichtet von der normannischen Königstochter.

Inschrift auf dem Sarkophag der ersten Gemahlin Kaiser Friedrichs II., gest. 1222 in Catania: „Ich war Siziliens Königin und Kaiserin, Constantia. Hier wohne ich nun, Friedrich, deine Frau", Palermo, Dom.

Inschrift auf dem Sarkophag Friedrichs II. im Dom zu Palermo:
„Wenn Tugend, Selbstgefühl, glorreiches Heldentum,
wenn Hoheit, Glanz und des Geschlechtes Ruhm
des Todes dunkle Macht vermöchte zu besiegen:
Nie würde Friedrich in diesem Grabe liegen."

Friedrich II. am ähnlichsten, der deutscheste seiner Söhne, 1220 von einer schwäbischen Adeligen in Schwaben geboren, „Falconello" = Falkenjunge genannt wegen seiner Tapferkeit und Schnelligkeit, „schön und blond, von edlem Schnitt" (Dante). Bei seinem zweiten Aufenthalt in Deutschland — 1235/37 — sah Friedrich zum erstenmal sein Ebenbild, nahm ihn zu sich und vermählte ihn 1238 mit Adelasia von Sardinien, die ihm die Krone der Insel brachte, deren Herrschaft der Papst beanspruchte. „Ich habe", so der Kaiser, „wie die Welt weiß, geschworen, die zerstreuten Güter des Reiches wieder zu sammeln, und ich werde nicht ablassen, dies zu tun" (MGSS XXVIII, 147). Enzio — Sinnbild des deutschen Opfergangs über die Erde, der genialste Feldherr seines Vaters — übertraf an Ausdauer, Kühnheit, Mut und Schwung Deutsche und Italiener, teilte mit seinen Soldaten, die ihn vergötterten, jede Mühsal und Not. In Jahresfrist fegte er die Toscana vom Feind frei, eroberte die Emilia und Romagna, die Marken und sicherte dadurch die Verbindung zwischen Reichsitalien und Sizilien.

1240/41 — Hunderttausende Mongolen in Bewegung, ein Erdteil schäumte mit infernalischer Raserei und Gewalt über den Ural, den Elbrus, den Hindukusch. In Orgien aus Feuer, Blut, Leid, Martern verödeten die Länder. Flüchtlinge hetzten nach dem Westen, hungernd, verzweifelt, geschändet — wie 1945, als die nämliche Sturmflut über Europa hereinbrach. — Der Herzog von Schlesien und sein Aufgebot vollbrachten Wunder an Tapferkeit gegen die Übermacht. Selbst Kinder und Greise kämpften gegen die Horden aus dem Osten — wie 1945. Friedrich II. schickte eine Gesandtschaft nach der anderen nach Rom, bot den Verzicht auf alle Errungenschaften der letzten Jahre an, um Frieden zu bekommen und das Heer ungesäumt gegen die Mongolen führen zu können. Papst Gregor IX. wollte keinen Frieden, sondern die Vernichtung der Staufer. Während in Europa die Christenheit zerstampft wurde und die gelbe Flut gegen Mitteleuropa brandete, ließ der Papst neue Haßmanifeste an die Kirchentüren anschlagen und durch Mönche, Agenten, Sondergesandte unter den Völkern verbreiten. „... Diese Bestie Friedrich, die sich Kaiser nenne, habe sich heimlich mit dem Großkhan verbündet, die gelben Teufel gedungen, um Europa zu vernichten, Rom und die Christenheit auszurotten, um selber als Götze angebetet zu werden ..." Friedrich II. befahl Enzio, mit einem Teil des in der Lombardei stehenden Heeres den deutschen Rittern in Schlesien zu Hilfe zu eilen. In Gewaltmärschen hetzte Enzio mit seinen Soldaten über die Alpen. Die Mongolen hatte in der mörderischen Schlacht bei Liegnitz das Grauen gepackt vor der übermenschlichen Tapferkeit der Ritter — solchen Wider-

Grabplatte
König Enzios,
Bologna, San Domenco

Bologna, Palazzo del Podesta

stand hatten sie bisher nicht gefunden — und wichen. Am linken Donau-
ufer erreichte Enzio die wild flüchtenden Mongolenmassen, in die nun seine
gepanzerten Hundertschaften vernichtend hineinstießen.

Nicht der plötzliche Tod des Großkhans Ügedeis verursachte das Abebben
der Mongolenflut, sondern die schonungslos bis zum letzten Mann kämp-
fenden und keinen Schritt zurückweichenden deutschen Ritter, die zwar am
9. 4. 1241 unter Herzog Heinrich von Schlesien, der in der Schlacht fiel,
der Übermacht erliegen. Aber sie hatten den Mongolen so ungeheure Ver-
luste zugefügt, daß sie entsetzt zurückfluten und dann in Rußland die Herrschaft der Goldenen Horde aufrichten zu dessen vollständigem Ruin; vor
diesem Schicksal bewahrten die Deutschen unter Selbstaufopferung Europa
(MGSS XXVIII, 210 ff.).

Friedrichs II. überlegene Staatsführung, die kühnen Heldentaten und Erfolge König Enzios und die allgemeine Friedenssehnsucht der Völker isolier-
ten den eiskalten Hasser Innozenz IV. immer mehr. Der vom Papst gekaufte Gegenkönig Heinrich Raspe starb den Verrätertod; sein Nachfolger,
der 20jährige Willem von Holland — wie sein Vorgänger vom Papst bestochen und eingesetzt —, wird von erbitterten deutschen Bauern als Pfaffenkönig erschlagen. Der junge Welfe, Enkel des Löwen, dem der Papst
daraufhin Geld und die deutsche Krone anbot, jagt den päpstlichen Legaten
mit Hunden von seiner Burg.

König Konrad verlobte sich mit der Tochter des Herzogs von Bayern, wodurch die Brennerstraße fest in kaiserliche Hand kam; die steirische Mark
fiel durch den Tod des kinderlosen Babenbergers an das Reich. Jetzt konnte
der Kaiser als mächtigster deutscher Landesherr deutsche Politik in Deutschland machen. Ravenna und Lucca ergaben sich, Parma unterwarf sich und
erstattete Staatsschatz, Krone, Reichssiegel zurück. Alle Friedfertigen und
Einsichtigen in Europa verabscheuten den lügnerischen und hassenden Papst
in Lyon und seine Machenschaften gegen Friedrich II. Da geriet König
Enzio 1249 bei Fossalta, seiner Truppe wie stets weit voraus, in einen Hinterhalt und in Gefangenschaft der Bologneser. Vergeblich die Bemühungen
des Kaisers um Freilassung seines Sohnes, nach der päpstlichen Parole: die
Staufer ausrotten! bleibt Enzio bis zu seinem Tod 23 Jahre in Haft in Bologna. Schöne Bologneserinnen haben — so heißt es — dem blonden Deutschen, der auch in seiner Gefangenschaft dichtete und komponierte, oft Gesellschaft geleistet und ihre Huld geschenkt. Und lange rühmten sich an-
gesehene Geschlechter Bolognas, vom Kaisersohn Enzio abzustammen.

Konradin von Hohenstaufen, Denkmal errichtet von Maximilian Kronprinz
von Bayern

Neapel, Castel dell'Ovo

Der Platz, ein ungefüger, starrer Felsklotz, der sich etwa 150 m lang und 40 m breit ins Meer hinausstreckt, zwang Normannen und Staufer, von der bevorzugten regelmäßigen Grundform abzusehen. Friedrich II. hat an dem Kastell wichtige und wesentliche Arbeiten ausführen lassen und hier zeitweise den Staatsschatz geborgen. Es gehörte zu den „castra exempta", deren Kastellane nur er selbst ernannte.

Wo sich das Castel dell'Ovo erhebt, stand früher das Castellum Lucullanum, in das Odoaker den Romulus Augustulus verbannte. Im Castel dell'Ovo haben Friedrich II. und sein Sohn Manfred mit ihren Gemahlinnen residiert. Hier wurde Manfreds ältester Sohn Heinrich 1262 zu einem furchtbaren Schicksal geboren. Sechs Jahre später, 1268, zog Konradin als Gefangener hier ein, ehe er von Karl von Anjou in einem gerichtlichen Scheinprozeß zum Tode verurteilt wurde. Bald nach der Hinrichtung Konradins wurde Castel dell'Ovo wieder Gefängnis für einen Hohenstaufensproß. Beatrice, die Tochter Manfreds, schmachtete hier 18 Jahre im Verließ — auf Befehl Karls von Anjou. Auch der Unglücklichste des großen Geschlechts, Beatricens Bruder Heinrich, kam 1299 oder 1300 nach 34 Jahren Kerker im Castel del Monte wieder an seinen Geburtsort, Castel dell'Ovo, und hat wahrscheinlich in jener „orrida prigione", dem aus dem Felsen gehöhlten Gefängnis, in Ketten gelegen, noch einmal 18 Jahre, bis ihn der Tod erlöste.

Staufische Krone, deutsche Arbeit aus dem 13. Jh., Stockholm, Staats Historiska Museum. Bei der heute auf einem Reliquiar angebrachten Krone handelt es sich aufgrund der Datierung wahrscheinlich um Besitz Friedrichs II., vermutlich eine Frauenkrone, die der Kaiser 1235 bei der Erhebung der Gebeine der hl. Elisabeth gestiftet hat. Das Reliquiar wurde im Dreißigjährigen Krieg von Schweden geraubt und nach Stockholm entführt. Durchm. 24 cm.

Anmerkungen

Abkürzungen: Monumenta Germaniae Historica = MGH, Hauptquellenwerk der deutschen Geschichte von 500 bis 1500; Abteilungen: Scriptores = SS, Leges = LL, Diplomata = DD, Epistolae = Ep, Antiquitates = AA. Übersetzungen in: Geschichtsschreiber der deutschen Vorzeit, 1849 ff.

1 MG Capitularia I, Nr. 34, S. 101
2 Nithard, Historiam libri IV, um 840, in MGSS.
3 Stefan Sonderegger, Althochdeutsche Sprache und Literatur, Berlin 1977
4 MG SS.
5 MGSS. VI, deutsch in „Geschichtsschreiber der deutschen Vorzeit"
6 MG Ep. IV, 28
7 MG Ep. IV, Dungal ep. 1, anno 811
8 E. Jammer, Musik in Byzanz, im päpstlichen Rom und im Frankenreich, Heidbg. 1962
9 MG SS. VII, 73—133
10 H. Hemold, Chronica Sclavorum, Scriptores rer. Germ in usum Scolarum, Berlin 1909, VII
11 MGSS. IX, 163 ff., Darmstadt 1957
12 Migne, Patrol. latina, Paris 1837, 182/681 ff.
13 Ebo, Vita Ottonis, Mon. Bamb. p. 594, 647
14 Ebo, Vita Ottonis, p. 651
15 Josef Nadler, Das stammhafte Gefüge des deutschen Volkes, München 1934, S. 116
16 N. Kleinmayrn, Nachrichten vom Zustand der Stadt Juvavia, 1784, Anhang 285
17 F. Gregorovius, Geschichte der Stadt Rom im Mittelalter, 1859 ff. III, 157
18 L. von Ranke, Die Epochen der neueren Geschichte, Berlin 1930, S. 69
19 F. X. Seppelt, Papstgeschichte, München 1939, S. 110 f.
20 H. Boehmer, Analekten zur Geschichte des Franciscus von Assisi, Tübingen 1904, S. 98
21 A. Potthast, Regesta Pont. Romanorum, Berlin 1873, 24/VII/1220, d. 6310
22 Legenda antiqua S. Francisci, Paris 1926, I, 102, Th. v. Celano, Viten des Franziskus, 1227—53.
23 MGSS. XXIII, 910, 914 f.; MG Ep I, no. 384, p. 303—21 f.
24 H. Boehmer, Regesta imperii V, 1—2, Innsbruck 1881/82, 2099 c; 2100
25 R. Wahl, Wandler der Welt, Salzburg 1947, S. 351
26 F. Gräfe, Die Publizistik in der letzten Epoche Kaiser Friedrichs II., Berlin 1909
27 C. v. Kraus, Die Gedichte Walthers von der Vogelweide, Berlin 1959, N. 51
28 Ernst Kantorowicz, Kaiser Friedrich der Zweite, Berlin 1927, S. 612 f.
29 Constitutiones regum regni utriusque Siciliae mandante Friderico II. hrsg. von Carcani, Napoli 1786. Hans Niese, Die Gesetzgebungen der normannischen Dynastie im regnum Sicilae, Halle 1910
30 MGSS. Oktavserie XXXII, 350 ff.
31 G. A. Cesareo, La poesia siciliana sotto gli Svevi, Catania 1894
32 Dante, De vulgari eloquentia, 1938, I, 12
33 G. del Giudice, La famiglia di re Manfredi, Napoli 1880
34 MGSS. Oktavserie I, 57
35 MGSS. XXVIII, 319

Quellen- und Literaturverzeichnis

d'Agincourt,	
Seroux, I. B.:	Histoire de l'Art par les monuments. 6 Bde. Paris 1823.
Agnello, Gius:	L'Architettura Sveva in Sicilia. Roma 1935.
Arnone, N.:	Le regie tombe del duomo di Cosenza (im Archivio storico per le Provincie Napoletane. Napoli 1893).
Balzani, U.:	Le cronachi Italiani nel medio evo 1909.
Battaglia, G.:	I Diplomi inediti relativi all'ordinamento della proprietà fondiaria in Sicilia sotto i Normanni e gli Suevi. Documenti per servire alla storia di Sicilia. Ser. I, Bd. XVI. Palermo 1895.
Böhmer-Ficker, J. F./	Regesta Imperii, Innsbruck. In 3 Bdn. 1881—1901.
Winkelmann, E.:	
Bonafede, M. Odolo:	Guida della città di Aquila. 1888.
Capasso, B., und	Le Fonti della Storia delle Provincie Napoletane. 1902.
Mostrojanni:	Sulla storia esterna delle costituzioni del regno di Sicilia promulgate da Federico II. Neapel 1869.
Caspar, Erich:	Hermann v. Salza und die Gründung des Deutschordenstaates in Preußen. Tübingen 1924.
Chroniken von Aquila	(in Muratori, Antiquitates Italiacae Mediiaevi. 5 Bde. Milano 1738—1742).
Ciampini, J.:	Vetera monumenta. Roma 1740.
Codice diplomatico	Le pergamene del duomo di Bari (952—1264). Ed. G. B.
Barese.	Nitto de Rossi. Bari 1897 ff.
Delbrück, E.:	Porträt Friedrich II. von Hohenstaufen. Ztschr. f. bildende Kunst. N. F. 14, 1902/03; vgl. Philippi.
Ebhardt, Bodo:	Die Burgen Italiens. Berlin 1909—1917.
Fabriczy, C. v.:	Kaiser Friedrich II. Brückentor zu Capua und dessen Skulpturenschmuck, 1879.
Ficker, J.:	Forschungen zur Reichs- und Rechtsgeschichte Italiens. Bd. IV. Innsbruck 1874.
Folz, A.:	Kaiser Friedrich II. und Papst Innocenz IV., Straßburg 1905.
Friedrich II.:	De arte venandi cum avibus. Edition Schneider, Leipzig 1788—1790.
Geymüller, V.:	Friedrich II. von Hohenstaufen und die Anfänge der Architektur der Renaissance in Italien, München 1908.
Haller, E.:	Kaiser Friedrich II. und die Antike. Marburg. Ungedruckte Dissertation. 1922.

Hampe, Karl:	Deutsche Kaisergeschichte in der Zeit der Salier und Staufer. 5. Aufl. Leipzig 1923.
Hampe, K.:	Kaiser Friedrich II. in der Auffassung der Nachwelt. Berlin 1925.
Hampe, K.:	Beiträge zur Geschichte der letzten Staufer. Ungedruckte Briefe aus der Sammlung des Magisters Heinrich v. Isernia. Leipzig 1910.
Haseloff, A.:	Bauten der Hohenstaufen in Italien (dazu 3 Ergänzungsbände von *E. Sthamer*). Leipzig 1914—1926.
Hauck, A.:	Kirchengeschichte Deutschlands. Bd. 4. 5. Aufl. 1925.
Huillard-Bréholles, P.:	Historia diplomatica Frederici II. 12 Bde. Paris 1852 bis 1861.
Istoria del Regno di Napoli.	23 Bde. Napoli 1769.
Juntzky, A.:	Ikonographien in „Belvedere“, 13. (1928.)
Kantorowicz, E.:	Kaiser Friedrich II. Berlin 1927 und Erg.-Bd. 1931.
Köhler, C.:	Das Verhältnis Kaiser Friedrich II. zu dem Papst seiner Zeit. 1888.
Kohlrausch, Rob.:	Deutsche Denkstätten in Italien. 3 Bde. Leipzig 1923.
Martino, M. di:	Il fondatore dell'Univ. di Napoli. Neapel 1921.
Mothes, O.:	Baukunst des Mittelalters. Jena 1883.
Niese, H.:	Zur Geschichte des geistigen Lebens am Hofe Kaiser Friedrich II. Historische Zeitschrift 108. (1912.)
Nigra, Carlo:	Torri Castelli e Case Forti del Piemonte. Novara 1937.
Pellegrino, Camillo:	Antichità di Capua. Napoli 1771.
Philippi, F.:	Zur Geschichte der Reichskanzlei unter den letzten Staufern Friedrich II., Heinrich (VII.) und Konrad IV. Münster i. W. 1885.
Ricci, S.:	Gli augustali di Federico II. (In Studii medioevali N. S. 1. 1928.)
Rondini, Gius:	Memorie Storiche di San Miniato al Tedesco. S. Miniato 1876.
Röhricht, R.:	Beiträge zur Geschichte der Kreuzzüge. 2 Bde. Berlin 1874—78.
Salazaro, D.:	Notizie storiche sul Palazzo di Federico II a Castel del Monte. Napoli 1875.
Salazaro, D.:	Monumenti della Italia Meridionale. Napoli 1871.

Sansi, A.:	Storia del comune di Spoleto. Foligno 1879.
Schirrmacher, F. W.:	Die letzten Hohenstaufen. Göttingen 1871.
Schulz, H. W.:	Denkmäler der Kunst des Mittelalters in Unteritalien. 3 Bde. Dresden 1860.
Scriattuli, A.:	Viterbo nei suo monumenti. Roma 1915—1920.
Seccia, Gius:	Descrizione della città di Barletta. Bari 1842.
Stefano, A. de:	Federico II e le correnti spirituali del suo tempo. Rom 1922.
Steinen, Wolfram von den:	Staatsbriefe Kaiser Friedrichs II. Breslau 1923.
Sthamer, E.:	Dokumente zur Geschichte der Kastellbauten Kaiser Friedrichs II. und Karls v. Anjou. Leipzig 1926.
Summonte, A.:	Historia della città e regno di Napoli. 6 Bde. Napoli 1675.
Venturi, A.:	Storia dell'Arte Italiano. Milano 1902 ff.
Wattenbach, W.:	Deutsche Geschichtsquellen im Mittelalter bis zur Mitte des 13. Jahrhunderts. 1894.
Willemsen, C.:	Kaiser Friedrichs II. Triumphtor zu Capua, 1933. Apulien, Leipzig 1944.
Winkelmann, E.:	Acta imperii inedita. 2 Bde. Innsbruck 1880—1885.
Winkelmann, E.:	Geschichte Kaiser Friedrichs II. und seiner Reiche. 2 Bde. Berlin 1863—1865.
Winkelmann, E.:	Über die Goldprägung Kaiser Friedrich II. für das Königreich Sizilien. In Mitteilungen des Instituts für Geschichtsforschung. 15. 1894.
Kataloge:	Karl der Große, Aachen 1965. Suevia Sacra, Augsburg 1973. Die Zeit der Staufer, Stuttgart 1977, 4 Bände.

Zu Dank verpflichtet für Interesse, Förderung und Bereitstellung von Unterlagen ist der Verfasser:

Professor Bruno Molajoli, Sopraintendente alle Gallerie in Neapel und später Direttore Generale delle Antichità e Belle Arti, Ministero della Pubblico Instruzione, Rom, a D.

Prof. Dr. Ing. Alfredo Barbacci, Sopraintendente dei Monumenti e Gallerie per la Puglia e Lucania, a D.

Avv. Luigi Garofano Venosta, Direttore del Museo Campana, Capua.

Univ.-Prof. DDr. P. Felix Gössmann OSA, Konzilsperitus, für Beratung in theologischen Fragen.

Univ.-Prof. Dr. Virgil Redlich OSB, Seckau, für Ratschläge und Hinweise.

L. v. K. de I. für Mitarbeit und Korrekturen.

Architekt Dr. R. Martini, Sopraintendente dei Monumenti e Gallerie per Sicilia, Palermo, a D.

Prof. Piero Gazzalo, Soprintendente ai monumenti della Sicilia orientale, Catana.

Fotonachweis: Gabinetto fotografico Nazionale, Ministero della Pubblica Istruzione, Rom
Sopraintendènza in Bari, Capua, Palermo, Catania
Aufnahmen des Verf.
Aufnahmen von Frau Dr. Gerda Kuhlbrodt, Lübeck.

KAISER FRIEDRICH II. ALS BAUHERR IN ITALIEN UND SIZILIEN

- • Städtegründungen Friedrichs II.
- ■ Orte, in denen Friedrich II. Burgen erbaute, die heute noch ganz oder teilweise erhalten sind.
- ▲ Von Friedrich II. erbaute Burgen, die heute verschwunden sind.
- ⌐ Historische Erinnerungen an Friedrich II.